沙井文化·穿孔石器

沙井文化·骨针

沙井文化·附加堆纹双耳陶罐

沙井文化·三角纹双耳彩陶罐

沙井文化·单耳陶杯

沙井文化·异型彩陶杯

沙井文化・鹅侯羚铜饰

沙井文化・铜镜

沙井文化・虺龙纹饰

沙井文化・鸟型五兽铜带扣

沙井文化·云雷纹环首铜短剑

沙井文化·铜针筒

沙井文化·镶绿松石凤首金耳环

沙井文化研究
论 文 集

金川区博物馆 编

敦煌文艺出版社

图书在版编目（ＣＩＰ）数据

沙井文化研究论文集 / 金川区博物馆编 . -- 兰州：
敦煌文艺出版社 , 2023.1
　ISBN 978-7-5468-2341-6

　Ⅰ . ①沙… Ⅱ . ①金… Ⅲ . ①沙井文化—文集 Ⅳ .
① K871.3-53

中国国家版本馆 CIP 数据核字 (2023) 第 023541 号

沙井文化研究论文集

金川区博物馆　编

责任编辑：杜鹏鹏　左文绚
封面设计：李安然
设计制版：兰州艺品文化发展有限公司

敦煌文艺出版社出版、发行
地址：（730030）兰州市城关区曹家巷 1 号新闻出版大厦
邮箱：dunhuangwenyi1958@163.com
0931-2131397（编辑部）
0931-2131387（发行部）

兰州银声印务有限公司印刷
开本 787 毫米 ×1092 毫米　1/16　印张 17.5　插页 2　字数 210 千
2023 年 9 月第 1 版　2023 年 9 月第 1 次印刷
印数：1 ~ 3100

ISBN 978-7-5468-2341-6

定价：68.00 元

序　言

杜斗城

（兰州大学历史文化学院教授）

　　2011 年 7 月，我在学生丁得天博士的陪同下，和儿子杜姚刚开车去金昌市进行学术考察。因为丁得天是金昌河西堡人，对当地历史文化了解很多，由他陪同，考察非常顺利。说实话，金昌的文物旅游点不是很多，只有"沙井文化"的三角城遗址和圣容寺比较有名，再就是近些年来大家熟知的骊轩城了。

　　未曾预料的是，我的私人学术考察活动，"惊动"了金昌市和金川区、永昌县文物部门的有关同志。先是，金昌市文广局文物科的李勇杰和区文广局李志荣两位同志陪同我考察了三角城遗址。二位都是当地的文物工作者，从言语中可知，他们很重视三角城遗址，很想为此遗址的保护再做点什么。我们来到三角城遗址做了考察，并看了城内早年的发掘坑等。遗址表面上看不到什么，偶尔可见一些早期的陶片和较多的瓦片之类。遗址附近的三角城村有一个简陋的展览。展览的主要内容是"沙井文化"中出土和征集、收录群众捐献的一些文物和相关图片，主要有陶器，青铜器等，特别是"鄂尔多斯式"铜牌给我印象很深。看完三角城遗址和展览之后，我的心情沉重而又感慨。沉重的是：这般重要的遗址，在保护方面还存在很多问题，如四周连正规的围栏都没有，遗址裸露在外；感慨的是：当地基层干部和村民非常重视文物的保护，甚至还有不少村民捐献文物，支持展览，主动防控来此遗址的可疑人员。他们很希望有关方面能争取支持，进一步提升对此遗址的保护和宣传力度，进而开发利用，促进当地文化旅游的发展。参观完之后，几位同志和我们在三角城村举行了一个简单的座谈会，我在会上提出要让有关领导重视此事，必须提高他们对此遗址重要意义的认识，要提高他们的认识，必须加强宣传力度，要加强宣传力度，最好先开一次全国性的学术讨论会议，请专家来说话。李志荣说，开全国性的学术会议，我们不知请谁来，我说，专家我来负责邀请，你们负责部分经费。他说要向上汇报，争取办成。未曾想到，此事经各方面的努力，后来竟然促成了，这就是 2012 年 8 月在金昌市举办的首届"沙井文化学术研讨会"。

这次会议共收到三十多篇论文，原准备出会议论文集，但因各种原因未出，距今 10 多年后，又重议此事，但有些论文已在期刊物上发表，或因作者自认为观点过时，已没有出的必要了。故现在所出的这个集子只收了有关论文十多篇，另外附录了蒲朝绂、赵建龙的《甘肃永昌三角城沙井文化遗址勘察》、甘肃省文物考古所《永昌三角城与蛤蟆墩沙井文化遗存》两篇重要的有关沙井文化的考古调查报告，以及李水城先生重要论文《沙井文化研究》一文。前者为三角城考古的第一手资料，已公开发表，后者为多年研究沙井文化的权威之作，有很重要的参考价值。

所收十多篇论文中的第一篇为中国社科院考古所研究员许宏的大作《河西第一城——城址考古视角下的金川三角城》，许先生早先就提出过"华夏农耕礼乐系统城址群"的西限问题，也就是说此类城址最西的考古遗存在何处？许先生根据发掘资料认为此"西限"应为甘肃礼县发现的大堡子山、西山和山坪三座与早期秦文化密切相关的周代城址。先秦时期，这类城址所代表的一般是以定居和农业为基础的聚落形态，但在这样的自然和人文背景下，在位于"农耕城址群"500 多千米（直线距离）以西的河西走廊上发现的金昌三角城遗址，无疑像一颗珍稀的明珠，镶嵌于先秦时代中国西北农牧文化的版图上。其更进一步认为：金昌三角城遗址是整个东亚大陆罕见的华夏农耕及礼乐文化圈以外的城址之一，也是东亚大陆西部地区最早的一处绿洲城址；金昌三角城这类绿洲城址，与地理上属于中亚的新疆地区的绿洲城址也有一定的相通之处。只有确切地把握其时空定位——游离于东亚农耕城址群与新疆绿洲城址之外，地处三者之间的一处具有鲜明特色的先秦时代文化城址（三角城），才能对其多元文化的内涵有更深入的了解。

许先生的文章，视野开阔，立意深远，提出的问题很值得我们思考。

中国国家博物馆李维明研究员的《三角城遗址内涵与社会现象管窥》一文对三角城遗址的内涵与社会现象进行分析，论文涉及该文化的城址布局、墓葬型制、铜器陶器、随葬器物、生产工具、生活用具等，特别是对其文化的社会现象，如人群状况、经济形态、劳动分工、宗教文化、宗族繁衍等方面的探讨更有新意，文章有图有表，文图并茂，一位严谨考古学者的治学风范一望而知。

甘肃省文物考古所研究员赵建龙的《关于月氏族文化的初探》一文，对大月氏和小月氏的关系及其活动的地区及其相关考古文化进行了深入探讨。特别是文中提出的月支文化影响和发展序列似为：马厂文化——河西齐家文化（影响）→火烧沟文化（月氏）→辛店文化上孙家寨类型（小月氏）的观点，成一家之言，很引同行重视。

西北民族大学历史文化学院教授段小强教授《试论沙井文化的渊源》一文从沙井文化的发现与发掘、沙井文化的内涵特征、沙井文化的渊源三个方面进行了论述。特别是最后一个问题中涉及对沙井文化青铜器和墓葬的分析，很有见解，是近些年来讨论沙井文化的高质量论文。

中山大学人类学系谭玉华教授的《乌孙西迁研究的新线索》一文从乌孙人群的规模、构成和沙井——骟马文化因素在伊犁河流域的发现两方面探讨了乌孙西迁的问题。他认为骟马——沙井文化的典型文化因素为饮器中的单耳小杯或双耳直筒杯、陶器中的乳突装饰、偏室墓等都在伊犁河流域出现，所有这些都应是乌孙西迁的考古证据。该文探讨问题的角度新颖，提出的问题非常重要。

江苏大学文学院的公维军、孙凤娟博士合作的《论沙井文化时期的经济结构特征》一文从沙井文化的畜牧业、农业、手工业等方面详细论述了沙井文化的特征，认为沙井文化与北方草原鄂尔多斯文化息息相关，又有足够资料支持其族属为月支遗留。同时又指出，沙井文化与马家窑文化、齐家文化等文化类型有一些相似的经济结构，但是也有自身比较鲜明的特征。该文引用资料丰富，分析问题全面，是近些年来研究沙井文化的一篇有分量的论文。

中共平凉市委党校强进前讲师的《沙井文化与商周西北少数民族关系略论》一文详细论证了沙井文化与当时西北古代少数民族的关系，该文善于总结前人研究成果，重视最新学术动态，提出了很多值得当今甘肃早期历史研究者关注的问题，特别是文中对沙井文化遗址的保护及开发发表了很好的意见，具有很高的参考价值。

金昌市博物馆李勇杰馆长《金昌市馆藏沙井文物调查与初探》一文对金昌市馆藏包括金川区馆藏文物作了详细介绍和探索，为人们了解金昌沙井文化提供了不可多得的资料。

河西学院高荣教授的《建郡前的河西社会生活》、兰州大学历史文化学院汪受宽教授的《骊靬县名称与地望的探讨》、西北师范大学历史文化学院黄兆宏教授的《西汉河西地区防御工程体系及相关问题》虽非讨论沙井文化的论文，但仍与本次会议讨论的主题关系密切。三篇论文皆是用功深厚、资料丰富、观点新颖的高质量论文，是所讨论话题的代表之作。

总之，这次会议开得很成功，收到参会的论文皆有一定的学术水平，是金昌市文化建设中的一件大事。特别是此次会议的召开，为第二年的三角城遗址成功申报为国家文物保护单位，提供了学术支撑和制造了舆论，故我一直为金昌市做了这一点小贡献引以为豪。同时我要感谢为这次会议成功举办而付出了辛勤劳动的冉生鹏、李志荣同志等有关领导。

目　录

河西第一城
——城址考古视角下的金川三角城

许　宏

（中国社会科学院考古研究所　北京）

位于河西走廊中段的金昌三角城遗址，时代约当春秋战国时期[1]，属于中国青铜时代末期至早期铁器时代的沙井文化[2]。它是迄今所知河西地区最早的城址，也是这一地区唯一的一处先秦时代城址。

一

我们可以把这座城址放在当时整个东亚地域历史文化发展的大的时空框架中来考察。

在卷帙浩繁的中国古典文献中，关于城与筑城的记载不绝于书；至今仍耸立于地面之上的古城墙也不鲜见。至于湮没于地下、经发掘出土者，更是比比皆是。可以说，城是这块战乱频仍、多灾多难的土地上的一大"特产"[3]。值得注意的是，这些城址的分布与以中原为中心的华夏文明圈是大体重合的。就春秋时期而言，这些城址的绝大部分分布于中原及周边各诸侯国；战国时期则基本上见于"战国七雄"即齐、楚、燕、韩、赵、魏、秦等国的疆域之内。据拙著《先秦城市考古学》截至1997年的统计，此前已公布材料或见于报道的春秋战国时期的城址共428座，主要集中于河南、河北、山西、陕西、内蒙古、山东、安徽、湖北、湖南等省[4]，也即东亚大陆偏东的区域。我们可以把这些城址称为"华夏农耕礼乐系统城址群"。

那么它的西限在哪里呢？据考察，这一庞大的"城址群"的西限与秦文化的分布有密切的关联。在上引拙著中，笔者收录的属于该城址群的最西的城址是陕西宝鸡附近的秦国都城凤翔[5]和传为秦早期都邑——汧邑的陇县磨儿塬[6]。此后新的考古工作则把这一"城址群"的西限又向西推进到了陇东一带。首先是甘肃宁县西沟发现战国城址的材料公之于众[7]，其后，早期秦文化联合考古队又在甘肃礼县发现了大堡子山、西山和山坪三座与早期秦文化密切相关的周代城址[8]。这就是目前所知"华夏农耕礼乐系统城址群"的最西限。

从地理上看，陇东一带还属于东南流的泾河、渭河流域，具典型的黄土高原风貌。再往西，就进入了青藏高原和内蒙古高原、沙漠的交汇地带，海拔渐高，大部分地区干旱少雨。这是农业和畜牧业的交错地带，在先秦时期，罕见城址这种一般以定居和农业为基础的聚落形态。在这样的自然和人文背景下，位于"农耕城址群"500多公里（直线距离）以西的河西走廊上发现的金昌三角城遗址，无疑像一颗珍稀的明珠，镶嵌于先秦时代中国西北农牧文化的版图上。

二

据研究，金昌三角城遗址所属的沙井文化主要分布在河西走廊的东北部，"已确定的遗址点集中在巴丹吉林沙漠与腾格里沙漠之间的民勤绿洲和永昌盆地之间，民勤沙井子至金昌三角城一线是为该文化的中心区"。民勤盆地位于祁连山内陆水系下游的沙漠终端湖地带，犹同伸向内蒙古沙漠的一支触角。"据河流的走向分析，沙井文化的遗址主要分布在石羊河、金川河下游沿岸和湖沼沿岸的绿洲上"[9]。在战国以前，民勤盆地的河湖演变和绿洲发育完全循自然景观的发展，很少受人类活动的影响，属自然水系时代[10]。"考虑到该文化居民有比较稳固的聚落，晚期甚至建有相当规模的城堡，说明他们所经营的畜牧业并非纯粹的逐水草而居、来去无定的游牧形式。而是采取一种以较为固定的聚落为中心，循一定的半径活动的驻牧形式。正因为有着相对稳定的生活环境，沙井文化的居民也从事一定规模的农业生产"[11]。要之，历史地理和考古学研究表明，金昌三角城遗址是整个东亚大陆罕见的华夏农耕及礼乐文化圈以外的城址之一，也是东亚大陆西部地区最早的一处绿洲城址。

如果我们把视野再放宽些，可知像金昌三角城这类绿洲城址，与地理上属于中亚的新疆地区的绿洲城址也有一定的相通之处。已有的研究表明，"山地——绿洲——荒漠系统在我国昆仑山北、天山南北、祁连山等地普遍存在，是我国西北干旱区典型的地表景观格局类型，那里的绿洲更是当地人民赖以生存和发展的主要地理环境"。"公元前5世纪之后的天山地区文化面貌发生了很大的变化，特别是天山以南地区，原来生活在绿洲或绿洲边缘的牧业人群在各种原因的作用下，迈向绿洲城郭国家的阶段。新疆绿洲城市化开始的时间可能相当于中原的战国晚期至秦汉时期"。[12]

但迄今还无法究明上述新疆地区诸城址和金昌三角城之间是否有文化上的直接交流。总体上看，汉代经营西域之前，新疆的城市布局和规划主要是受中亚的影响。比如圆城、多重城墙的城可能是中亚影响的结果[13]。之后开始受到汉文化的影响[14]。"新疆青铜时代的圆形聚落可能来自（哈萨克斯坦草原北部地区）新塔什塔文化，而战国西汉出现的圆形城市可能是在早期聚落基础上发展的结果，同时也可能是受中亚圆形城市的影响"。显然，新疆地区的城址形态受到了更多西来的文化的影响。

就绿洲城址的属性看，金昌三角城与其以西上千公里以外的新疆绿洲城址既有共性又有个性。只有确切把握其时空定位——游离于东亚农耕城址群和新疆绿洲城址群之外、地处二者之间的一处具有鲜明特色的先秦时代农牧文化城址，才能对其多元文化的内涵有更为深入的了解。

三

下面再谈谈"三角城"的问题。

金昌三角城遗址，因"西壁和西北角处，都向外边突出，略呈三角"，故名（图一）[15]。那么，这样的平面形制，有可能有什么意蕴在里面吗？我们不妨从"三角城"的名字入手来做些比较。查迄今已出版的22套《中

国文物地图集》各省市自治区分册，名为"三角城（堡）"的遗址收录
情况如下表。

《中国文物地图集》中名为"三角城（堡）"的遗址

遗址名	所属省份	地点	时代	形状
三角城	甘肃[16]	金昌市金川区双湾镇	青铜时代	不规则三角形
三角城	甘肃	民勤县红沙梁乡	汉代	长方形
三角城	甘肃	古浪县民权乡	汉代	三角形
三角城	甘肃	金塔县金塔镇	汉代	略呈长方形
三角城	甘肃	榆中县三角城镇	唐—宋	长方形
三角城	甘肃	环县车道乡	北宋	三角形
三角城	甘肃	永登县民乐乡	宋代	圭形，山坡部分呈不规则三角形
三角城	甘肃	靖远县三滩乡	西夏	近三角形
三角城	甘肃	天祝藏族自治县大红沟乡	明代	不规则三角形
三角城村城址	甘肃	华亭县西华镇	宋—明代	—
三角城（西海郡故城）	青海[17]		西汉	略呈梯形
三角城村城址	青海	西宁市向化乡	明	略呈长方形
三角城（河东城址）	青海	祁连县俄博乡	宋	长方形
三角堡城址	内蒙古[18]	丰镇市元山子乡	战国—汉	略呈等腰三角形
三角城冶铁遗址	河南[19]	卢氏县沙河乡	宋代	—
三角城	江苏[20]	洪泽县岔河镇	唐宋	遗址呈漫坡状，高出四周

此外，近年考古普查中还新发现了甘肃靖远县五合乡宋代三角城遗

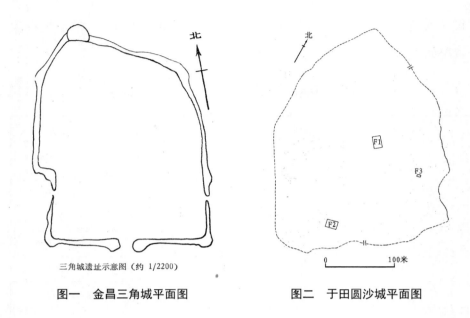

三角城遗址示意图（约 1/2200）

图一　金昌三角城平面图　　　　　图二　于田圆沙城平面图

址[21]，亦因平面略呈三角形而得名。

　　由上可知，名为"三角城"的古代城址，主要分布于甘肃和青海两个西北省份，其中甘肃又占了绝大部分，且以河西走廊及邻近地区为多。查各城址的实际平面形状，有些名实相副，有些则名不副实，甚至呈长方形。就后者而言，三角城可能仅是人们地面观察的印象而已，甚至地名与传说有关，也未可知。无论如何，相当数量的呈类似三角形的城址集中出现于甘青地区，是饶有兴味的。这类城址与其所处的特定的自然环境，应有一定的关联。

　　显然，金昌三角城是这类城址中时代最早的一处。它的平面形状，可能与永登县民乐乡的宋代三角城遗址最为相近，实际上是呈尖首圭形的，即只有一端呈拐折的凸出状，而另一端则仍呈较规则的矩形。遗憾的是，包括永登三角城遗址在内的诸"三角城（堡）"大都未公布平面图，无法做详细的比较。

地处新疆塔克拉玛干沙漠腹地克里雅河流域的圆沙古城，可能是一个较为理想的比较标本。据碳十四年代测定和遗物分析，该城的年代在公元前三世纪至前一世纪，其周边墓葬的年代可早到公元前四世纪，故发掘者推测古城的年代上限应不晚于西汉时期，可能更早（图二）[22]。如是，则该城的始建较金昌三角城为晚，二者应有一段时间是共存的。两城的另一个相近之处已如前述，即都是绿洲城址。在圆沙城的周围已发现较为密集的灌溉渠道，表明当地居民是经济生活方式是农牧并举。

不同之处当然也很显著。圆沙城的城垣是"以两排竖插的胡杨棍夹以纵向层层铺柽柳枝为墙体骨架，墙外以泥土块垒砌或胡杨枝、芦苇夹淤泥、畜粪堆积成护坡"；而金昌三角城，"从构造上看，此城的墙体利用自然地形和土坯补缺两种方法营建"[23]。同时，这两种独特的筑城方法，又都不同于长江流域的泥土堆筑、中原地区的黄土版筑和黄河河套、长城地带的石头砌筑城墙的方式[24]。

我们注意到，金昌三角城与于田圆沙城的平面形状极为相似。两城的南部都相对规整，南门的规模都较大，是主要的城门。最相似的是两城的北部城垣都向外凸出，且都偏向西北。前者因北部凸出呈三角形，故当地俗称"三角城"；后者的形状，则被考古工作者描述为"不规则的四边形"。其实，这样的描述也适用于金昌三角城。联系到上引《中国文物地图集》所见"三角城（堡）"遗址的定名，可知如"三角城"之类的现有遗址名或当地村名地名，都不一定能准确地反映城址的实际情况。如果说被称为"三角城"的城址未必有其形，那么没有这一名称的城址未必不具有类似的特征。

　　由这些地处西北和新疆地区城址的特殊形制，尤其是城址打破常规地向西北凸出的现象，我们推想这种独特的设计布局，是否应是当地居民因地制宜、趋利避害的一种防御性举措。当地西北寒风（风沙）风力较大，破坏性强，而城垣建筑如果正面迎风，阻力会很大，城垣也就容易遭损毁。而将西、北城垣修筑为面向西北的尖角形，从而使风向分流，是否可以减轻风沙对城垣的侵袭剥蚀。

　　结合上述遗址的发现情况和所处自然环境，我们认为，包括金昌三角城和于田圆沙城在内的西北古城这种独特的设计布局，应是古代先民适应自然环境、处理人地关系的佳例。

参考文献：

[1] 甘肃省博物馆文物工作队、武威地区展览馆：《甘肃永昌三角城沙井文化遗址调查》，《考古》1984 年第 7 期。甘肃省文物考古研究所：《永昌三角城与蛤蟆墩沙井文化遗存》，《考古学报》1990 年第 2 期。发掘者在报告中已指出，三角城外蛤蟆墩墓地标本系使用过的旧木，因而测年数值有偏高的倾向。依城内灰坑中采集木炭的测年结果，该城应始建于春秋时期。

[2] 蒲朝绂：《试论沙井文化》，《西北史地》1989 年第 4 期。李水城：《沙井文化研究》，《国学研究》第二卷，北京大学出版社，1994 年。

[3] 工程兵工程学院《中国筑城史研究》课题组：《中国筑城史》，军事谊文出版社，2000 年。

[4] 许宏：《先秦城市考古学研究》，北京燕山出版社，2000 年。

[5] 韩伟、焦南峰：《秦都雍城考古发掘研究综述》，《考古与文物》1988 年第 5、6 期合刊。

[6] 王学理主编：《秦物质文化史》，三秦出版社，1994 年。

[7] 李仲立、刘得祯、路笛：《甘肃宁县西沟发现战国古城遗址》，《考古与文物》1998 年第 4 期。

[8] 早期秦文化考古联合课题组：《甘肃礼县大堡子山早期秦文化遗址》，《考古》2007 年第 7 期。早期秦文化联合考古队：《甘肃礼县三座周代城址调查报告》，《古代文明》第 7 卷，文物出版社，2008 年。

[9] 李水城：《沙井文化研究》，《国学研究》第二卷，北京大学出版社，1994 年。

[10] 冯绳武：《民勤绿洲的水系演变》，《地理学报》第 29 卷第 3 期，1963 年。

[11] 李水城：《沙井文化研究》，《国学研究》第二卷，北京大学出版社，1994 年。

[12] 郭物：《新疆史前晚期社会的考古学研究》，上海古籍出版社，2012 年。

[13] 林梅村：《楼兰——一个世纪之谜的解析》，中央党校出版社，1999 年。

[14] 孟凡人：《楼兰新史》，光明日报出版社，1990 年。

[15] 甘肃省博物馆文物工作队、武威地区展览馆：《甘肃永昌三角城沙井文化遗址调查》，《考古》1984 年第 7 期。

[16] 国家文物局主编：《中国文物地图集·甘肃分册》，测绘出版社，2011 年。

[17] 国家文物局主编：《中国文物地图集·青海分册》，测绘出版社，1996 年。

[18] 国家文物局主编：《中国文物地图集·内蒙古自治区分册》，西安地图出版社，2003 年。

[19] 国家文物局主编：《中国文物地图集·河南分册》，中国地图出版社，1991 年。

[20] 国家文物局主编：《中国文物地图集·江苏分册》，中国地图出版社，2008 年。

[21] 张启芮：《靖远县磨子沟三角城初探》，《丝绸之路》第 16 期，2011 年。

[22] 新疆文物考古研究所、法国科学研究中心 315 所中法克里雅河考古队：《新疆克里雅河流域考古调查概述》，《考古》1998 年第 12 期。

[23] 甘肃省文物考古研究所、北京大学考古文博学院：《河西走廊史前考古调查报告》，文物出版社，2011 年。

[24] 许宏：《先秦城市考古学研究》，北京燕山出版社，2000 年。

三角城遗址文化内涵与社会现象管窥

李维明

（中国国家博物馆　北京）

金川三角城遗址位于祁连山、龙首山之间的平原绿洲地带。20 世纪七八十年代文物考古工作者曾在此进行考古发掘工作，获得一批较为丰富的材料。本文在学习前人研究成果的基础上，试据三角城遗址文化内涵管窥当时社会现象。

一　内涵分析

1.遗存概括

主要遗迹有城址、房址、窖穴、墓葬。

城址系利用自然地形，用疙瘩土块堆筑而成，呈不规则长方形，面积约 2.03 万平方米。城内文化层堆积可达 1.8 米。

房址见于城址内外。均为圆形或椭圆形地面建筑，门向东或东南，内有灶坑。或有储存谷物的窖穴。

窖穴见于房址内外、墓地。包含物或为谷物，或为兽骨、人骨

墓地见于城外西面蛤蟆墩、东北方向西岗、柴湾岗、上土沟岗。以偏洞室墓、长方形竖穴土坑墓为主，少量圆竖井过洞墓。流行单人仰身直肢葬式，头大致北向（或偏东北、西北），骨骼或保存完好，或有所缺失、移位、错乱。铺芨芨草、石灰。随葬品主要有小件铜器、铁器、金器、陶器、玉石器、皮具、毛纺织品、骨器、动物等。

主要遗物有陶器、铜器、铁器、金器、木器、玉器、石器、骨角器、卜骨、皮具、毛纺织品、动物、谷物。

陶器普遍羼和散发金或银色的矿物质颗粒"蛭石"。颜色以红、褐、橙黄为主，流行紫红色陶衣，少见灰色。均为手制，制作工艺较粗，胎较厚。以素面陶为主，有附加堆纹、刻划纹、乳钉纹、绳纹和用红彩表现几何纹、水波纹、鸟纹等纹饰。主要器类有双耳或单耳罐、双耳壶、单耳或双耳杯、鬲、豆、盆、碗。

铜器可分为生活类，如梳、勺，牌饰、带扣、环、泡、珠；工具类，如刀、锥、针筒、套头；武器类，短剑、镞。

铁器可分为工具类，锛、刀、臿、犁；兵器类，剑；装饰类，箍。

金器种类有耳环、项饰、箔。

玉器种类有绿松石、玛瑙珠、琉璃器。

木器种类有梳、盒、盘、靴形器、锥柄、箭杆、木棒、鞘。

石器可分为工具类，如斧、刀、杵、臼、磨盘、棒、球、刮削器、磨石；装饰类，环、坠、珠。

骨角器可分为生活类，如匕；工具类，如锥、针；兵器类，如矛、

镞、弭。

卜骨系用羊肩胛骨施以钻、灼制成。

皮具可分为服饰，如衣、带、眼罩；生活用具囊、绳、套；工具类，鞘。

纺织品质地粗厚，织成后套染黄、绿、褐色。

动物种类有牛、马、驴、猪、羊、驼、竹鼠、鸡、禽、贝等。

植物种类有沙枣、粟、糜、小麦、芨芨草、树木等。

2、年代估计

学者曾利用三角城遗址碳十四测年数据、陶器类型变化、铁器的使用等现象，将三角城遗址相对年代编年分为两段[1]或两期五段[2]，大致相当于中原地区西周至春秋[3]、战国[4]时期。

观察三角城城址，其地层分层堆积虽然较厚，但公布遗物主要出自文化层，陶器数量较少，且多破碎，不易较为准确认识特征演变。墓葬之间少有打破关系，即使十分难得的具有叠压、打破关系的地层单位又缺少可资类比的陶器器类，况且相当一部分墓葬没有随葬品。因此，有关分期认识主要依靠器物类型学的排序建立。

据柴湾岗墓地 M10 打破 M11，观察各自随葬陶器双耳壶，大致可以分为两型：

A 型，双耳位于颈部，体较矮胖。如标本 M11：1。

B 型，双耳位于腹部，体较瘦高。如标本 M10：1。

据地层关系判断 A 型相对晚于 B 型。由此推断双耳壶形态演进特点：双耳位置由颈部移向腹部；体由矮胖渐瘦高；底径由大渐小。

基于这一认识，可以大致将西岗、柴湾岗墓地出土双耳壶分为 5 式，代表具有相对时代早晚意义的 5 个组（图一）。以这样的编年标尺[5]判断：

（1）西岗墓地，似可分五组：

1组，如M102、M325。

2组，如M85。

3组，如M141。

4组，如M194。

5组，如M55。

采自XM26朽木所获碳十四测年数据显示，公元前891年—公元前663年在墓地所跨时代范围之内。

（2）柴湾岗墓地，似可分五组：

1组，如M11、M14。

2组，如M3、M72、M109、F1。

3组，如M10、M2。

4组，M9、M17。

5组，如F2。

采自SH木炭所获碳十四测年数据显示，公元前888年—公元前435年在墓地所跨时代范围之内。

（3）蛤蟆墩墓地，公布陶器标本很少，其中罐可分为两型。

A型，单耳罐。可分两个亚型。

Aa型，体高，坠腹。如标本M采：01。（参见图二、甲群、上排器物、左）

Ab型，体相对较矮，鼓腹。如标本TM2：1。（参见图二、甲群、上排器物、中）

B型，双耳罐。如标本M16：3。（参见图二、甲群、第二排器物、左）

据此推断，墓地至少可分为两组：

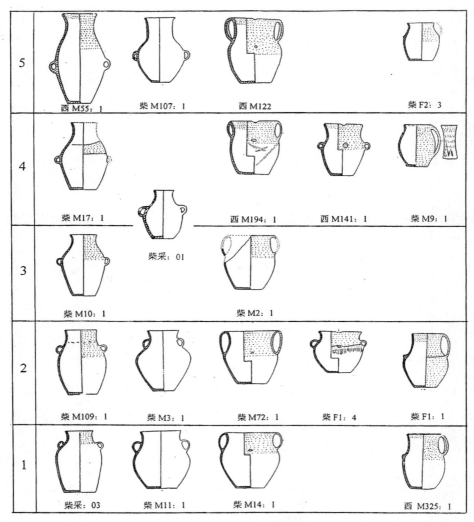

图一、三角城遗址西岗、柴湾岗墓地陶器分组示意
说明：柴，柴湾岗；西，西岗。分组主要依据类型排序判断，仅供参考。

1 组，如 TM2、M18。

2 组，如 M16。

观察采自 HM15、HM18、HM5、HM11、HM14 木棒所获碳十四测年数据显示，以公元前 9 世纪出现频率最高（约 16.7%），次为公元前 10、公元前 8 世纪（约 12.1%），公元前 11 世纪、公元前 7 世纪、公元前 6 世纪、公元前 5 世纪（约 8.3%），公元前 14 世纪（约 4.2%）。

据单耳罐造型并参考碳十四测年数据判断，其时代上限早于西岗、柴湾岗墓地，延续下限可能与西岗、柴湾岗墓地时代下限相当。

（4）城址，是当时人群居住活动的中心场所。公布陶器器类中，T2 出土陶器鬲、豆罐具有周文化特征，大致可在西周晚期（如罐可与张家坡西周晚期同类器类比，参见图二、乙 b 群）至春秋早期（如豆，参见图二、乙 b 群）；残罐（T3F3:6）特征与蛤蟆墩 M 采:01 相近；H 出土粗颈壶与柴湾岗 M107:1 颈部特征相类，判断其上限不晚于蛤蟆墩墓地，下限与西岗、柴湾岗墓地时代下限相当。

从采自三角城遗址灰层中木炭所获 ^{14}C 测年数据显示，其最大上限约在公元前 9 世纪（或更早一些），下限在公元前 5 世纪。

由上述分析可推断三角城遗址主要遗存的相应年代关系（如表一）：

表一、三角城遗址主要遗存的相应年代示意

蛤蟆墩墓地	城址	西岗墓地	柴湾岗墓地	年代范围估计	
				约公元前 9 世纪	约西周中、晚期
				约公元前 5 世纪	约春秋、战国之交

说明：上土沟岗墓地不详

3. 因素构成

　　三角城遗址位于河西走廊的偏东部，参照当地资源和遗存特征将其因素分为两大群（图二）：

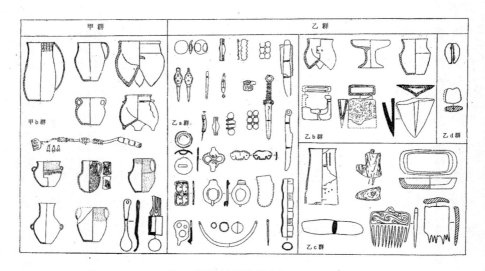

图二、三角城遗址主要文化因素构成示意

　　甲群，可分两小群。

　　甲a群，当地特征。如利用自然地形，用疙瘩土块堆筑形成的城址，椭圆形房址中的圆形地炉，双竖井过洞墓，陶土中普遍羼和散发金或银色的矿物质颗粒"蛭石"。

　　甲b群，可在甘青地区、河西走廊青铜文化中寻源，如偏洞室墓、长方形圆角竖穴土坑墓、头向大致向北或东北向，陶双耳或单耳罐、壶、铲形足鬲、彩绘、镞、套头，毛纺织品，用羊肩胛骨施以钻、灼制成的卜骨。羊（约占遗址出土动物总数的88%）。

　　乙群，可在甘青地区、河西走廊之外寻源。可分为四小群。

　　乙a群，特征近于北方草原青铜文化。如铜饰（泡、珠）、动物牌饰、短剑、带扣、环、耳环、项饰，皮具，马（约占遗址出土动物总数的2.8%）。

乙b群，中原地区因素。如陶器中灰陶、附加堆纹、绳纹、乳钉纹，陶鬲、豆、折肩罐，铁犁、臿、锛。猪（约占遗址出土动物总数的1.9%）、驴（约占遗址出土动物总数的0.9%）。

乙c群，焉不拉克文化因素，如木器盒、梳、铁刀。

乙d群，外部辗转输入，如绿松石、海贝、牛（约占遗址出土动物总数的3.7%）、驼牙（约占遗址出土动物总数的0.9%）等。

上述文化因素群，以甲群居主导地位，乙a群次之，乙b群、乙c群再次，这一现象显示三角城遗址属于分布于河西走廊偏东部，具有地方特征的一支跨铜器时代和早期铁器时代的文化遗存。该遗存与甘青地区同期文化具有较多的相似因素，同时具有北方草原文化的因素，还受到来自东面中原文化和西北方向焉不拉克文化的影响。

4. 级差现象

在三角城遗址文化遗存中存在着一些级差现象：

（1）居址，分为两级。

1级，城址。面积约2.03万平方米。城内存有房址和窖穴。遗物有陶器、铜器、铁器、木器、卜骨等。

2级，房址。见于城址内外。均为圆形或椭圆形地面建筑，门向东或东南，内有灶坑。或有储存谷物的窖穴。

（2）埋葬，主要表现在三个方面。

墓地，公布四处墓地，除上土沟岗墓地情况不详外，[6] 其余三处墓地相比，以位于三角城遗址西面约1公里的蛤蟆墩墓地有随葬品的墓葬所占比例较高（约占公布该墓地墓葬总数的 80%），随葬品相对丰富，埋葬有大型牲畜（牛、马、驴）和数量相对较多的羊（约占公布该墓地随葬羊墓葬总数的 68.8%，随葬动物出现频率的 90.5%）。位于三角城遗址东北部的西岗和柴湾岗虽然墓葬较多，但有随葬品的墓葬所占比例相对较低（分别约占公布各自墓地墓葬总数的 48.9%、66.4%），多随葬饰品、生产工具，随葬牲畜相对较少。

构墓形式，主要有偏洞室墓、竖穴土坑墓、竖井过洞墓。以偏洞室墓居多（约占明确墓葬形制特征总数的 58.1%），竖穴土坑墓次之（约占明确墓葬形制特征总数的 39.3%），少量竖井过洞墓（约占明确墓葬形制特征总数的 2.4%），另外还有上竖井下偏洞室墓葬（约占明确墓葬形制特征总数的 0.17%）。其中，居主要地位的偏洞室墓和竖穴土坑墓交错分布，互有打破，大致共时。比较而言，偏洞室墓较竖穴土坑墓规模大，有随葬品的墓葬比例较高（偏洞室墓约占同类墓葬总数的 60.9%，竖穴土坑墓约占同类墓葬总数的 57.4%），随葬品相对丰富。竖井过洞墓有随葬品墓葬比例较低（约占同类墓葬总数的 42.9%）且随葬品不甚丰富。

随葬品，表现为随葬品之有无，在公布的墓葬中，有随葬品的墓葬约占 53.3%，没有随葬品的墓葬约占 46.7%。即使是在有随葬品的墓葬中，随葬品的数量和丰富程度也存在明显的差别，最少的只有 1 件铜饰，或者只有一块动物骨骸。多者拥有铜、金、铁、玉、石、皮、木、骨、贝、纺织等质地的器物，还有牛、马、驴、猪、羊等牲畜。

二 社会现象

社会泛指由共同物质条件而互相联系起来的人群。三角城遗址就是当时由具有共同的生存环境，从事相同的经济活动，遵守相近习俗的人群曾经生产、生活的遗存。虽然，三角城遗址远未全面揭露，但据公布材料依然可管窥部分社会现象。

1.聚落布局，三角城遗址以城址为中心，城外东部存在居址

墓地分布于城外，西部和东北岗地（表二）。遗存大致分布显示，其分布范围估计东西约 3400 米，南北约 1500 米，面积约 5.1 平方公里（图三）。

说明：柴湾岗墓地只发掘约四分之一。蛤蟆墩墓地与上土沟墓地面积不详。已经公布各墓地墓葬数量为发掘数量，并非墓地全部墓葬数量。

2.人群状况

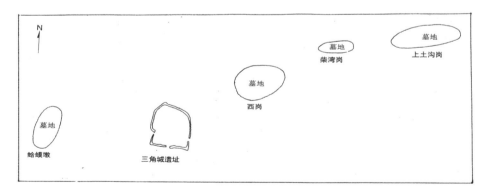

图三、三角城遗址聚落布局示意

人口估计，迄今公布三角城遗址四处墓地 590 座墓葬，多单人葬。由于柴湾岗墓地只清理了四分之一，蛤蟆墩墓地、上土沟岗墓地也非全

表二　三角城聚落遗址主要遗存信息示意

主要遗存	蛤蟆墩墓地	城　址	西岗墓地	柴湾岗墓地	上土沟岗墓地
相对位置	位于城址西约1000米		位于城址东北方向约800米	位于西岗东北方向不足800米	
遗存面积		2.03万平方米	约1.6万平方米	约3万平方米	
居址分布		房址、窖穴	窖穴	房址、窖穴	
墓葬数量	20座墓葬		452座墓葬	113座墓葬	5座墓葬

部墓葬，所以四处墓地墓葬应远多于这一公布数据。如果按每处墓地均450座墓葬估计，考虑到少量合葬墓的存在，估计埋葬人数约2000人左右。按照前述三角城遗址编年至少分为具有相对早晚意义的7个组，则每组均约280余人。

年龄构成，三角城遗址墓地人骨年龄鉴定成果显示，成年人约241例，约占人骨年龄鉴定总数的60.6%；未成年人约95例，约占人骨年龄鉴定总数的39.4%[7]。

性别比例，三角城遗址墓地人骨性别鉴定成果显示，男性约132例，约占人骨性别鉴定总数的51.6%；女性约124例，约占人骨性别鉴定总数的48.4%。

3. 经济形态，三角城遗址出土遗物显示其经济形态具有多样性

农业，使用铁质农具臿、犁耕作，收获旱作谷物粟、糜、小麦，用石杵、臼、磨盘、棒进行粮食加工。

征猎，以弓箭（铜骨质镞、骨质弭、木箭杆）、骨矛、石球为杀伤武器，配铁、铜质带鞘护卫短剑。所获猎物有兽、禽。

手工，使用铁锛、刀，铜刀、锥、针筒，石斧、刀，骨锥、针，制作木器（梳、盒、盘、靴型器）、皮具（衣、带、眼罩、囊、绳、套）、骨器（匕、矛、镞）、纺织品（毛纺织品质地粗厚，织成后套染黄、绿、褐色）、编织（草席）等产品。

畜牧，主要为羊，也有牛、马、驴、猪、羊、驼、鸡等。

贸易，通过交换的形式得到非本地资源的绿松石、玛瑙珠、琉璃器。玉器，海贝。由于目前尚未有关制陶、铸铜遗存的发现，不排除通过贸易形式得到的可能。

4. 劳动分工

墓葬随葬品质地和种类显示，当时的劳动分工主要在成年男、女之间，男性专有铁器刀、剑、犁，铜镞，马、牛；显示成年男性主要从事耕战和大型牲畜驯养。女性多拥有针线筒、颜料、毛纺织布、羊，有幼儿相伴现象，显示成年女性主要从事家庭纺织、缝制，谷物加工和小型牲畜饲养。

5. 宗教文化

宗教意识主要表现在使用羊肩胛骨进行的占卜活动，而具有特定意义的彩绘，牌饰上的动物造型，染织图案反映了当时人们的审美水准。

6. 等级差别，聚落

存在城址与城外居址两个等级，两级居址显示各自功用与地位等级不同。墓葬，以墓地构墓形式，随葬品之有无、数量、质量的差别显示人们拥有财产的差别，以此决定了社会地位的等级差别。

7. 宗族分衍

三角城遗址各墓地墓葬大致以北向或偏东北向为主要方向，同时也存在一定方向的差别（表三）。

各墓地墓葬的主要方向也存有差别，以数据居前三位的方向排序比较：

蛤蟆墩墓地，以10°居多（约占该墓地墓葬总数的25%），次为5°、

表三　蛤蟆墩、西岗、柴湾岗墓地墓葬方向示意

	蛤蟆墩20座		西岗452座				柴湾岗113座			合计
上竖井下偏洞墓1	偏洞室墓12	竖穴土坑墓8	偏洞室墓281	竖穴土坑墓158	竖井过洞墓12	上竖井下偏洞墓1	偏洞室墓47	竖穴土坑墓64	竖井过洞墓2	585
0	1		61	34			3	1		100
1								1		1
3			1							1
5	2	1	16	15			1			35
7				1						1
8							2	2		4
10	4	1	47	24	1	1	6	4		88
12								2		2
13			1							1
15	1		40	14	2		7	12		76
18			1	1			3	1		6
20	1	1	23	17	1		6	10		59
22							2			2
23			1	1						2
24							1			1
25			12	8	2		8	10	1	41

27								1		1
28							1			1
30	2	1	8	6	1		2	1		21
32								2		2
35		1	2	3	2		3	7	1	19
37	1		2							2
40			3	4	3			5		18
43		1					2			1
45		1						4		5
48			1	2						3
50			2	4						6
55			5	1						6
60			1	2						3
65			2							2
75			1							1
235			1							1
280				1						1
290			1							1
315				1						1
325				1						1
335			1							1
340			2	2						4
345			6	4						10
347			1	1						2
348		1								1

350		10	4					14
352		1						1
353		1						1
355		26	5					31
357		·	1				1	2
360		1	1					2

30°（各约占该墓地墓葬总数的15%），再次为20°（约占该墓地墓葬总数的10%）。

西岗墓地，以0°居多（含360°，约占该墓地墓葬总数的21.6%），次为10°（约占该墓地墓葬总数的16.2%），再次为15°（约占该墓地墓葬总数的12.4%）。值得注意的是，墓地存在一批西北向的墓葬（约占该墓地墓葬总数的15.3%）。

柴湾岗墓地，以13°、25°居多（各约占该墓地墓葬总数的16.8%），次为20°（约占该墓地墓葬总数的14.2%），再次为35°（约占该墓地墓葬总数的9.7%）。

如果墓葬方向偏差不大，可以视为大致同向，但当方向偏差较为明显时，可能有所寓意。如果将墓地按照构墓形式，或者方向分解，墓葬群呈现出聚散分布的现象。笔者推断，这些现象可能是族墓地内部不同支族或家族的标示之一（图四）。

小结，三角城遗址所在河西走廊偏东地段，位于阿拉善高平原南缘，海拔1000米以上。这里属于华力西运动隆起区，呈现燕山运动隆起喜马拉雅运动上升的高原、山地和丘陵地貌，存有草原、旱地、沙漠等土地类型，

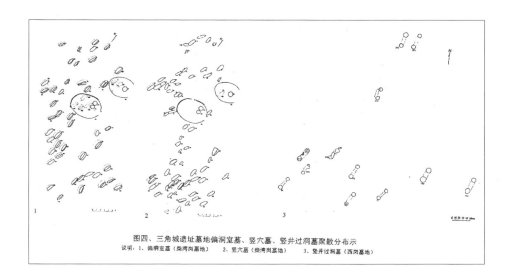

图四、三角城遗址墓地偏洞室墓、竖穴墓、竖井过洞墓聚散分布示
说明：1、偏洞室墓（柴湾岗墓地）　　2、竖穴墓（柴湾岗墓地）　　3、竖井过洞墓（西岗墓地）

周边有石膏、硫、铜、镍、铁、煤、碱、盐等矿藏资源。

考古发现，这里新石器时代曾有马家窑文化人群生存。约在公元前9世纪至公元前5世纪之间，时值中原地区青铜时代和铁器时代交替时段，在这里居住着以城邑为中心聚落的人群，他们身着装饰铜饰件的皮质或麻质服装，佩戴牌饰、玉石、骨珠等装饰，使用铁质工具耕作，种植粟、糜、小麦等旱作谷物，以陶器为主要生活用具。畜牧羊群。男耕猎，女纺织，通过贸易获取本地缺少的像绿松石、海贝这样的物资。社会成员拥有不同数量的财富，决定了他们社会地位的差别。去世的人，则聚族葬入公共墓地。据三角城遗址文化与马家窑文化之间出现的中断现象，以及文化因素构成判断，这是一支来自北方草原的古族，在本地受当地环境及本地域文化影响，并与周边文化交流而形成具有自身特征的文化。鉴于三角城遗址具有聚落中心地位，文化内涵丰富，属学界所称沙井文化典型遗址，笔者以为是否可以考虑定性为三角城类型或称名三角城文化。

参考文献:

[1] 水涛:《甘青地区青铜时代的文化结构和经济形态研究》,《中国西北地区青铜
     时代考古论集》,北京:科学出版社,2001 年,第 153 页。

[2] 甘肃省文物考古研究所:《永昌西岗柴湾岗沙井文化墓葬发掘报告》,兰州:甘
     肃人民出版社,2001 年,第 182 页与 183 页之间分期图。

[3] 李水城:《沙井文化研究》,《国学研究》第二卷第 505 页,北京大学出版社 1994 年。

[4] 韩建业:《中国西北地区先秦时期的自然环境与文化发展》,北京:文物出版社,
     2008 年,第 382 页。

[5] 由于三角城遗址所属墓地,少有地层打破关系,且可资比较的随葬陶器数量、种
     类十分有限。故本文分组主要依据陶器器形排序推断,仅供参考。

[6] 文中有关墓葬的数据,均不包括上土沟岗墓地。

[7] 本文以 15 岁作为划分成年人与未成年人的界限。

关于月氏族文化的初探

赵建龙

（甘肃省文物考古研究所 甘肃 兰州）

一 研究月氏族属文化的意义

关于月氏族的历史书记载中有大月民和小月氏之称谓，而对她们的来历和关系已见于《史记》和《汉书》的部分记载中，并较为清楚地记载了大月氏和小月氏的关系，她们也是我国西北河西走廊一带的土著少数民族之一。月氏族在周、秦时期，原为较强盛的民族之一，势力在匈奴族之上，曾一度击败了乌孙之族而尽有其地，后因匈奴的强大，冒顿单于率兵又西击月氏，将月氏族赶到新疆伊犁河流域一带。后又在匈奴的支持下，乌孙之余部西向再击月氏，迫使其西渡葱岭居于大宛之西，妫水之北。乌孙尽有其地天山，伊犁河流域一带。大月氏西迁后，在中亚一带建立了自己的王国，号曰贵霜帝国，成为公元前二世纪出现在亚欧地区的四大帝国之一（中国、贵霜、安息、罗马）。其余种未能去者，保南山羌中，是为小月氏。

众所周知，在我国西汉初期，为了寻找与北方匈奴为敌的大月氏部族，曾派张骞为代表的西域探险队，经过千辛万苦，越过匈奴的统治区，西北到达西域的大宛和大月氏等国，开辟了一条汉与西域诸国文化交流的途径，切断了匈奴与羌、氐、乌孙等国的联系与交往，削弱了匈奴的势力，安定了内地居民的生活。同时还修筑了自令居（今甘肃永登县）到玉门关的塞障，以保证河西走廊的安全，拓宽了中西文化交往的区域和道路。也对大月氏等民族的历史有了一些初步了解。但是，月氏族本身没有自己的文字，也没有自身的历史记载，仅有语言形式的约束。而在西汉以前的汉族统治集团，其统治范围和区域，均未越过今甘肃境内的黄河天险。故秦统一六国后所筑长城，也仅沿黄河向西入于临洮为止。而穆天子西游到昆仑山西王母处的记述，很可能是一种虚构或传闻而已。但月氏族之名，最早所见者，却出于《穆天子传》中，在其卷一中有"己亥至于焉居禺知之平"。《管子·轻重乙篇》中也有"玉出于禺氏之旁山"。的记载，据近代史学家们的考证研究认为：《管子》中的禺氏和《穆天子传》中的禺知，与后史中所记的月氏之名是属同一名称，即同音异字之别。

有关大月氏的政治、经济、文化等诸方面的研究工作，不但对于甘肃古文化史的研究来讲，是不可缺少的一部分，而且在世界古代史的研究中也具有非常重要的意义。所以，从十九世纪中叶以来，中外学者就已开始重视和研究她的历史了。其中有中国的史学大师王国维、罗振玉、冯承钧等，还有外国汉学家藤田丰八、羽田亨等人的著作，均对大月氏的研究做出了较大的贡献。但由于史料比较缺乏，他们的工作多半停留在史料的搜集和繁琐的地理考证上。近几十年来，较有突破性的研究材料，就是由苏联专家组成的考古工作队，在中亚地区及阿富汗一带进行的大规模考察、发掘工作，发现了大量大月氏时代的古城址、佛教遗址、贵霜钱币等物，为研究大月氏的历史提供了不少有价值的实物资料。但是，这些只能对大月氏西迁中亚以后建立贵霜帝国时期的历史资料有所补充。而对月氏西迁以前的早期历史和文化的研究却没有明显的影响和推进，还停留在《史记》《汉书》中关于月氏族的只言片语的记述之上，这对我国史学界来说，是一个十分严峻的课题，需要我国史学家们打破原有的史料重复摘抄，进一步作更加深入细致的探讨和研究工作。

近些年来，我国考古事业有较大发展，许多史前文化的遗迹遗物也随之大量出土，更进一步地充实和填补了许多史书资料的不足和空白，为深入地研究我国历史及文明史等打下了良好的基础。但对于解决历史上所遗留下来的许多疑难问题还很不够，还有很大的差距。如考古学文化与历史史事的结合研究，还没有普遍展开，许多考古学文化的族属问题还在萌芽阶段，而许多历史研究与考古学文化的联系还不十分密切等。这些现象使考古学文化与历史资料的研究形成了双轨制趋势。为了促使我国历史学研究与考古学文化研究的尽快合拢，本文试图就以我国河西走廊一带的古老民族大月氏、乌孙等族的原发现的一些古文化遗存为线索，谈谈自己不甚成熟的一些肤浅认识和看法，实属抛砖引玉之举，以引起史学界和考古学界的关注，更进一步地加深这一课题的研究和认识，尽快地使这些古文化遗存与历史文献融合在一起，以得出较为真实可靠的结论来。不妥之处，敬请诸位学者指正。

二 大月氏在西迁前的历史概况

在我国西北地区，很早以前就有人们居住活动在这片广阔肥沃的土地上，据考古资料表明，至少在五千年前就已有人们居住。一般在春秋以前，将其地的少数民族称之为戎、荤粥、氐、羌等，非常粗略。后因较为频繁地接触和交往，逐步地有了较细致地区分，如仅河西区就划分出匈奴、月氏、乌孙、氐、羌、戎等，而月氏的居住区距中原较远，所以，其史书记载中也出现较晚，可以肯定的月氏之名，最早见于《穆天子传》《逸周书》和《管子》等书中，以当时的译音，一般都写作"禺氏"。而到汉朝时期，才真正地了解和追记了一些她们的历史概况。自《史记》《汉书》开始，就正式地将"禺氏"之名，用"月氏"二字取代了，但仍发"禺氏"之音，并在《史记》《汉书》中较详细地追记了月氏族的早期生活习性及活动范围。

在《史记·大宛传》中说："始月氏居敦煌、祁连间（即敦煌、张掖之间）……""随畜移徙，与匈奴同俗"。故在西周之际还没有加以详细地区别，均混为匈奴、氐、羌族看待。而到了周、秦之际，则东胡强而月氏盛，"控弦者可一二十万，故时强，轻匈奴"。[1] 使匈奴也不得不屈服于她。同时还击败了邻国乌孙王难兜靡之族，尽有其河西走廊之地。《汉书·张骞传》中有："天子数问骞大夏之属，骞既失侯，因曰：'臣居匈奴中，闻乌孙王号昆莫。昆莫父难兜靡，本与大月氏俱在祁连、敦煌间（即张掖、酒泉一带），小国也。大月氏攻杀难兜靡，夺其地，人民亡走匈奴。子昆莫新生，……及壮，以其父民众与昆莫，使将兵，数有功。'"所以说，月氏原居于今甘肃敦煌、酒泉、张掖地区，周、秦之时强盛，攻杀邻国乌孙王难兜靡而尽有其地，乌孙之众投奔了匈奴，当时的匈奴由于害怕秦国，又为月氏所迫，迁居于黄河以北一带（即今腾格里沙漠之东北部），统治区应在今甘肃的河西走廊的东部。那么，乌孙国被击败后投奔匈奴，说明当时的乌孙之族，就居于月氏族之东或东北边缘；距匈奴很近。王明哲、王炳华合著的《乌孙研究》一书中也认为："乌孙应在东，月氏在其西，如在西则归匈奴道路不便，在东则东归匈奴是方便的。"[2] 黄文弼先生在《西北史地论丛》一书中依《汉书·西域传》："乌孙本与月氏共在敦煌、祁连间，今乌孙强大，可厚赂招，令东居故地。"之说，推定"乌孙在肃州至敦煌，月氏在肃州至张掖（甘州）"。[3]

与此同时，匈奴头曼单于既畏月氏，又不愿立长子冒顿为太子，故将冒顿作为人质送于月氏王。《史记·匈奴列传》云："单于欲废冒顿而立少子，及使冒顿质于月氏。冒顿既质月氏，而头曼急击月氏。月氏欲杀冒顿，冒顿盗其善马，骑之亡归。头曼以为壮，令将万骑。"后冒顿杀其父，自立为单于。冒顿即位，匈奴始强，东灭东胡，西击走月氏，尽服北夷，置左右贤王，右方王将居西方，直上郡以西，接月氏、氐、羌。此时的匈奴尽有甘肃敦煌以东之地。而月氏败走入新疆伊犁河流域。《史记·大宛传》中也记："冒顿立，攻破月氏，至匈奴老上单于（冒顿子），杀月氏王，以其头为饮器。"又《汉书·张骞传》云："时，月氏已为匈奴所破，西击塞王，塞王南走远徙，月氏居其地。昆莫（乌孙王）既健，自请单于报父怨，遂西攻破月氏，大月氏复西走，徙大夏地。昆莫略其众，因留居，兵稍强，会单于死，不肯复朝事匈奴。"《史记·大宛传》

也云："单于复以其父之民予昆莫，令长守于西域。昆莫收养其民，攻旁小邑，控弦数万，习攻战。单于死，昆莫乃率其众远徙，中立，不肯胡会匈奴。"由此得知，匈奴和乌孙两次击败月氏，使月氏被迫西迁过大宛击大夏而居于妫水之北。按《史记·大宛传》中载："始月氏居敦煌、祁连间，及为匈奴所败，乃远去，过宛，西击大夏而臣之，遂都妫水北，为王庭。其余小众不能去者，保南山羌（即青海省大通河流域），号小月氏。"这就更进一步地说明，月氏原居敦煌、祁连间，乌孙居其东（即祁连、敦煌间），位于月氏与匈奴之间。月氏强盛时击败乌孙，当为公元前211年前，按昆莫年龄推算，当在公元前240年左右，即战国晚期。后冒顿单于及子老上单于击败月氏，当为公元前206年前的事，即楚汉相争之际，使其迁于新疆伊犁河一带。又被乌孙王昆莫再攻，败走大夏，余众一部分归于乌孙（如《汉书》："昆莫略其众。"），一部分归于南山羌中。此事可能发生在公元前176年以前，即西汉初年。

三　关于月氏文化的探索

对于月氏民族的历史地理，前面已作了粗略地概述，已使我们有了初步认识，但是，有关月氏族的文化遗产至今还是个谜。我们知道，月氏族在周、秦之际还处在一种不很固定的，以游牧为主的经济状态，社会形态及习性则与匈奴同俗，并比较强，控弦者数万，东攻西侵，可见其已是进入了奴隶制时代的一个民族。这一民族的主要分布区又在我国甘肃境内的敦煌、祁连间。祁连山主峰在张掖一带，所以，她的控制区即在河西走廊的西半部，直至敦煌一带。同时期的乌孙小国又位于其东与匈奴相邻。

近些年来，我省考古工作者在河西走廊一带做了大量调查及发掘工作，基本对这一地区的古文化遗存有了一些初步认识。其属于西汉以前的古文化大体可分为马厂、齐家、火烧沟（原称四坝式）、沙井、骟马式等几种不同类型的文化遗存，其分布区域和文化特征等也都有较明显地区别。分布在河西走廊东端的主要有马厂、齐家文化，向西可拓展到今甘肃山丹县境内，似以黑河下游的山丹河为界。其文化特征与黄河北岸的青海乐都柳湾遗址中的马厂、齐家文化基本一致，故其应属于同一区系内的两个不同时期的文化。按柳湾遗址中的马厂文化墓 M391 棺木的碳十四年代测定数据为距今 3970±240 年；[4] 同遗址中的齐家文化墓 M392 棺木的碳测年代为距今 3570±140 年。[5] 所以，河西走廊东端的马厂、齐家文化所反映的文化特征及社会面貌，与柳湾同类文化均处于一个时代，其相对年代也当一致。而分布在河西走廊西部的火烧沟、沙井及骟马式等文化，其反映的文化特征和社会面貌，考古学界普遍认为，它们应晚于齐家文化，并且同出金、银、铜器，且沙井文化中还出有铁器，说明其冶炼技术已较发达。据此，余推测其相对年代至少当在春秋、战国之际或略晚。由于其以畜牧业为主的经济体制，使其生活用具均与中原地区同时期的文化遗存有很大的差异，与黄河南岸同时期的文化遗存也有很大的差异。火烧沟文化，在其遗址和墓葬中的碳测年代为距今 3340—3590 年间，[6] 似与黄河北岸的齐家文化年代一致，可见其碳测数据的误差较明显。而沙井文化所反映的社会面貌与火烧沟文化相近，其相对年代也应在春秋战国之际；而永昌三角城遗址中的墓 M15 封门木的碳测数据则为距今 2950±160 年，[7] 似也偏早。骟马式文化所反映的文化面貌及特征，[8] 似比前两种文化更晚，可能属于秦、汉之际甚或更晚的一类文化遗存，暂时还没有碳 14 测年数据可供参考，分布区域也不太清楚。

从近年来调查和发掘的材料来看，火烧沟文化的分布区，主要在东起山丹河、黑河，西至敦煌西部边缘，中心区在酒泉地区。正是史书中所记载的月氏族在周、秦时期的居住范围"敦煌、祁连间"。再以该文化所反映的社会面貌，是以畜牧为主，农业为辅的经济生活方式；日常生活品有陶、木、骨、铜等生活用具，以及金、银、铜等较为精细的生活装饰品。[9] 其中铜牌饰、铜削、铜锄等制品，与内蒙古地区所出的属匈奴文化的同类用品极相似。还有在墓葬中随葬大量的羊角、羊头骨等祭祀品，可见其与匈奴是属同俗。彩陶所占比重也是很可观的，约占陶器总数的 1/3。陶色、器型、纹饰等，基本继承和发展了河西齐家文化的风格。如双大耳罐（安伏那式）基本与齐家文化的双大耳罐没有多大区别。彩陶双耳垂腹罐、陶豆等器型和纹饰都与河西齐家文化中的同类彩陶雷同。唯不同之处，则是火烧沟文化的彩陶普饰重彩，涂彩很厚，明显突出于器表，而马厂、齐家文化的绘彩则比较清淡，没有突起之感。其中有一部分生活用器却反映出当地民族所特有的土著民族风情，它与河西齐家文化有浑然不同的艺术风格。如陶器质地较粗，器形多以球形体。平底，上部用刀锯切割出器盖，又不加修饰，器盖上多饰矛状钮和动物形装饰。腹颈部多饰四耳者，也有两颈耳做成牛角状者，这些都是颇具特色的。另外，在彩陶的底衬中饰赭红色陶衣，也是火烧沟文化的一个特征。从墓葬形制看，火烧沟文化多采用的是一种在长方形竖穴墓道的一侧挖偏洞的方式安葬，用圆木棍直立（或斜立）封门，似与马厂文化的长墓道椭圆形洞室墓，以木棍、石板封门的习俗有承袭关系。

　　总的看来，火烧沟文化受河西马厂和齐家文化的影响很深，是否属同一民族在不同时期和不同地域的相继和发展，暂时还很难确定。但火烧沟遗址的遗存，就调查材料比较来看，是属该文化的一类较早期遗存，晚期的彩陶数量明显减少。由此笔者暂时避开其碳14年代测定数据，仅就以其文化面貌所反映出的社会特征，而大胆地推定其分布在敦煌、祁连间的这支火烧沟文化为大月氏的先祖文化。这一文化的发掘和碳测年代数据还较少，仅有一个遗址的测定数据。但从现在调查的材料来看，该文化在这一地区的延续时间是较长的，至少在西周时期，他们就已游居于敦煌、祁连间了。

　　这里值得说明的是，居于月氏和匈奴之间的一个小国，即乌孙之族。在《史记》《汉书》中仅注明其与月氏同居于祁连、敦煌间，亦与匈奴同俗，但具体位置难以确定。据近年来的考古调查和发掘材料来看，火烧沟文化分布区之东北部，基本是沙漠区，再东所见遗物多属内蒙古匈奴族文化。而在火烧沟文化区的东南部，即张掖、山丹县以东的金昌、民勤一带，则发现了一种不同类型的文化遗存，即前面所说的沙井文化。这类文化遗存在20世纪30年代就已发现，但并没有进行科学发掘，文化面貌不甚清楚。近年来通过对永昌（今金昌市）三角城遗址的发掘，才对该文化有了较详细认识。该文化与火烧沟文化仅一龙首山相隔，其陶器特征却受火烧沟文化的影响极少，也很少有马厂、齐家文化的直接影响，虽见有马家窑类型的文化分布，但也未有影响，可见其无继承关系。其陶器质地粗糙而数量稀少，除日常生活之用外，给死者随葬的陶器很少。彩陶也多见用红彩绘颈、口部，饰黑彩者极稀见。而铜制牌饰、镞、剑、削等较发达，其形制颇与北方匈奴文化的铜器相似，还见有用大量羊、牛、马头作随葬祭品。这些迹象表明其与匈奴亦同俗。唯其墓葬形制及随葬金、铜首饰等与火烧沟文化同，也为竖穴偏洞室墓，木棍竖立封门。这里出现铁犁、铁插等的现象表明，该文化正处在铁器时代的初期阶段和农牧并举的时期，可能是受内地文化影响所致。按其碳测年代为距今2570－2950年，似与火烧沟文化相近而略偏晚，但从文化面貌来看，其时代当在春秋、战国之际，碳测数据亦似偏早。[10] 其分布区主要在龙首山以东至民勤县的边缘，即腾格里沙漠西沿，南达武威境内。分布面积较小，延续时间亦似较短。余以为，它便是乌孙族的先祖文化，与月氏共存，与匈奴同俗，亦位于祁连间但未达敦煌。后因被月氏攻败，东北向投靠了匈奴，故暂时结束了该文化在这一地区的延续。但是，近些年来，在新疆地区发掘的许多乌孙文化的墓葬中，所出的许多陶器特征及饰红彩者，多与沙井文化相似，唯不同之处，是这些乌孙文化中的黑彩陶器有所增加，这很可能是乌孙击败月氏，掠其余众为奴隶后，而受月氏文化的影响所致。但是，其彩陶明显地趋于衰落之势。按其时代当在西汉初期阶段。这可能就是沙井文化受匈奴文化影响二十多年后的继续和发展。

月氏之族被匈奴逐出祁连、敦煌间之后，大部分西迁，少数余众保南山羌中，号小月氏。这里所说的南山，是指酒泉、敦煌之南山，即走廊南山和疏勒南山而言。南山羌，当指今青海境内原居的羌族而言。也就是说，在酒泉、敦煌一带的月氏余众，向南越过大雪山进入青海境内，沿大通河流域向湟水中下游发展。《十三州志》云："卑禾羌海者也，世谓之青海，东去西平（西宁市东）二百五十里，湟水东流，迳湟中城北，故小月氏之地也。"又曰："西平张掖之间，大月氏之别，小月氏之国。"《后汉书》中也载："湟中月氏胡，其先大月氏之别也，……王为匈奴冒顿所杀，余种分散，西逾葱岭，其赢弱者南入山阻，依诸羌居止。"由是得知，小月氏入南山大通河流域后从羌居，主要分布于湟中之东，湟水北岸至于张掖的部分地区。而西迁的一支大月氏，则在大夏之地建立了一个贵霜帝国。

四 小月氏文化之初探

小月氏，乃月氏族之余种也，也即月氏族的后裔之属，她散居于南山羌中，随羌人之习俗。在《后汉书·西羌传》中载："湟中月氏胡，其先大月支（氏）之别也，旧在张掖、酒泉地，月氏王为匈奴冒顿所杀，余种分散，西逾葱岭，其赢弱者南入山阻，依诸羌居止，遂与其婚姻，……其大种有七，胜兵合九千余人，分在湟中及令居（甘肃永登）。又数百户在张掖，号曰义从胡。可见，月氏余种小月氏，在张掖者仅有数百户之多，而大部分则散居于湟水中下游一带（包括大通河流域至于甘肃永登一带）。这样一来，湟中县本为羌的大本营，月氏余种从于西羌中，不一定占据湟中县。所以，月氏胡所居之"湟中"，当应是指湟水中下游而言，非单指湟中县地而言。又依《水经注·河水二》中云："湟水东流湟中城北，故小月氏之地也。"因此，小月氏之故地应在湟中县城以北，也就是说，小月氏主要分布在湟水中下游之北岸及大通河流域，与甘肃张掖一带的小月氏为邻，但其具体的文化遗存至今还无法定论。

今见青海大通和湟水中下游地区出土的古文化遗存，属于西汉前周、秦时代的少数民族文化有辛店文化、卡约（原名卡窑）文化两大类。其中卡约文化的分布较广，自青海湖和海南藏族自治州以东，至于甘、青交界的河、湟流域的大部分地区均有分布。陶器制作也较粗糙，多为夹砂红褐陶，也有部分灰陶，其中心区的湟水南岸及湟中县一带，文化面貌以绳纹、划纹和附加堆纹的装饰为主，彩陶较少见，一般饰有红彩口沿等，器物种类不太复杂，多为高颈、鼓腹、小平底或内凹底。多饰有双腹耳或双肩耳，也有部分饰四耳者，其颈耳一般做成上平下弧的曲尺形，颇有独特风格。墓葬形制多见竖穴土坑墓，有棺葬或火葬两种。较单纯的代表性文化遗址有藩家梁、王家庆等湟水南岸的一些遗址。而分布于湟水中下游以北的这类遗址中，却有较多的彩陶出现，并多饰有黑彩。如在西宁古城台、大通上孙家寨等处的卡约遗存中就多见有彩陶，并且还有偏洞室墓的出现。其铜刀、削、牌饰等也近似匈奴文化。[11]笔者认为，这是受湟水北与其共存的辛店文化上孙家寨类型的影响所致，它本应是原居于湟中一带的湟中羌的先祖文化的一支。其碳测年代约为距今 2500 年左右。

那么，小月氏的文化遗存很可能就孕于辛店文化之中。按今发现的辛店文化的分布范围，一般在湟中以东至于大夏河流域的部分地区，似比卡约文化略偏东。其文化内涵较卡约文化为复杂，在不同的区域内有较明显的区别，因此，该文化在考古学界一直是争议较大的一类文化遗存。分布在河湟交汇及大夏河流域的一类辛店文化，其特点较为突出，如陶质较粗，土黄色陶为主，器型主要以大口高颈，鼓腹略折，下斜收成平底，形体较瘦高，有双腹耳，彩陶一般饰红彩带、黑彩图案，多见有"S"纹、植物纹、动物纹等图案。过去常称之为辛店乙组，也有称之为辛店文化张家咀类型者。[12] 从类型学的排比来看，它是由近期发现的山家头类型的一类遗存发展来的，也应为这一带原有的一种土著文化，即羌文化的一个分支文化。

另一类遗存，则主要分布于湟水北岸大通河流域一带，它以青海大通上孙家寨遗址发现较丰富，而且与辛店乙组有明显的区别，如陶器质地较细致，彩陶比较发达普遍，器形也多以球腹体为主，小平底、颈较高，彩陶多以赭红色陶衣上绘黑彩的方式，一般绘"S"形纹、连钩弧旋、垂钩等。除陶、石、骨器外，还发现有较多的铜刀、铜锥、铜牌饰、金贝等特种加工用品，墓葬形制却多见有竖穴偏洞墓，也有部分土坑墓。这类竖穴土洞墓与甘肃的火烧沟文化、沙井文化的墓葬形制极相似。由于该类文化的独特性，近来都习惯地称之为"辛店文化上孙家寨类型"。[13] 又因这类遗存在甘肃东乡唐汪川辛店文化中出现过，主以红衣黑彩的双大耳罐为代表，故曾称之为"唐汪式"。[14]

除此之外，还有一类居于张家咀与上孙家寨类型之间的文化遗存，并带有卡约文化的某些特征。近来将它称之为"辛店文化姬家川类型"，[15] 也有称"辛店甲组"的。它的分布主要在湟水下游至大夏河一带，似为三文化类型的一种融合体文化。时代也应晚于上孙家寨类型。

从以上文化面貌的区分来看，青海卡约文化和辛店文化都是分布于这一带的土著羌族文化的两个部族文化。而保于辛店、卡约羌族文化中的这一支上孙家寨类型，则与甘肃火烧沟文化这一"月氏先族文化（余认为是月氏先祖文化）"的关系最为密切，不但该类文化的陶器造型与火烧沟文化接近，就连红衣黑彩的陶器装饰手法也较一致，彩陶数量也比同时代的其他几类文化为多，并且在墓葬形制上也还别具一格地采用着竖穴偏洞室墓葬法。很明显，这类遗存中所出较多数量的双大耳罐，也应是由齐家文化或火烧沟文化中的双大耳罐演变发展来的。我们这次在敦煌西边的龙勒城附近，即俗称的"阳关遗址"处的考察过程中，没有找到阳关遗址，却发现了大量的属于火烧沟文化的遗存，这里的彩陶数量明显地有所减少，但是，其中有一片红衣黑彩的陶片，从器型和陶质来看，很像辛店文化的"唐汪式"双大耳罐的残片，亦同于前面所说的上孙家寨类型。也就是说火烧沟文化的晚期在双大耳罐上亦饰红衣黑彩。由以上的分析和该线索的提示，笔者以为，青海辛店文化上孙家寨类型的文化，就是甘肃火烧沟文化的继续和发展，亦即保南山羌中入湟中的小月氏文化的遗产。虽说她们进入青海大通河流域后与羌杂居，互为婚姻，接受了羌族的同化，但有许多地方还保留着其先祖的习俗和文化特色。并与羌族文化互通有无，互受影响，造成了今天难以与羌文化截然区分开来的文化体系。如是，则其相对年代应在秦汉之际至西汉初。而其碳测年代则在春秋战国之际，即距今 2500 年左右，也似偏早。

另外，在青海大通上孙家寨出土的一些西汉中晚期墓中，除随葬有大量汉代典型器物外。还不同程度地随葬有一些属于辛店文化上孙家寨类型的陶器，这些都不是偶然的。似更进一步地表明其辛店文化上孙家类型与碳测年代误差较大。在《后汉书·西羌传》有这样的记述："及骠骑将军霍去病破匈奴，取河西地，开湟中，于是月氏来降，与汉人错居，虽依附县官，而首施两端。其从汉兵战斗，随势强弱。被服、饮食言语略与羌同，……分在湟中及令居，又数百户在张掖，号曰义从胡。"大概大通所出的这些随葬有上孙家寨类型陶器的汉墓，就是小月氏"义从胡"墓的一个标志。这里还在一座大墓中发现了一枚"义从胡"的驼钮印章，铭文阴刻："汉匈奴归义亲汉长。"[16] 由此也可以看出，上孙家寨类型的最晚年代可以延续到西汉中晚期阶段。

综上所述，月氏族的原籍就在河西走廊一带，按史书记载的地理位置，其族文化就是今天所说的"四坝文化"或"火烧沟文化"，按其文化特征，似继承河西齐家文化或受其影响而来。到周、秦时期游居于敦煌、祁连间，过着以畜牧业为主，农业为辅的半游牧状态的生活，战国末期强盛，击败乌孙尽有河西之地；后又被匈奴和乌孙余种两次击败，败走中亚居大夏地，建立了贵霜帝国。其羸弱余种入南山羌中，杂居于大通河及湟水中下游一带，称作小月氏，将自身的族文化与青海湟中羌的文化融合，而形成了今天的辛店文化"上孙家寨类型"，但她所特有的红衣黑彩装饰艺术，球形体罐和双大耳罐的造型，金银器的冶造以及竖穴偏洞室墓的使用，都是该文化区别于羌文化的重要标志之一。它的变迁和发展变化，都与史书记载中小月氏的来历和生活变化相吻合，故推定其为小月氏的文化遗产。再加之大通上孙家寨西汉中晚期汉墓中的共存关系，所以推定其相对年代当在秦汉之际或汉初。甘肃的火烧沟文化（四坝文化）当在周、秦之时。所以，该类文化的碳测年代数据均有偏早的现象，但在先后顺序上，似较符合。如上述推论无误的话，那么，月氏文化影响和发展序列似为："马厂文化"→"河西齐家文化"（影响）→"火烧沟文化（月氏）"→辛店文化上孙家寨类型（小月氏）。

另外，关于玉门骟马类型的文化面貌还不甚清楚，按现有材料推测其应晚于火烧沟文化，可能是匈奴或乌孙攻打月氏时驻于这里所遗留下的一类文化遗存，这还有待于今后较多的发掘材料来充实和解决。

参考文献：

[1]　《史记》卷一百二十三《匈奴列传》，第 3161 页。

[2]　王明哲、王炳华：《乌孙研究》新疆人民出版社，1983 年 7 月出版。

[3]　黄文弼：《西北史地论丛·大月氏故地及西迁》上海人民出版社，1981 年 5 月。

[4]　中国社会科学院考古研究所编：《青海柳湾》，文物出版社，1984 年出版。

[5]　中国社会科学院考古研究所编：《青海柳湾》，文物出版社，1984 年出版。

[6]　中国社会科学院考古研究所编：《中国考古学中碳十四年代数据集》，文物出版社，1983 年出版。

[7]　中国社会科学院考古研究所编：《中国考古学中碳十四年代数据集》，文物出版社，1983 年出版。

[8]　甘肃省博物馆：《甘肃古文化遗存》，《考古学报》，1960 年 2 期。

[9]　《甘肃省文物考古工作三十年》，《文物考古工作三十年，1949 － 1979》，文物出版社，1979 年出版。

[10]　《甘肃省文物考古工作三十年》，《文物考古工作三十年，1949 － 1979》，文物出版社，1979 年出版。

[11]　和正雅：《从潘家梁墓地的发掘试谈对卡约文化的认识》，《青海考古学会会刊》第 3 期，1981 年。

[12]　赵生琛、谢端琚：《青海古代文化》，青海人民出版社，1985 年。

[13]　同上。

[14]　安志敏：《略论甘肃东乡自治县唐汪川的陶器》，《考古学报》1957 年第 2 期。

[15]　赵生琛、谢端琚：《青海古代文化》，青海人民出版社，1985 年。

[16]　刘万云：《青海大通上孙家寨的匈奴墓》，《文物》1979 年 4 期。

试论沙井文化的渊源

段小强

（西北民族大学历史文化学院　甘肃　兰州）

甘肃地区的新石器文化，从大地湾一期到仰韶文化，再到马家窑文化、齐家文化、辛店文化、寺洼文化、沙井文化，有着基本完整的发展序列[1]。沙井文化因 1924 年首次在甘肃省民勤县沙井村发现而得名，是甘肃地区年代最晚的含有彩陶的史前文化，也是我国年代最晚的含有彩陶的古文化。沙井文化主要分布于甘肃省的永登、古浪、武威、天祝、永昌、张掖与民勤等地，年代大约为公元前 800—前 600 年[2]。时代相当于中原地区的西周、春秋时期。

本文在梳理沙井文化发现、发掘与文化内涵特征的基础上，就沙井文化的渊源做一探讨，以求教于方家学者。

一　沙井文化的发现与发掘

1924 年 7 月，瑞典人安特生考察了民勤地界上的众多遗址，将柳湖墩、沙井子和三角城列入其发掘计划。他先在柳湖墩遗址试掘，继而在薛百乡沙井子一带大规模发掘了 40 余座墓葬，收获颇丰，拉开了沙井文化考古的序幕[3]。

受安特生的影响，中国考古学家相继关注过沙井文化。1944 年春，国民政府中央研究院历史语言研究所与中央博物院筹备处、中国地理研究所、北京大学文科研究所组成西北科学考察团奔赴甘肃河西走廊进行考古调查。1945 年 7 月，考古学家夏鼐、阎文儒在民勤主持了沙井子、黄嵩井子、三角城等遗址的发掘[4]。

1948 年 5 月，中国地质调查所的裴文中、贾兰坡在民勤考察了除三角城之外的由安持生发现的全部遗址，并发现了张掖和永昌县城附近也有沙井式的陶器及遗物，裴文中认定它们也属于沙井文化类型，并首次使用了"沙井文化"的命名。

1976 年，永昌双湾乡尚家沟农民在三角城内挖掘灰土施肥时，发现了陶器、铜刀和铜镞等遗物。武威地区文化部门得知后曾先后两次派人到遗址现场进行调查了解，并采取了相应的保护措施。

1978 年，尚家沟林业站为"上山下乡"的知识青年修建宿舍，在平整地基时发现了蛤蟆墩墓葬，捡拾到青铜刀具和各种青铜联珠饰牌，并出土了封堵偏洞墓口的木椽、芨芨草及骨骼和人头骨。

1979 年 3 月，甘肃省文物工作队和武威地区展览馆复查三角城遗址和蛤蟆礅墓地，收集到一些墓葬中出土的随葬品。

1979年6月8日至7月2日，甘肃省文物工作队发掘了蛤蟆墩墓地，清理墓葬20座，出土各类遗物130余件。

1979年9月22日至10月17日，甘肃省文物工作队发掘了三角城遗址，发掘面积430平方米，发现房址4座，窖穴14个。

1979年7月6日至1981年11月18日，甘肃省文物工作队跨越3个年度，前后5次发掘了西岗墓地，共计清理墓葬452座，出土各类遗物1300余件。

1981年10月6日至11月25日，甘肃省文物工作队发掘了柴湾岗墓地，共清理墓葬113座，出土陶、石、铜、铁等遗物682件[5]。

以上发掘是沙井文化命名以来的第一次大规模发掘，并随着《永昌西岗柴湾岗沙井文化墓葬发掘报告》[6]的公开发表，为深入探讨沙井文化的内涵奠定了基础。

此外，在天祝董家台，兰州黄河南岸范家坪、杏核台，以及永昌鸳鸯池、永登榆树沟等地也发现了沙井文化的遗存。

二　沙井文化的内涵特征

沙井文化内涵丰富，遗物有陶器、石器、铜器、铁器等。陶器以夹砂红褐陶为主，质粗，多加羼和料，手制，陶器的上半部多施一层红色陶衣。器型以单耳或双耳的圜底罐和桶状杯较为典型，还有平底罐、杯和三足鬲形器，纹饰有绳纹、锥刺纹、篦纹、划纹等。彩陶以紫红色绘制图案，纹饰有三角纹、菱形纹、折线纹、网纹、鸟纹等。石器有斧、刀、镞、网坠与环，打、磨皆有，制作较粗糙。铜器器型丰富，有铜刀、铜炮、铜连珠形饰、铜管、铜坠和铜铃等，形制多与鄂尔多斯青铜器相似。特别是带翼的铜镞，制作相当进步，与周代的极为近似[7]。

三角城遗址发现有房址、窖穴。房屋均为地面建筑，呈圆形或椭圆形，门向东或东南，房内有灶、火塘和地炉。房屋附近分布有窖穴，为平底圆筒状。遗物有陶器、石器、铜器和少量卜骨[8]。

距三角城遗址不远的蛤蟆墩、西岗、柴湾岗墓葬排列密集，一般大墓位于墓地中心，小墓分散四周，婴幼儿墓、初生儿墓夹杂其间。以偏洞墓为主，竖穴土坑墓次之，个别为单竖井或双竖井洞式墓。葬式多仰身直肢葬，头向东北。尸体均用编织物包裹或覆盖，身下撒有白石灰，上铺芨芨草（个别铺以紫红土）。随葬品以铜牌、铜炮和铜刀等装饰品为主，陶器较少，且多置于墓口。盛行随葬牛、马、羊头及其蹄趾骨，几乎每墓填土中都有。一些墓底挖一小坑，随葬谷物。值得注意的是，墓地同时盛行断头断肢葬，也有人殉和人祭。在墓地还发现有圆形窖穴，内装谷物，可能与祭祀有关[9]。

三　沙井文化的渊源

1. 基于青铜器的分析

由沙井文化发现的青铜器分析可知，沙井文化与我国长城沿线北方草原文化关系十分密切，属于典型的鄂尔多斯式青铜文化范畴[10]。

鄂尔多斯式青铜器的发展，大体可分为三个大的阶段：青铜器时代，早期铁器时代和铁器时代。根据目前考古发现可知，鄂尔多斯式青铜器在早商时期就已出现，当时只生产铜刀、铜锥和铜镞等小件工具和兵器。大约到了商代晚期，鄂尔多斯式青铜器已相当发展，兵器和工具，有短剑、铜刀、铜锥、铜匕、铜斧和铜镞，生活器皿，有铜匙和铜　等。这个时期的青铜短剑和铜刀，包括铜镞在内，普通流行兽首或铃首。兽首包括鹿头、马头、龙头等。短剑或铜刀的首下，往往带有环扣。这种器物造型的一致性，很有时代特征。另外，铜镞的造型也有所发展，铜斧以双耳斧为主。在短剑和铜刀柄部装饰的花纹，主要是写实性的蛇纹。

西周时期，鄂尔多斯式青铜器发生了较大的变化。以短剑和铜刀为例：商代晚期时流行的兽首或铃首开始逐渐为蘑菇状首所取代，首下环扣开始消失；短剑的格和铜刀的栏，几乎又比较划一地变成了舌状突起，改变了前一个时期的"一"字形格或栏的作风。双耳铜斧少见，以单耳铜斧为主，有的铜斧还出现钉孔。值得注意的是，以联珠状铜饰为代表的小件装饰品开始出现。铜器的花纹也开始变化：商代晚期的龙头纹稍失，鹿头纹、马头纹仍然保留，新出现了立式圆雕山羊纹、兽纹、鸟纹和鸟头纹；写实的蛇纹少见，出现了蛇纹的多种变体，如弯曲蛇状纹、折线纹、叶脉纹和长方点状纹等。

春秋时期，鄂尔多斯式青铜器已相当发达，尤其是春秋晚期，达到了鼎盛阶段。工具中新出现了独具特征的鹤嘴斧和棍棒头。短剑和铜刀的造型，改变了前一时期划一的局面。短剑的剑首开始出现了双鸟头相对联结的所谓"触角式"造型，剑格由舌状突起，变成了椭圆形或翼状格；铜刀，以环首为主，但开始向不规则孔形首发展。同时，在短剑和铜刀柄部出现了繁缛多变的装饰花镂。种类繁多的装饰品，除联珠状铜饰外，还有双珠兽头饰、兽头饰、双鸟纹饰牌、鸟形饰牌、扣形饰、鸟形带扣、长方形动物纹饰牌以及由这些饰件组成的腰带饰等。此外，还有各种小件佩饰品。诸如马衔、马　、马面饰和节约等马具的出现，具有划时代的意义。中原地区的遗物或仿中原地区的遗物增多，如铜戈、铜矛、带钩及铜镜等。铜器花纹，除西周时期流行的各种动物纹外，新出现了虎纹、鹿纹和鸟纹的变体，其中呈"S"形双鸟纹饰牌最引人注目。此时出现的虎咬羊等动物争斗图案和身体反转动物造型，为后来复杂多变的动物造型的滥觞[11]。

通过对比分析以上鄂尔多斯式青铜器的分期特征可知，在沙井文化的青铜器中，特别以动物纹为特征的各种小件青铜饰牌，不见于黄河上游以及河西走廊四坝类型火烧沟墓地中，而它却与典型的北方草原文化关系密切，属于鄂尔多斯式青铜文化范畴，年代大约应该在西周、春秋时期，基本与同时期鄂尔多斯式青铜器的特征相吻合。

小件青铜饰牌，在沙井文化中占有很大比重，大部分用于人体佩戴装饰。如带扣，分圆形和方形两种。其中柴湾岗 M50:6 号圆形带扣，为圆环状，方形钮，钮的相对一边有钩向外，状如鸟形，长 5.2 厘米。柴湾岗 M4:2 号方形带扣，环部方形，背有桥形钮，与钮相对一边有钩向外，侧视犹如俯卧之鸟；铜环，是腰带和垂吊饰上的连接物，常与带扣、管状饰、铜箍一起配合使用，多处在死者腰部，或左腿外侧者。末端饰一铜坠饰或銮铃，组成垂吊饰。按其形状，可分为大圆环、二联环、三联环和四联环四种；珠、环结合饰，分单珠环形饰、二联珠环形饰、六联珠环形饰三种；联珠状铜牌饰，是主要的装饰品之一，按其形制，分二联珠、三联珠、四联珠、六联珠和九联珠五种；动物纹铜牌饰，有马形饰、狗形饰、鹿形饰、虎头形饰、兽头形饰、蝴蝶形饰、蝙蝠形饰、双鸟纹饰牌等，都是单独的小件动物纹牌饰。此外，还有葫芦形管状饰、S 形铜饰件、铜镜、小铜铃、铜针筒、铜耳环、铜泡等[12]。

沙井文化的青铜器在随葬品中数量最多，多为小件制品，不见大型器物，更没有容器，但却有一定数量的武器和工具类。如武器工具类青铜器有：短剑、刀、锥、镞等。其中短剑只有 2 件，一件是柴湾岗 M4:3 号剑，环首短剑，柄部扁平，上饰斜向绕线状回纹，格为椭圆形，剑身窄长，剖面呈菱形，全长 26 厘米。另一件为柴湾岗 M61:5 号剑，剑身细小，亦为环首，剑身扁平，不起脊，两侧斜出为刃，格两侧下斜呈翼状，素面无纹，全长 14 厘米[13]。青铜短剑是北方草原文化以及鄂尔多斯式青铜器中最具特征的器物，分布地域相当广泛。由沙井文化的内涵特征分析，沙井文化的青铜器虽然属于鄂尔多斯式青铜文化范畴，它们之间在文化面貌上有着相当突出的共同性，但地域差别也很鲜明。如永昌西岗和柴湾岗墓地，共清理墓葬 565 座，在众多的出土器物中，青铜短剑却只有 2 件，显得数量太少。另外，在鄂尔多斯式青铜器中，最具代表性的器物，如铜棍棒头、铜鹤嘴斧、铜杆头饰、铜矛，沙井文化中均未发现，这也许就是它们之间地域性差别的不同表现。

2. 基于墓葬的分析

内蒙古自治区乌兰察布凉城县永兴乡毛庆沟墓地，是一处古代北方少数部族的墓地。墓葬分布比较密集，延续时间较长。墓葬形制，以长方形竖穴土坑墓为主，个别有二层台，少数有头龛；大多数无葬具，极少数有棺或椁。墓地除南部发现了南北向的不同类型墓葬外，均为东西向，死者头向东，仰身直肢。大都有殉牲的习俗。埋葬习俗，以生前随身所带如工具、兵器、装饰品以及生活用具（陶器）等物随葬，并杀牲殉葬，墓中除牛、羊、马头骨出土为多外，还有羊肩胛骨。墓葬中出土了一套具有明显特征的器物群：有各种料珠组成的项饰；有带钩、鸟形饰牌、双鸟纹饰牌以及其他铜饰件组成的腰带饰；有短剑、铜戈、铜矛、三棱有翼镞或三翼有銎镞为代表的兵器；有鹤嘴斧、铜（铁）刀和铜马衔等工具和马具；还有以小口圆腹罐或鼓腹罐、褐陶带耳罐为代表的陶器。这些数量众多特征明显的器物大都经历了一个较长时间的发展，从早到晚器形演变序列比较清楚。其中，某些富有代表性的器物，如短剑、双鸟纹饰牌、长方形虎纹饰牌等，又经历了由铜质为主到以铁质为主的过程。在早期只有个别墓发现了铁器，稍晚，铁器的数量逐渐增多，到晚期则几乎完全取代了铜器。就连人们最喜爱的起装饰作用的双鸟纹饰牌和长方形虎纹饰牌，至晚期也完全是铁制品。反映了青铜器时代向铁器时代过渡时期的文化面貌[14]。

　　沙井文化西岗墓地、柴湾岗墓地的墓葬形制有偏洞墓、长方形竖穴墓和圆竖井土洞墓三种。以长方形土坑竖穴墓数量最多，墓内棺椁俱备者少，有棺无椁者多，有的则只用席子裹尸，其时代早者，多数左右两边都有二层台，晚期墓葬，一般没有二层台。墓葬排列有序，基本为南北布局，墓葬方向（死者头向）都很一致，其中以东北向者居多。盛行单人仰身直肢葬，也有少量侧身屈肢葬，乱骨葬及二次迁葬，合葬墓很少。殉牲（主要是牛、马、羊头骨及驴骨）、墓内铺草席、足蹬土块及火烧尸骨等埋葬习俗很有特色。一般都有随葬品，多寡不等，也有的一无所有。许多墓葬随葬丰富多彩的青铜装饰品，以动物纹为特征的各种小件青铜牌饰占有重要地位，晚期也出土铁器。墓坑顶端随葬的陶器也非每墓都有，平均五六座墓还不到1件。随葬品丰富的大型墓葬，多集中在墓地中心，并且多为偏洞墓[15]。

　　我们将沙井文化墓葬文化特征与毛庆沟鄂尔多斯式青铜器墓葬的文化特征进行一番对比。

　　沙井文化墓葬形制有三种，以长方形土坑竖穴墓数量最多，而毛庆沟墓地，均为长方形土坑竖穴墓。但毛庆沟墓地墓葬呈东西向，死者头向东，却与沙井文化墓葬方向多以东北向为主有所不同。同时，毛庆沟墓地个别的墓葬还发现有头龛。

　　沙井文化墓葬流行殉牲的习俗。殉牲的种类，主要是马、牛、羊。殉牲在墓坑中的位置和放置方式，与毛庆沟墓地基本相同。说明他们都是以马、牛、羊为生业的。

　　毛庆沟墓地出土的遗物，均为典型的鄂尔多斯式青铜器，如短剑、铜镞、鹤嘴斧、刀和各种装饰品等。这些在沙井文化西岗墓地、柴湾岗墓地中基本上都有出土。详细分析沙井文化西岗墓地、柴湾岗墓地墓葬的出土遗物可以发现，这里的腰带饰牌和饰件，比毛庆沟墓地各墓远为丰富，但制作较为粗糙。作为游牧民族所需工具——铜刀（或铁刀），两处墓地均只发现 2 件，而在鄂尔多斯各墓地半数以上的墓葬中却均有出土。马具，也是游牧民族随畜放牧不可缺少的用具，毛庆沟墓地只出土了乌衔 1 件和节约 7 件，而鄂尔多斯各墓马具却出土较多。在沙井文化墓葬里，出土有数量较多的马面饰。

　　陶器，是人们日常生活中不可缺少的器皿。在沙井文化西岗墓地、柴湾岗墓地出土的陶器以夹砂红褐陶为主，泥质红陶和泥质灰陶很少见，皆手制，以罐类为主，器耳特别发达。而毛庆沟墓地出土的除少数几个褐陶带耳罐之外，均是轮制的泥质灰陶罐，制作技术较高。两处墓地陶器器耳的发达，说明与草原游牧民族生活息息相关，适于牧野，便于携带，但由于受游牧生活的制约，一般都制作简单，造型粗糙原始，出土的数量也较少。

从上述沙井文化西岗墓地、柴湾岗墓地与毛庆构墓地墓葬文化特征的异同来看，其共同性是主要的。

综上所述，沙井文化墓葬群的墓葬形制、埋葬习俗以及随葬品组合等，都与鄂尔多斯地区发现的毛庆沟墓地的墓葬有着十分密切的关系，从大的范围讲，二者同属于北方草原游牧民族文化。可见沙井文化渊源于我国长城沿线的北方草原文化，其先民是由北方草原驻牧于河西走廊的。

参考文献：

[1] 郝树声：《简论甘肃地区的古文化与中原及周邻文化的互动与影响》，《甘肃社会科学》2003 年第 6 期，第 149 页。

[2] 中国大百科全书考古学编辑委员会：《中国大百科全书·考古卷》，北京：中国大百科全书出版社，1986 年，第 432 页。

[3] 刘润和：《安特生与沙井文化》，《甘肃日报》2002 年 7 月 2 日，第 007 版。

[4] 阎文儒：《河西考古杂记（上）》，《社会科学战线》1986 年第 4 期，第 135 页。

[5] 甘肃省文物考古研究所：《永昌三角城与蛤蟆墩沙井文化遗存》，《考古学报》1990 年第 2 期，第 205 页。

[6] 甘肃省文物考古研究所：《永昌西岗柴湾岗沙井文化墓葬发掘报告》，兰州：甘肃人民出版社，2001 年。

[7] 文物编辑委员会：《文物考古工作三十年（1949—1979）》，文物出版社，1979 年，第 144 页。

[8] 文物编辑委员会：《文物考古工作十年（1979—1989）》，文物出版社，1979 年，

第 319 页。

[9] 文物编辑委员会：《文物考古工作十年（1979—1989）》，文物出版社，1979 年，第 319—320 页。

[10] 甘肃省文物考古研究所：《永昌西岗柴湾岗沙井文化墓葬发掘报告》，甘肃人民出版社，2001 年，第 199 页。

[11] 内蒙古自治区文物工作队：《额尔多斯式青铜器》，文物出版社，1986 年，第 185—186 页。

[12] 甘肃省文物考古研究所：《永昌西岗柴湾岗沙井文化墓葬发掘报告》，兰州：甘肃人民出版社，2001 年，第 194—195 页。

[13] 甘肃省文物考古研究所：《永昌西岗柴湾岗沙井文化墓葬发掘报告》，兰州：甘肃人民出版社，2001 年，第 193—194 页。

[14] 内蒙古自治区文物工作队：《额尔多斯式青铜器》，文物出版社，1986 年，第 302—303 页。

[15] 甘肃省文物考古研究所：《永昌西岗柴湾岗沙井文化墓葬发掘报告》，甘肃人民出版社，2001 年，第 188—190 页。

作者简介：

段小强（1969—），男，甘肃会宁人，西北民族大学历史文化学院教授。

乌孙西迁研究的新线索

谭玉华

（中山大学人类学系 广东 广州）

关于乌孙西迁的考古学研究通常采取文化因素分析法，选取伊犁河流域"典型"的乌孙文化遗存与河西走廊同时期或稍早的遗存进行类比，以期证实和勾勒出乌孙西迁的路线。但在实际操作过程中，考古学文化面貌的巨大差异，导致学者们倾向于怀疑甚至否定相关文献记载的准确性和真实性；或者对文献做过多的演绎，来解释两地考古发现上的差异。文献记载上，乌孙西迁前后人群规模和构成的变化，成为理解两地考古材料之间差异的关键。

一 乌孙人群的规模和构成

1. 关于乌孙最初的活动地域和人口规模，《史记》和《汉书》的记载非常类似。

《史记·大宛列传》载张骞言曰："臣居匈奴中，闻乌孙王号昆莫，昆莫之父，匈奴西边小国也。"

《汉书·张骞传》云："臣居匈奴中，闻乌孙王号昆莫，昆莫父难兜靡本与大月氏俱在祁连、敦煌间，小国也。大月氏攻杀难兜靡，夺其地，人民亡走匈奴……今单于新困于汉，而昆莫地空。蛮夷恋故地。"

《史记》和《汉书》明确提出乌孙最初居住在敦煌、祁连间，而且这时的乌孙是"小国"。《史记》和《汉书》有一系列定性和定量的说明国家大小的词，除"小国"外，还有"大国""胜兵""控弦"等等。关于什么样的规模算是小国，两书都没有明确的说明。不过《汉书》有西汉时期西域各国的户口、人口和胜兵数的记录，可以给我们一些关于"小国"的信息。

国名	户口数	人口数	胜兵数	国名	户口数	人口数	胜兵数
若羌	450	1750	500	渠犁	130	1480	150
鄯善	1570	14100	2912	尉犁	1200	9600	2000
且末	230	1610	320	危须	700	4900	2000
小宛	150	1050	200	焉耆	4000	32100	6000
精绝	480	3360	500	乌贪訾离	41	231	57
扜弥	3340	20040	3540	卑陆	227	1387	422
渠勒	310	2170	300	卑陆后国	462	1137	350
于阗	3300	19300	2400	郁立师	190	1445	331
皮山	500	3500	500	蒲类	325	2032	799
乌秅	490	2738	740	蒲类后国	100	1070	334
西夜	350	4900	1000	西且弥	332	1926	738

蒲犁	650	5000	2000	东且弥	191	1948	572
依耐	120	670	350	劫国	99	500	115
无雷	1000	7600	3000	狐国	55	264	45
莎车	2369	10376	3049	山国	450	5000	1000
疏勒	1510	18647	2000	车师前国	700	6050	1865
尉头	300	2300	800	车师后国	595	4774	1890
姑墨	3500	24500	4500	车师都尉	40	333	84
温宿	2200	8400	1500	车师后城长	154	560	260
龟兹	6970	81317	21076	总计四十	39895	309757	70499
乌垒	110	1200	300				

资料来源：王明哲、王炳华：《乌孙研究》，新疆人民出版社，1983年7月，第48—49页。

　　从上表可以看出西域四十国中，胜兵过万的只有龟兹，胜兵超过五千的两个国家，胜兵超过四千的一个国家。大部分国家胜兵的规模还是在四千以下，有的甚至胜兵不足百人，作为"小国"的乌孙胜兵规模当在大部分国家的范围之内。乌孙于公元前2世纪之初败于月氏，国家灭亡，难兜靡被杀，昆莫依附于匈奴，人口当比正常规模更少。

　　2. 昆莫及壮，长守于西域时期，乌孙人口的显著增长。

　　《史记》"及壮，使将兵，数有功，单于复以其父之民予昆莫，令长守于西城（域）。昆莫收养其民，攻旁小邑，控弦数万，习攻战。单于死，昆莫乃率其众远徙，中立，不肯朝会匈奴。"

　　在西域，昆莫通过"收养其民，攻旁小邑"，达到了"控弦数万"的规模，这时的乌孙已经与作为"小国"的乌孙有了显著不同。乌孙长守西域的时间大约应在老上单于死之前（前160/161年），乌孙藉此发展至数万的军力，已经可以和匈奴分庭抗礼，在单于死后昆莫正式率众远徙，在伊犁河流域建立乌孙国。

《汉书》对这件事的记载与《史记》略有差别：

"及壮，以其父民众与昆莫，使将兵，数有功。……昆莫既健，自请单于报父怨，遂西攻破大月氏。大月氏复西走，徙大夏地。昆莫略其众，因留居，兵稍强，会单于死，不肯复朝事匈奴。"

《史记》单于死后，乌孙才西迁伊犁河流域，在《汉书》中单于死之前，乌孙已经驱逐了大月氏，占领的伊犁河流域。尽管两者记载略有出入，但这并不影响把单于之死看作乌孙复国的关键点。乌孙军力因对大月氏的战争而获得了显著的增长，由不足四千人的规模，实现了十倍以上的增长，如此快速的军力增长，由小国向强大的转变，给我们暗示了一些重要的信息：乌孙人口并非自然增长，而是昆莫对外扩张"攻旁小邑"，"略其（大月氏）众"的结果。

因此，这时乌孙人口构成，至少包括三部分：昆莫"收养其民"，这批乌孙人群，由于依附于匈奴，受到了匈奴文化的影响，但他们的数量相较河西走廊时期不会有显著的变化。除了"收养其民"外，昆莫还采取了"旁攻小邑""略其众"的战略，把西域的人群搜罗纳入了自己的统治之下，成为乌孙人稳定的构成主体。另外，乌孙复国可能有一部分匈奴人参与其中，最终成为乌孙人口的组成部分。

3. 张骞出使乌孙时期及其以后，新的人群加入。

定居伊犁之后，乌孙又有塞种、大月氏等加入。

《汉书》："（乌孙）东与匈奴、西北与康居、西与大宛、南与城郭诸国相接。本塞地也，大月氏西破走塞王，塞王南越县度，大月氏居其地。后乌孙昆莫击破大月氏，大月氏徙西臣大夏，而乌孙昆莫居之，故乌孙民有塞种、大月氏云。"

除了塞种、大月氏之外，乌孙中还不断有新的人群加入。本始三年（前71年），在汉－乌孙联合军事行动中，乌孙一次性俘获匈奴"四万级"，这些人可能慢慢融入了乌孙，成为乌孙国人口的构成部分。

乌孙西迁后，在地域、人口规模、结构等方面相较河西走廊时期发生了显著变化，新的外来人口不断加入，使得乌孙文化面貌发生变化，与河西走廊时期有了极大的差异，呈现多样性和复杂性。同时，原来河西走廊乌孙人，尽管非常少，但仍然是伊犁河流域乌孙人口的一个组成部分，以上两点在考古学上都能观察到。

二 沙井—骟马文化因素在伊犁河流域的发现

河西走廊发现的战国时期的考古遗存，包括金昌地区的沙井文化，以及酒泉、玉门、安西和敦煌的骟马文化，两者有着很大的相似性，尤其是典型器物双耳罐腹部上方正中位置前后捏塑一枚圆乳突的特征，考虑到骟马文化的遗存大多为采集，内涵还有待丰富，可暂时不必单列为一种考古学文化。

骟马－沙井文化的典型文化因素在伊犁河流域多有发现。

饮器。骟马－沙井文化的饮器是一种单小耳或者双小耳的直筒杯，在西北地区有着悠久的传统，而新疆及伊犁河流域传统的饮器是钵和单耳弧腹杯。到秦汉时期，在伊犁河流域单小耳和双小耳的直筒杯（图1、图2）已经取代了钵和单耳弧腹杯，作为当时人的一种主要饮器，这可以作为沙井－骟马文化对新疆和伊犁河流域发生影响的一种表征。此外，沙井文化中还有一种弧腹酒桶形杯，在伊犁河流域也有发现（图3）。

乳突装饰。乳突装饰在河西走廊的历史很长，四坝文化中就有发现，是骟马－沙井文化的典型文化因素，除了出现于双耳罐上外，也见于其他类陶器。在伊犁河流域乳突装饰并不典型，不过发现于一件青铜双耳钵腹部，还见于一件筒形杯上（图4），这种乳突装饰该属于某种器物实用功能的孑遗。

除了器物层面之外，在习俗上，也有一些线索证实了沙井－骟马文化对伊犁河流域的影响。沙井文化中的海贝作为一种等价物，象征了财富，相应地在南哈萨克斯坦的一些墓地中，也存在类似以海贝随葬的现象，南哈萨克斯坦也应该是乌孙影响的地域。

偏室墓。苏联学者库沙耶夫、扎德诺普洛夫斯基对伊犁河流域的偏室墓都给予了特别的关注，把偏室墓与乌孙或者月氏族群相对应，但是他们的推论都存在着明显的问题。伊犁河流域的偏室墓有着悠久的历史，自成系统，不但区别于河西走廊偏室墓，而且也与新疆苏贝希文化晚期阶段的偏室墓有着显著的差别：伊犁河流域的偏室墓的偏室多开在墓室北壁，而河西走廊骟马－沙井文化的偏室墓的偏室多开在西壁，苏贝希文化晚期阶段的偏室墓多在东壁、南壁，还有多个偏室的情况，这显示三地的偏室墓并非同一文化系统。尽管如此，还是有少数伊犁河流域的偏室墓的偏室开在了西壁，如：铁木里克沟口墓地和山口墓地，两个墓地的主体年代都在萨卡时期，但不排除偏室墓时代更晚的可能。

以上这些零星的因素都构成了乌孙西迁的考古学证据。

1. 赤利克-塔巴克墓地M48.
2. 德刊墓地（I、II）M105.
3-4. 朱湾突波墓地M88, M34.

图1：伊犁河流域发现的单耳直筒杯

1. 恰甫其海AIX号墓地M5.
2-3. 乌恩古尔-考拉II号墓地M31, M10.

1. 克孜劳兹II号墓地M11

图2：伊犁河流域发现的双耳直筒杯　图3：伊犁河流域发现的酒桶状单耳杯

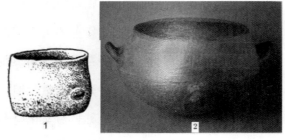

1. 德刊墓地（I、II）M40.
2. 马尔古兰考古学院藏.

图4：伊犁河流域带乳突饰器物

论沙井文化时期的经济结构与特征

公维军[①]　孙凤娟[②]

（① 上海交通大学博士生　②中山大学博士生）

　　"沙井期"一词最早是由安特生博士 1924 年采用甘肃民勤县城西约 25 公里处的村庄沙井子命名的，他认为沙井期是彩陶文化继续发展的最后阶段，即"彩陶文化最晚的时期"。裴文中先生 1948 年通过对甘肃河西走廊史前遗址，尤其是沙漠地带的沙井文化遗址的调查研究后认为，辛店文化与沙井文化平行发展，皆是马厂后裔，豫、陕、晋各省彩陶发展到顶峰之后，彩陶文化氏族派生到古代中国的边缘分成两群：一群被迫迁到洮河流域，更多地保持祖先的彩陶传统，即辛店时期；而另一群到达蒙古沙漠之后，至少接受了三种因素，即青铜器、鬲和彩陶的外来图案，变为沙井。

　　河西走廊地区地理位置优越，历来为民族聚居融合之地，各民族文化在此共存共荣，其中，属新石器时代较晚期的沙井文化，其形成过程就与之密切相关。诸多专家学者从沙井文化的渊源属性、分期断代、分布特征、墓葬形制、城址房址以及民族关系等多方面切入论证和具体阐述。作为甘肃史前文化的重要组成部分，沙井文化时期的经济结构以及特征也是需要我们予以探讨和重视的，笔者就此试作如下一些分析。

一　沙井文化时期的畜牧业

沙井文化与我国北方长城一线的草原文化关系密切，属于典型的"鄂尔多斯式青铜文化"范畴，从其文化遗存年代和特征来看，它属于北狄文化的一个分支。谈及沙井先民的族属问题，无非有月氏说和乌孙说两种主流论调，现在学术界多数倾向于前者，即沙井文化是月氏人的文化遗存。蒲朝绂先生、刘光华先生、郝树声先生、李并成先生等都主张"月氏在东，乌孙在西"[1]，据史料记载，月氏人西迁居于敦煌至祁连一带，中心即为昭武城（今张掖市沙井乡古城村），说明其活动重心已达张掖乃至更偏东的永昌地区。

基于此，我们可以推断沙井文化具有浓厚北方草原文化气息，此时已经基本完成狩猎经济向畜牧经济的转型，因而，畜牧业也就自然而然成为沙井文化时期的主要经济支柱，但是一定程度的狩猎活动还是作为辅助经济存在。

1. 家畜家禽

沙井文化遗址中出土了大量的家畜家禽遗骨，主要以羊、牛、马所占比例最大，其中又以羊为大宗，此外，从出土的其他兽骨分析，不排除沙井先民开始饲养驴、猪、狗、骆驼、鹿，甚至鸡的可能性。这些遗骨又分为两类：墓葬中的主要为殉牲，而灰坑和窖穴中的则基本为人类食用后的遗留碎骨。

在蛤蟆墩、西岗、柴湾岗等沙井文化绝大多数墓葬中均有羊的骸骨出土,最多者头骨可达二十四个。蛤蟆墩墓地M15中发现十五具羊(有山羊、绵羊)头骨,其中一些上面尚残存有皮毛痕迹,说明专为死者殉牲所宰杀;在蛤蟆墩其他墓葬如M5、M8、M13、M18中也均有头骨和蹄趾骨的重要发现。西岗墓地中,在M117、M129、M400中均出土羊头骨,M15中出土2具羊蹄骨。柴湾岗墓地中,除在M44和M50中发现羊头骨外,还在M37中发现数枚羊牙齿,M55填土中也有山羊角出土。河西走廊地区冬季寒冷,羊皮防寒保暖,羊肉滋补强身,对于沙井先民而言,羊就成为家畜饲养中的重中之重。李水城先生主张沙井文化其实含有西北地区浓厚的土著羌戎文化色彩[2],从这一角度观之,羊骨的普遍存在也就顺理成章了。

蛤蟆墩墓地和西岗墓地中均有为数不少的牛马遗骨出土;西岗墓地M314和M379中曾分别出土有猪腿骨和猪蹄骨,M69中甚至还发现有驼牙;柴湾岗墓地M20、M28中也发现猪骨。这些家畜家禽还通过大量的青铜动物饰牌得以体现,如三层伫马饰牌、羊形饰、牛首饰牌、双鹿牌饰、狗形饰牌、双鸟纹饰牌等。

骨、角器的存在也能够直接见证畜牧业的快速进步,这些器物包括珠、牌饰、刀、镞、矛、匕首、弓、锥等,原材料以动物的肢骨、肩胛骨、肋骨和角为主,制作方式以磨制为主,辅以琢制。骨器多是将兽骨劈裂破开后加以磨制,而角器则是直接利用兽角将角尖磨锐。

2. 工具

随着畜牧业的发展,与之相适应的工具也加快了改良步伐,除石制外,还有陶制、骨制、铜制和铁制共存,不仅出现宰杀牲畜的刀、匕首和角器,狩猎所需的石球、箭镞和弓弭,也有用于占卜祭祀的卜骨,还有用于炊煮肉食的鬲等。

伴随工具制作技术的提高，刀的刃部变得更加锋利与耐用，不仅可以采割作物谷穗，还可以用来宰杀牛羊并将头、蹄剔除殉葬，沙井文化遗址中动物的部分头骨上还存有皮毛就说明这一点。蛤蟆墩墓地六座墓中曾发现六件青铜刀，其中 M11 和 M15 出土的两件最引人注目，两者皆为无孔首小刀，凹刃，弧背，凸栏，柄与刀身略有分界，关键是都套刀鞘，用皮革缝缀，这或许还含有切割之外更深层的意义。

通过分析沙井文化遗址不难发现，箭镞、弓弭、箭杆和石球经常一同出现，据此我们认为，尽管畜牧业已经基本占据主导地位，但是狩猎仍是必不可少的辅助经济手段，以行猎所获兽肉来补充和扩大人们的生活来源。从出土文物分析，三角城遗址和蛤蟆墩墓地出土镞的数量和式类丰富，而西岗和柴湾岗墓地相对较少，箭镞的镞体均呈三棱式，柱状铤或圆铤基本是中空，长度在 2.4—4.1 厘米不等，其中銎式镞的銎多内收且有镂孔。出土比较典型的弓弭为蛤蟆墩墓地 M15 和 M18 两座男性墓葬中，共出三对，其中 M15 中的两对出土时重叠相置，这六件都是由长肢骨劈裂，后将两半相合而成的，同时与骨镞伴出。石球虽有出土，但究其在狩猎时具体的使用方法，学术界还存在颇多争议，尚需进一步探讨。

在永昌三角城遗址的探方、房址和灰坑中出土了四件卜骨，均系羊肩胛骨，有钻有灼，凿钻结合，其上均有 1—4 个数量不等的钻窝，尤其是探方 T4 ③：4 因灼烧，胛骨背面裂出兆纹。[3] 由卜辞记载可知，选择修治胛骨，然后进行钻凿，继而灼烧现兆纹等，这都是占卜的规定程序。卜骨的出土，反映了沙井先民通过原始祭祀、占卜活动，对于繁衍生息、祛灾祈福、人畜平安以及农业丰收的祈求和渴望，是原始图腾崇拜和神灵崇拜观念的具体体现。

鬲，饪食器，口大，袋形腹，三个锥形足，袋形腹的主要作用是扩大受热面积，以便较快地煮熟食物，新石器时代普遍使用陶鬲。马承源先生认为鬲应细归为炊粥器，商代晚期以后，袋腹逐渐蜕化，且多数青铜鬲有精美的花纹，不宜火煮，当为盛粥器。[4] 然而，沙井文化时期虽不排除用鬲煮粥的可能性存在，但毕竟此时畜牧经济占优，所以烹煮肉食的概率会更大。西岗墓地竖穴土坑墓 M334 中出土的一件陶鬲非常具有代表性，其底部有大片烟炱痕迹，这或许可以从侧面反映出沙井文化时期基本的膳食格局应该以肉食为主。

二　沙井文化时期的农业

从自然条件上讲，沙井文化分布区域黄土相对而言比较肥沃，气候条件适宜农耕，又靠近黄河，加之有祁连山冰雪融水和一些地下水的补充灌溉，水源充足，因而沙井文化时期的农业发展具备了较快发展的可能性。透过一系列考古遗存，我们不难发现，沙井时期的先民拥有相对比较稳固的房屋居址，这能够为他们从事一定规模的农业生产活动提供必要保证，关键在于，贮存和随葬的粮食炭化籽粒、农具等直接证明，这一时期农业经济虽然并不占主导地位，但还是占相当比重的。

何双全先生与日本学者长泽和俊都认为沙井文化以农业生产为主要社会经济来源[5]，属于固定的农耕文化[6]。李并成先生也认为，依其出土的生产工具和较集中的聚落遗址来看，其土地利用方式应以农业经营为主，遗址分布靠河近水的特点体现了原始种植业的特点。[7]

1. 农作物

沙井文化的许多墓葬中往往伴随有谷物（麦粒）出现，西岗墓地的贮粮窖穴中更是装满炭化的麦粒，说明麦类作物成为沙井先民农业种植中的主要农作物，不仅为中国先民在新石器时代已经开始种植小麦提供了实物支撑，而且为麦的起源也来自中国予以充分佐证，"中国便堪称是世界上对粟类、水稻和大小麦等多种粮食作物的早期人工驯化栽培中心……中国也是小麦的重要起源中心"[8]。除炭化麦粒外，还有发现粟和糜等其他粮食作物的籽粒。据《永昌西岗柴湾岗沙井文化墓葬发掘报告》记载，位于 M228 和 M380 两者之间的灰坑 H4 中，存一内凹窖穴，"清理时坑内装满谷类，其中有粟、糜和小麦等，腐烂多成粉末状和板结块，但粟、糜和麦粒，仍可清楚辨认，墓地中设有谷物窖穴，寓意着奉献祖宗神灵'食用'，它仍属于祭祀祖先的祭奠物"[9]。

除上述粮食作物外，还在沙井文化遗址中发现大量麻纺织物，主要用以包裹、衬垫或覆盖随葬青铜器，麻布残迹表明麻在沙井时期主要用作纺织用品。据此，初步推测麻成为此时主要的经济作物，并形成一定的种植规模。

另外，在一些墓葬中还有沙枣核出土，例如西岗柴湾岗 M379 竖穴土坑墓中，墓主人头顶部和左肱骨下均出沙枣核许多，且在其他一些墓葬中成包出现，这或许是先民采集到的野生沙枣果实，或许是自己栽种的沙枣，虽然先民陪葬沙枣核的具体寓意并不明确，但沙枣确实是西北地区原始农业中不可或缺的组成部分。

2. 农具

　　沙井文化还出土了大量石制、陶制、铜制甚至铁制的农业工具，制作精细，种类齐全，这些农具制作上的变革与进步，直接代表着农业生产力水平的提高。在整个遗址和墓葬发掘中，涉及经营农业生产的直接材料比比皆是，诸如生产工具刀、铲、斧、锸、锛、犁铧等，加工工具磨盘、磨棒、杵、臼等，贮存工具罐、缸等，纺织工具纺轮、纺坠等。

　　刀在种植经济中主要做切割工具之用，石制刀具制作较为粗糙，铜制较为精良，用较为锋利的刃部收获粮食。原始农业粮食收获过程中，先民只是收获谷穗而非连秸秆一起收割，原因是"那时的农作物品种和现在有很大不同，保留着更多野生品种的特性，一到成熟时期极易掉粒，用手握住谷穗用刀摘取就可减少损失"[10]。西岗墓地 M8、M54、M107、M164、M326、M404 等，柴湾岗墓地 M4、M5、M23、M36、M54、M90 等均有大量发现，主要以偏洞室墓为主。永昌三角城遗址发现一把直刃直背直柄铜刀，刀长 15.8 厘米、宽 1.4～1.8 厘米、背厚 0.4 厘米；蛤蟆墩墓葬中也发现铜刀一件，弯刃，弧背，长 12 厘米、宽 1～1.4 厘米、背厚 0.4 厘米[11]，具有鄂尔多斯式铜刀的特征。

　　在西岗墓地 M446 竖穴土坑墓坑穴尾端圆坑中出土一件铁铧犁，重达 12.2 千克，锈蚀严重，中有脊，背面作平板状，未开犁眼，应该不是直接用来耕种使用，推测当是适应"开渠破土，兴修水利"之需。永昌三角城遗址出土一件腐蚀严重的残铁锸，残长约 6.8 厘米，首宽、刃宽均为 8 厘米，刃部残破，形状尚清，首部两端向上折起，状如凹字，推断为当时的直式挖土工具。西岗墓地 M236 中还出土一件青石质椭圆形犁形器，底薄上厚，中心对钻大孔，长 21.4 厘米、宽 14.5 厘米、厚 3.3 厘米。

粮食收获之后，需要及时加工、贮存，这就必然出现与生产相配套的工具。加工工具以石磨盘和石磨棒为例，一直以来普遍将之视为谷物加工的农具，先民（通常都是女性）将种子置于磨盘之上，然后用磨棒碾磨成粉末，永昌三角城遗址探方 T4：3 出土的一件青灰色砂岩磨盘，其磨面就因为经久砥物而下凹，两端上翘。然而，近年来一些学者对其功能提出了异议，刘莉教授研究认为，中国旧石器时代晚期和新石器时代早期出土的石磨盘和石磨棒，很可能跟加工粮食没有多少关系，而应该是加工橡子等坚果的工具，[12] 但或许这对于处于新石器时代较晚期的沙井文化而言并不完全适用，而且在没有足够的证据证明之前，还只是一种假说。粮食主要贮存在陶制器皿中，从沙井文化墓葬发掘来看，储存粮食的窖穴较多，体积较大，储粮器皿发现多，甚至可以推断当时粮食生产已经有了剩余。

由上文可知，麻在此时作为经济作物已经开始种植，而纺轮就成为由原材料到麻纺织物的关键加工工具。永昌三角城遗址房址 F4 中出土石纺轮一件，白色片麻岩制作，全身磨光，上微鼓，下面平，直径 5 厘米、厚 1.4 厘米，此外还在灰坑等处发现夹砂红陶片磨制且未钻孔的数十件纺轮半成品；西岗墓地偏洞室墓 M204 和 M416 中也均证实有石纺轮存在。

三　沙井文化时期的手工业

随着畜牧业和农业生产的发展，沙井文化时期的手工业也逐渐发展起来，手工业产品也成为这一时期重要的文化展示因素。代表性的部门有金属铸造业（尤其是青铜制造业）、制陶业、纺织业等，其中金属铸造业发展迅速,冶铜和铸铁比较显著;制陶业相比马家窑文化时期,已经开始走下坡路,渐失去往日的辉煌;纺织业主要集中在毛纺织和麻纺织两个主要方面,能够从另一个视角真实反映畜牧业和农业的现实状况;其他诸如石制工具磨制、皮革加工、木器制作以及部分装饰品的生产等,也都推动着手工业的进步。手工业作为一个独立的生产部门,开始逐渐脱离农业和畜牧业,离原始的家庭手工业渐行渐远,却离第一次社会大分工愈来愈近。

1. 金属铸造业

青铜制造业在沙井文化时期金属铸造业中最为显著,纵观整个沙井文化遗址及墓葬可知,青铜器在随葬品中数量是最多的,只是不见大型器物,多为小件的装饰器,特别是以动物为特征的青铜饰牌为主,"它不见于黄河上游诸文化以及河西走廊四坝类型火烧沟墓地中,而它却与典型的北方草原文化关系十分密切,是属于鄂尔多斯式青铜文化范畴"[13],但是并没有出土虎噬羊或虎噬鹿那样的大型动物纹饰牌。另外,除部分生产生活工具和青铜武器外,并不曾发现青铜容器的存在。

沙井时期的青铜生产工具中还是以刀、锥等为主,另有镜、带扣、环、珠、铃、管、针筒、梳以及铜泡等生活饰类。青铜武器主要包括短剑、矛、镞等,其中又以青铜短剑最具代表性,它曾是鄂尔多斯式青铜器中的佼佼者,最具备北方草原文化的器物特征。然而,这种短剑只在柴湾岗墓地113座墓葬的M4和M61两座中出土,而永昌三角城遗址、蛤蟆墩墓地乃至西岗墓地452座墓葬中均未发现,可谓数量极少。M4出土一把环首短剑,长26厘米,剑身瘦长,扁平柄,上饰一圈回纹,椭圆形格,菱形剖面;而M61出土的环首短剑,长14厘米,剑身细小,翼状格,不起脊，不饰纹。这也预示着沙井文化已经开始逐渐向铜石并用时代发展。

铁器的出现更加印证了此时金属铸造业的水平，出土的器物包括刀、剑、铲、锛、臿、犁铧等，虽然铁器铸造还非常不成熟，但是像上文提及的西岗墓地 M446 所出土铁犁铧，时间早，犁身大，保存好，放眼全国，在所出土的犁铧中也是未有能与之相比的。令人惊讶的是，金器在沙井遗址中也有收获，柴湾岗墓地 M75 出土金耳环，西岗墓地 M26 下层在死者颚下颈部发现半月形金项饰，这些金器制作比较简单，只是使用金丝或金片进行拼接串联，成色也不纯，黄中泛红，应该是混有其他矿物质。

2. 制陶业

众所周知，沙井文化之前的马家窑文化，其彩陶艺术达到巅峰，正如段小强先生所言，马家窑的制陶大师是最应该受到尊重的，他们把制陶艺术推向了一个前无古人的高度[14]，高水准的制陶业深深影响了沙井先民的生产生活。虽然，沙井时期的制陶业没有马家窑文化那样耀眼，制作较为粗糙，纹饰简单或素面无纹，技艺并不精湛，但是各种陶器用具还是能够满足当时生产生活的需要，而且一定程度上还为后来金属的冶炼提供了技术借鉴，包括材料的选择和温度的掌握。

从沙井各遗址出土随葬陶器来看，均为实用的生活容器。陶质以夹砂红褐陶或灰褐陶为主，泥质陶非常稀少。因陶土中未经淘洗，故砂粒颗粒大，器身厚重，器表甚是粗糙，而且陶土中夹杂金黄色或银白色的自然矿物，经甘肃省博物馆化验室马清林先生通过 X- 衍射分析化验证实为蛭石[15]。相当一部分陶器由于氧化不充分，陶色不纯正，多呈现红褐或灰黑斑点。

陶器制作均为手制，大型器物多采用泥片贴塑和套接形式，小件器物则直接用手指捏塑而成，并不见多见泥条盘筑的使用痕迹。多施紫色、淡红和黄褐色陶衣，其中紫色陶衣所占比重最大，施彩部位多为器物口沿内缘至器外颈部及腹部以上，然腹部以下较少施彩或不施彩，通体施彩者所占比例很小。纹饰特点并不非常突出，相比而言，以绳纹、附加堆纹、乳钉纹、弦纹等较为常见。然而，沙井陶器的重要特征在于器耳发达，无耳者极少，这与北方草原民族的生活习性密不可分，器耳便于野外携带。

器形涵盖罐、鬲、壶、杯、盆、碗等，其中罐和鬲最为典型。其中，罐的种类丰富、数量多，可分为双耳罐、单耳罐、高低耳罐、平底罐和圆底罐等，三角城遗址、蛤蟆墩墓地、西岗墓地和柴湾岗墓地中均有重要发现。鬲出现的意义绝不可被低估，裴文中先生曾在沙漠地带的沙井文化遗址中发现数量很丰富的鬲足，"有圆锥形的实足或空心袋足上附有长方形的足尖"[16]，鬲为沙井时期制陶业乃至整个文化的确立、发展提供了依据。

3. 纺织业

沙井文化遗址中，还出土有为数不少的毛、麻纺织物，这能够肯定此时纺织业的存在。虽然多数作为包裹和覆盖青铜器之用，但也能够间接推断出，沙井先民对于服饰原料和审美意识的要求提高，已经不再仅仅满足于"衣皮阶段"。沙井时期的牲畜饲养，尤其是羊的养殖，为毛纺织提供了充足的原料；经济作物麻的种植，同样为麻纺织准备了物质前提。

就出土毛、麻织物实物情况而言，毛织物比例占优，西岗墓地

M178、M189、M365 等，蛤蟆墩墓地 M5、M15、M19 等以及柴湾岗墓地 M3、M50、M61 等均有发现，惜因腐蚀、风化等原因已多为残片。不过透过这些残片，我们还是可以看出织布本身粗厚的质地和较为清晰的经纬结构，有些依稀尚存针线缝合痕迹。纺织技法多表现为上下交错的平纹组织，经线粗密、纬线细疏；织物染色上，西北少数民族地区多是先染后织，有黄、绿、黑单色，也有其中两两或三色相间。纺轮和纺坠的发现，更加印证了毛、麻纺织的存在，使得毛的纺纱、加捻与麻的绩纺成为现实。甘肃省文物考古研究所通过对出土毛织物分析后认为："当时已从原始的腰机，转变为完整的手工机器，由此说明支架已出现……标志着我国织造技术已从原始的织作工具，发展到了完整的织机阶段。"[17]

除此之外，沙井文化墓葬中还发现有海贝，仅西岗墓地和柴湾岗墓地中就出土多达 107 枚（其中西岗 80 枚、柴湾岗 27 枚），从在墓葬中所处位置来看，死者的胸前、腰间、盆骨等处均有分布，应该主要作为装饰品使用，但从柴湾岗墓地 M108 出土的三枚海贝而言，因其出土于墓主人口中，分析已经具有了"口含贝"的寓意，推测已经初步具有地位和财富的象征。鉴于海贝只产于沿海地区而西北腹地并不生产的事实，认定当时的海贝应该是从南方或东南沿海一带输入的，海贝也就具有了商品交换价值，据此认为，沙井文化时期已经有零星的商业行为存在。

四　沙井文化时期的经济结构特征

首先，沙井文化与北方草原鄂尔多斯文化息息相关，又有足够资料支持其族属为月氏遗留，这都决定了此时的主导经济是畜牧业，农业和手工业虽然不可或缺但并不占主要地位，商业所占比重微乎其微。

其次，畜牧业方面，沙井先民已经开始饲养羊、牛、马、猪、狗、骆驼等家畜和鸡等家禽，尤其是墓葬中随葬大量的家畜头骨、蹄骨以及牙齿，表明此时的畜牧业已经相当发达。奴隶社会制度下贫富差距大，等级森严，沙井时期的家畜家禽就成为财富的象征，这从墓葬中的殉牲状况清晰可见。狩猎经济成为畜牧经济的重要补充，同时促进了工具的快速加工和改良。鬲的出现使得饮食习惯开始发生变化，烹煮肉食和粮食能够强化沙井先民体质。

再次，农业方面，沙井时期的农作物品种丰富，麦、粟、糜等粮食作物和麻等经济作物都有种植。农业工具样式齐全，铲、犁铧、磨盘、罐等出土数量多，从农产品生产、加工到贮存，拥有完整的配套工具，使得原始先民农业效率提高，生活质量改善。劳动产品出现一定程度的剩余，一些窖坑内满是炭化的粮食籽粒就很说明问题，解放出来的劳动力可以及时补充到畜牧业和手工业中去。劳动分工开始明确，生产过程主要是男性完成，加工部分则是专由女性负责。

第四，手工业方面，部门分工和人员调配趋于明确，金属制造业有铜铁匠，制陶业有陶工，纺织业有纺织女工，各司其职。青铜铸造业发展迅猛，器物形制多样化，技艺更加精湛，为后来青铜时代的高度繁荣奠定基础。制陶业相较于马家窑文化时期，虽然开始走向没落，但是沙井先民通过对罐、壶等器物进行合理改制，使其更具草原特征和实用性。纺织业的出现突破了传统意义上的"衣皮"观念，促进了毛、麻纺织的进步，为以后棉纺织的出现提供前提。另外，一些手工艺品的出现，如各式各样的动物纹牌饰，加速提升先民的审美意识和崇拜观念。

　　第五，海贝的出现证实了沙井时期商业的存在，推测商品交换已经具备了实际意义。玛瑙珠、绿松石、耳环、佩饰、饰牌、带扣、铜镜等日常生活装饰品的出现，从侧面反映出沙井文化时期先民们的生活状态，有些具备明显的草原民族特性，有些是女性使用的品类，体现着当时社会的文化多元性与进步性。

　　总之，沙井文化是新石器时代必不可少的阶段，与马家窑文化、齐家文化等文化类型有一些相似的经济结构，但是也具有自身比较鲜明的特征。但这不是一篇小文章能够阐述清楚的，仍需更进一步地探讨，随着更多的沙井遗址墓葬被发现，更多的沙井文物被出土，相信其经济结构情况会得到更多的材料和证据予以补充证明。上述不当之处，还请专家学者批评指正。

参考文献：

[1] 参见蒲朝绂：《略论沙井文化》，《西北史地》，1989 年第 4 期；刘光华：《敦煌上古历史的几个问题》，《兰州大学丝绸之路研究论文集》，兰州：兰州大学出版社，1992 年 9 月，第 167 页；郝树声：《论月氏在河西的几个问题》，《甘肃社会科学》，1994 年第 6 期，第 90 页；李并成：《河西走廊遗存的两座月氏故城》，《丝绸之路》，1996 年第 3 期，第 28 页。

[2] 李水城：《沙井文化研究》，《国学研究》（第二卷），北京：北京大学出版社，1994 年 7 月，第 505 页。

[3] 甘肃省文物考古研究所：《永昌三角城与蛤蟆墩沙井文化遗存》，《考古学报》，1990 年第 2 期，第 216 页。

[4] 马承源：《中国青铜器》（修订本），上海：上海古籍出版社，2003 年 1 月，第 97 页。

[5] 何双全：《甘肃先秦农业考古概述》，《农业考古》，1987 年第 1 期，第 60 页。

[6] ［日］长泽和俊著、柴门译：《敦煌》，《阳关》，1986 年第 4 期。

[7] 李并成：《残存在民勤县西沙窝中的古代遗址》，《中国沙漠》，1990 年第 10 卷 2 期，第 36 页。

[8] 陈恩志：《中国六倍体普通小麦独立起源说》，《农业考古》，1989 年第 1 期，第 81 页。

[9] 甘肃省文物考古研究所：《永昌西岗柴湾岗沙井文化墓葬发掘报告》，兰州：甘肃人民出版社，2001 年 12 月，第 41 页。

[10] 陈文华：《论农业考古》，南昌：江西教育出版社，1990 年 7 月，第 5 页。

[11] 甘肃省博物馆文物工作队、武威地区展览馆：《甘肃永昌三角城沙井文化遗址调查》，《考古》，1984 年第 7 期，第 598—599 页。

[12] 刘莉：《中国史前的碾磨工具和坚果加工》，《中国文物报》，2007 年 6 月 22 日，第 7 版。

[13] 甘肃省文物考古研究所：《永昌西岗柴湾岗沙井文化墓葬发掘报告》，兰州：甘肃人民出版社，2001 年 12 月，第 193 页。

[14] 段小强：《马家窑文化》，北京：文物出版社，2011 年 9 月，第 161 页。

[15] 甘肃省文物考古研究所：《永昌三角城与蛤蟆墩沙井文化遗存》，《考古学报》，1990 年第 2 期，第 210、234 页。

[16] 裴文中：《中国西北甘肃走廊和青海地区的考古调查》，《裴文中史前考古学论文集》，北京：文物出版社，1987 年 11 月，第 259 页。

[17] 甘肃省文物考古研究所：《永昌西岗柴湾岗沙井文化墓葬发掘报告》，兰州：甘肃人民出版社，2001 年 12 月，第 183 页。

沙井文化与商周西北少数民族关系略论

强进前

（中共平凉市委党校 甘肃 平凉）

一 沙井文化的分布及特征

1924 年，安特生在甘肃民勤沙井子和永昌县（今金昌市）境内考察时将这一带发现的文化遗迹命名为沙井文化，并列在甘肃史前文化"六期"之末。裴文中先生指出沙井是彩陶文化最晚的时期，它同马厂和辛店相衔接。根据新的考古学研究成果可将安特生的观点补充为沙井文化广泛地分布在内蒙古沙漠的边缘上，这个时期使用青铜器，东北和内蒙古广泛分布的细石器文化已经消失。李水城等先生认为沙井文化基本分布在张掖、民勤、金昌、永昌、武威、古浪这一范围[1]。其中，最集中的地点是巴丹吉林沙漠与腾格里沙漠之间的民勤盆地，即沙井子至金昌双湾绿洲一线，那里应该是该文化的分布中心。至于沙井和马厂的关系，可以从彩陶的图案和技术上得到确认，到目前为止还不能确定马厂时期已经使用青铜器，据此推测沙井文化应晚于马厂。沙井文化继承了较早的彩陶技术和吸收了若干外来的艺术因素，在彩陶的罐颈上多饰以垂直线和象征各种各样的鸟类图案，其中鬲的出现表明它受到原始中国文化或早期中国文化的影响。对此裴文中先生认为洮河流域的辛店时期与沙漠地区的沙井是平行发展的，它们都是马厂的后裔。[2] 然而，安志敏先生认为沙井文化虽然有相当数量的彩陶，但在陶质、制法、纹饰以及器形上都和甘肃仰韶文化和辛店文化不同，同时还有丰富的铜器共存，它是另外一个系统的文化，与其他几个文化毫无继承关系。[3]

沙井文化以石、彩陶、铜、铁并存的三角城为代表，是河西走廊青铜晚期至铁器时代早期遗存；经碳十四测定为春秋早期至战国时期，其中西周时期数据偏高。沙井文化的聚落分为三个圈层，第一圈层为城池，以金昌三角成为代表，面积 2 万余平方米，建有高大的城墙，有良好的防御性能。第二圈层为带围墙的土围子，以民勤柳湖墩遗址为代表，直径 40 至 50 米，内建村落，周遭围墙有一定的防御功能。第三圈层为家居房屋，平面方形或圆形，均平地起建。三角城内发掘的房屋直径 4.5 米，室内建有灶坑和火墙，屋外四周构筑散水。[4] 从这些文化遗址中可以看出当时已经有固定的居住场所和安全保障设施，已有相当的文明程度。

永昌县城位于龙首山附近的盆地中，龙首山之北与内蒙古的沙漠地带相连。盆地中的大部分河流都向北流入沙漠。据裴文中先生调研在县城东北的矮山上散布着大量的红陶片，在高庙附近有条小河向北流去，穿过小山切成垂直的深谷，在小山的庙旁有灰堆，杂有大量的砾石和碎陶器。所采集到的陶器全部是黄色和红色的粗陶，从采集的陶器观察，这个遗址无疑属于沙井时期，但在这附近还没有发现墓葬。[5] 但安志敏先生曾说据目前发现所知，这个文化仅分布在河西走廊的民勤、永昌和古浪一带，在刘家峡水库区内并没有类似的遗存。沙井文化的住地已出现城郭（三角城），在时代上应该较晚，而在这一时期的河西走廊地区活动的主要是各种游牧民族，但对这些民族在这一地区活动的具体时间和文化特点有不同的认识，就沙井文化的族属问题学界观点不一，有待于进一步探究。

二　商周西北少数民族与多元文化的形成

历史学家赵俪生先生曾说："我对少数民族有认识，是到甘肃以后的事。所以我常说，到甘肃以前，对祖国历史只懂一半；到甘肃以后，才懂了另一半。这里是我补课的课堂。"[6]河西走廊很早就是一个多民族集聚之地，各民族文化并存，在甘肃古文化中，属于新石器时代的有仰韶文化和齐家文化，较晚期的有辛店文化、沙井文化、寺洼文化。正如张学正先生所言，内容丰富多彩的古文化也反映了甘肃多民族的生存和发展有着悠久的历史渊源。[7]当地的古代居民历来与羌戎有千丝万缕的联系，沙井文化的形成也应该与这些民族有很大的联系。郝树声先生认为河西沙井文化的具体年代，有九个碳测数据可供参考，除去两个数据偏早外，其余七个数据中，早的距今为2730±95年，晚的距今为2540±80年。也就是说春秋初期月氏已进入河西地区，从此时起经春秋战国到汉文帝初年离开河西迁往伊犁，几乎在此逗留六百年之久，经历了一个漫长的时期，而且从出土的文物看，当时月氏的活动范围几乎遍布整个河西乃至兰州附近的黄河沿岸。[8]民族迁徙与融合是一个漫长的过程，并在这一过程中不断的交流演变，此论是比较合理的。

河西走廊东部的金昌市双湾乡三角城作为沙井文化的典型代表，而关于这一文化类型的族属问题，学界虽都以出土文物为证，但观点各异，有人认为是古代月氏族的遗存，[9] 有人考证说是乌孙[10]的遗存。河西走廊很早就是一个多民族杂居之地，而且一直与氐羌有着密切的联系，沙井文化的形成与这些民族的活动也有很大的关系，特别是沙井文化的个别彩陶与董家台文化相似，为此说作了注脚。李水城先生认为受环境影响沙井文化带有强烈的北方草原文化特色，这在河西诸多考古学文化中均有不同程度的体现。因此沙井文化的来源也应在和河西内部寻找，沙井文化的消亡则与匈奴的崛起有关。[11] 战国时期活动在这一带的是大月氏，他们是游牧民族，如《史记·大宛列传》中载"行国也，随畜移徙，与匈奴同俗"。一般认为河西走廊东部的沙井文化是月氏文化的遗存，但也有学者指出沙井文化不可能属于大月氏，因为他们不可能有城郭，沙井文化可能是月氏以前的一种文化，时代稍早，但可能是和辛店文化、寺洼文化等同时并存的不同系统的文化。[12] 以有无城郭来判定文化是否属于游牧民族的观点似乎有些牵强，有待进一步探究。

汪受宽先生认为公元前 623 年—前 203 年月氏人在永昌等河西走廊地区活动频繁。月氏是我国境内一个古老的民族，先秦文献中的"禺氏""禺知"即是通常所说的月氏。翦伯赞先生指出："'禺氏'又称'有虞氏'，原住在鄂尔多斯一带，以后一支东徙中原，一支西徙甘肃，但仍有一部分残留于原处，故《逸周书·王会解》《伊尹献令》皆列于正北……西徙之虞氏，到春秋时，遂以禺氏名闻于中国。到了汉代，更以月氏之名出现于西域。吾人由此又知所谓月氏者，实即虞氏一音之转，其族类之开始西徙，固早在史前时代。"春秋时，秦降服西戎八国。《史记·匈奴列传》称："秦穆公得由余，西戎八国服于秦，故自陇以西有绵诸、绲戎、翟、獂之戎，岐、梁山、泾、漆之北有义渠、大荔、乌氏、朐衍之戎。而晋北有林胡、楼烦之戎，燕北有东胡、山戎。各分散居溪谷，自有君长。"[13] 徐广注"朐衍"言："在北地。" 徐中舒先生认为"朐衍"与"月氏"均应视为"虞氏"之对译，则朐衍即月氏。《汉书·西域传》言："大月氏本行国也，随畜移徙，与匈奴同俗。控弦十余万，故强轻匈奴。本居敦煌、祁连间，至冒顿单于攻破月氏，而老上单于杀月氏，以其头为饮器，月氏乃远去，过大宛，西击大夏而臣之，都妫水北为王庭。其余小众不能去者，保南山羌，号小月氏。"[14] 可见月氏人在河西走廊居住并逐渐西迁，对这一带的文化产生了重大的影响，在沙井文化的形成过程中发挥了重要的作用。

秦穆公霸西戎是发生在公元前 623 年，月氏人西迁居住于敦煌、祁连之间，也就是唐朝下辖的"凉、甘、肃、瓜、沙"等州的广大区域。《括地志》将关于月氏居处的文字置于"凉州姑臧县"下，而非肃州或甘州下，说明月氏人的活动重心在张掖及其以东（包括永昌）一带。在大夏人向西域迁徙之前，月氏人与大夏长期共处于张掖、永昌、武威及其南北地区，大体上大夏偏南、月氏偏北，而又相互交错游牧。月氏人的力量曾很强大，"控弦者可一二十万，故时强轻匈奴。"月氏人打败了同在河西走廊游牧的乌孙，杀其王难兜靡，匈奴头曼单于也不得不将其子冒顿送来当人质。匈奴冒顿单于（前 208—前 175）终于打败了月氏人，其子老上单于（前 174—前 162）还杀了月氏王，以其头骨为饮器，月氏人被迫西迁，臣服了大夏人，在妫水（今阿姆河）以北建立了大月氏国的王庭。西域诸国称其为贵霜王。

有部分没有西迁的月氏人，留居于南山（祁连山）一带与羌人杂居，称小月氏。

匈奴打败月氏逼其西迁的具体时间，学者意见也不统一。多数认为是在公元前 209 年，吴廷祯、郭厚安先生将其定于公元前 205 至前 202 年间，并认为沙井文化带有鲜明的北方草原文化风格，它应该是月氏人的遗存。《史记·大宛列传》载："自大宛以西至安息，国虽颇异言，然大同俗，相知言。其人皆深眼，多须髯，善市贾，争分铢。俗贵女子，女子所言而丈夫乃决正。"[15] 据传文大月氏在"大宛西可二三千里"；安息在"大月氏西可数千里"，则大月氏人也是深目多髯的欧罗巴人种。

乌孙也与月氏一样，也曾活动在河西走廊一带，秦穆公降服西戎八国中的乌氏，就是后来的乌孙。《史记·匈奴列传》徐广注乌氏言："在安定。"《括地志》云："乌氏故城，在泾州安定县东三十里。周之故地，后入戎，秦惠王取之，置乌氏县也。"[16] 秦时的乌氏县在今宁夏固原东南。乌孙人西迁河西后与月氏人一起游牧于祁连、敦煌之间。有学者认为，两族在河西走廊时，月氏人居东，乌孙人居西。[17] 张骞第一次出使西域，于公元前 126 年回到长安。公元前 121 年，汉领有河西走廊以后，匈奴还控制着西域，张骞认为可以联络乌孙与其结成抗匈联盟。于是向汉武帝讲述了他在被匈奴扣押期间了解的乌孙历史。《汉书·张骞传》："今单于新困于汉，而昆莫地空，蛮夷恋故地，又贪汉物，诚以此时厚赂乌孙，招以东居故地，汉遣公主为夫人，结昆弟，其势宜听，则是断匈奴右臂也。既连乌孙，自其西大夏之属皆可招来而为外臣。"汉武帝于是派遣张骞第二次出使西域。

关于乌孙的种族，唐朝颜师古对《汉书·西域传》"乌孙国"条的注释是精当的。注云："乌孙于西域诸戎其形最异，今之胡人青眼、赤须，状类猕猴者，本其种也。"对此学界观点各异，还有待于进一步探讨。

河西走廊是由许多戈壁和绿洲组成的，人们的生产生活一般只能在绿洲上进行，而游牧民族是逐水草而居的，当时的游牧民族，并没有后人的国界的概念。月氏、乌孙"俱在"或曰"共在"敦煌、祁连之间当为妥当，而且在乌孙人自安定来河西之前，当地已有月氏人，二族交叉生活于河西走廊的可能性较大。月氏和乌孙都是人数较多的民族，各自都有很多畜群，每一个民族都不可能只在一个绿洲或几个绿洲放牧，而是在不停地转场。游牧民族之间的矛盾和战争，往往是由草场的争夺引起的。月氏、乌孙在河西走廊是交错游牧的，不能说乌孙人在走廊中东部没有牧场。然而，郝树声先生认为从永昌三角城出土的文物可以看出，月氏在河西时不仅有农业，而且发展到了一定程度。

沙井文化三角城遗址和蛤蟆墩墓地清理的窖穴和墓葬中都有谷物出现，并有磨盘、磨棒、石杵、石臼等粮食加工工具。另外，出土的铁雷、铁犁证明，这些谷物不是从战争中掠获的，而是直接经营农业生产的铁证。也就是说在汉代设置四郡开发河西之前，月氏人早已使用先进的铁制农具开始了对河西地区的开发。[18] 从沙井文化的出土物中还可看到月氏人手工业的发展，当时的手工业门类有制陶、金属制作、皮革加工、麻毛纺织、草席编织以及骨、角、石器加工等。

战国后期，月氏人逐渐强大起来，对乌孙形成威胁。匈奴冒顿即单于位之后，亲率大军东袭东胡，月氏趁机出兵攻灭乌孙，杀其王难兜靡，兼并其地，乌孙民众多投奔匈奴。难兜靡新出生的儿子昆莫被其傅父布就翎侯抱了躲在草丛中，然后带去投靠匈奴，并且编造了狼哺乳、乌鸦衔肉翔护的神话，博得冒顿单于的喜爱与培养。在昆莫长大以后，单于将逃到匈奴的原乌孙民众全都还给昆莫，并且让他带兵打仗。后来，昆莫带兵向西攻破大月氏，报了杀父之仇，大月氏人又向西走，在大夏地居住。昆莫掳掠了月氏的部众，并且留居于大月氏所在的伊犁河流域。可见大概是公元前175年乌孙人最后离开河西走廊。

安志敏先生曾说："甘肃的远古文化内容异常复杂，不是单纯的由某一种文化连续发展的结果，而是不同的文化在该地区经过长期的发展过程。至今，甘肃还是一个多民族的地区，这也部分地反映了远古文化复杂性的一些真实情况。"[19]月氏人在河西的文化与精神生活如何，现已无法确知，地下发掘没有给我们提供足够说明问题的东西。沙井文化遗址中发现的祭祀坑，或可说明当时生活在河西的月氏同匈奴一样，也曾进行类似的朝拜祭祀活动。[20]沙井文化遗址中出土的卜骨，似乎可以证明他们有占卜问卦的习惯。大月氏的西迁，是人类历史上的壮举，具有深远的历史意义。首先，它是张骞出使西域的最初动因。[21]从此带来了中原王朝与西域各国的接触与交往。其次，大月氏举国迁徙，用自己的双脚，最早踏出了由中原通往中亚一带的道路，可谓中西交通的最早开拓者。

三 沙井文化遗址的保护及开发

甘肃古文化遗存丰富多样，且保存比较完整，是中国古史和古代多元文明形成的重要史料，因此，探究沙井文化遗址的保护与合理开发具有重要的现实意义。据甘肃省博物馆介绍，沙井文化仅在河西走廊的民勤、天祝、永昌等地发现，共计四处。民勤沙井柳湖芩遗址位在沙丘地带，由于风沙的侵蚀，发现灰层很少。个别地点暴露灰层厚约 0.3 米，遗址内偶尔也有墓葬露头，根据遗物的分布估计，面积为东西长 450 米 × 南北 300 米，遗物有石器和陶器等。[22] 沙井文化的陶器大多是夹砂的红陶，质地很粗，多加掺合料，多为手工制作。一部分陶器表面虽经打磨，往往器身下部还遗留着制坯时拍印的绳纹与布纹痕迹，器形以单耳或双耳的圆底罐和桶状杯较为典型，还有单耳平地和三足鬲形器。在纹饰方面，有绳纹彩绘与弦纹、篦纹、划纹以及表面加涂红色陶衣，绳纹较为普遍，其中彩陶纹饰都为宽、窄的平行或交错的条纹，垂直的三角纹，也有菱形纹、折纹或鸟纹。所见的全是红色彩绘，石器中打制磨制都有，有斧、环、形斧，刀、镞、纲坠和环，一般都比较粗糙，此外还出土过钢刀、铜镞、骨针、蚌珠等，可见沙井文化也是陶、石、铜器共存的一种文化，它的时期也是较晚的。

根据辛店文化、寺窪文化、沙井文化的地域分布以及都存在甘肃仰韶文化的和齐家文化的遗址可知，这三者之间有一定的联系，应该是同时代的不同地区不同部落的文化，他们都晚于齐家文化并与它有交替的关系。[23] 因此，对这些文化遗址的保护与开发就显得迫在眉睫。

永昌三角城是沙井文化的典型代表，位于金昌市东北 21 公里的双湾镇尚家村西南、下四分以南约 1.5 公里处，金昌至内蒙古雅布赖的公路在三角城西约 1 公里处穿过。城西北面有一条古代河道，东北角有高起的土岗。再往东不远，就是柴湾岗和上土沟岗，这里地势较高，有许多古墓葬。三角城略呈南北向。城内南北长 154 米，东西最宽处 132 米，面积 20328 平方米，四周城垣残高 3—5 米；墙基宽 8—9 米，顶部宽 2.9

米。城址四周墙基不甚规整，门向南开，由于这里风沙很大，西北风吹来的流沙，被墙基拦挡，故城的四周淤积砂土很厚，形成周围高，中间低的锅底状。墙基厚一米，现存高度因地势和倒塌而不一致，最高处达6—8米。西壁和西北角处，都向外边突出，略呈三角，故称 "三角城"。东西两面各有一个缺口，位置对称，从墙壁断面和底部观察，并非原来通道，为后期所开。墙壁高处出现红烧土块、木炭碎屑，间或还有碎陶片。在墙壁和基础上，均未发现夯打痕迹。城内的灰土堆积，以西北角为最厚。城外周边为荒滩和沙砾地，西北侧有一古河道，东北和西南角有数处高土岗，分布有大片的古墓葬。1979年至1981年，甘肃省博物馆文物工作队曾在城外向西北一带的西岗和柴湾岗发掘了大片的沙井文化葬地。[24]1979年3月开了南北长2米，东西宽1米的长方形探坑，在距地表2.2米深处采集了木炭标本。在城东北角地表下30厘米处，发现残铁器二件，形似雷。同时，还征集到铜链一枚、铜刀一把和几件陶器。据出土文物可知三角城遗址上有极少量的绳纹泥质灰陶片，与战国秦的陶质纹饰极相似。[25]根据采集的陶器标本，参照甘肃省文物工作队的发掘资料，可进一步确认三角城遗址属于沙井文化晚期阶段。[26]另在该遗址采集到少量质地较好的泥质灰陶片，有学者推测，此类遗存有可能是战国晚期从陇东或关中输入的外来产品。总之，三角城使用时间较旧，内涵复杂。在沙井文化及以后很长一段时间里，都曾有人在城内生活居住，遗址表面大量存在的瓷片也证明了这一点。[27]

蛤蟆墩在三角城遗址略偏西南一公里处。那里地势较高，经雨水冲刷流失，形成高低不平的土丘，因常有积水而有蛤蟆，故叫 "蛤蟆墩"。1978年秋，公社农林场修建房屋时，发现了墓葬。考古工作者对两座残墓进行了发掘。一座墓内仅存一头骨和几根肢骨，经鉴定为 40 岁左右的男性，其他遗物有木棒（直径 4—5 厘米）3 根和一些苠苠草。另一座残墓从残存的墓坑痕迹看，墓口距地表约 40 厘米左右，墓坑为长方形竖穴土坑，上小下大，墓深约 2 米。此墓随葬品较多，计有：铜刀一件，铜牌饰二十二件，铜泡四件，还有马头骨孔，下边有两个小圆孔，当是系绳佩带的。夹砂红陶，质粗胎厚，盖作喇叭形、束腰，大平底，倒置如器座，山羊头骨四。

从墓填土中采集到一件残筒状杯，底径 6 厘米，残高 9 厘米，夹砂红褐陶，陶质坚硬，表面磨光，外有烟熏痕迹。具沙井器物的特点，它为我们判断文化性质和时代问题，提供了证据。

沙井文化发现很早，属于青铜时期，[28] 关于沙井文化的年代，因为过去没有典型标准器物作依据，故在断代上是较为困难的。在发掘遗址中出土了为数很少的、具有战国纹饰特征的陶片。这些战国陶片原是来自中原的输入品，若从沙井文化的整个时代来说，它的输入时间虽较晚，但它为断定沙井文化的大致年代提供了一种证据。此外，我们测定九个碳十四数据，其年代多在春秋早期至战国时期其中有些数据偏高，可到西周时期。但在九个数据中，却没有晚到秦汉之际的。[29] 另据中国社会科学院考古研究所实验室和北京大学历史系考古专业碳一实验室对三角城遗址的木炭标本，进行了放射性碳素年代测定，年代相当于春秋早期。通过这次调查发掘，知其文化内涵为石、彩陶、铜、铁并存，是河西走廊青铜晚期至铁器时代早期遗存。从陶器来说，几乎都是夹砂红陶并施紫红色彩，红彩多施在器之颈、肩部，下部则无彩。另有些器表满施紫红色陶衣，独具风格，自成体系。沙井文化的青铜装饰品，十分丰富，各种铜联珠饰、铜管状饰、铜坠饰、小尾、铜泡和铜刀之类，形制多与鄂尔多斯青铜器，以及分布在内蒙古东北、河北和辽宁西部夏家店上层文化的青铜饰牌，颇多相似。

沙井文化主要分布在张掖、民勤、金昌、永昌、武威、古浪一带，也就是河西走廊的东北部。根据历史地理学家的研究，在史前自然水系时代，民勤沙井子至金昌双湾一线恰好位于石羊河、金川河下游尾闾地带，并在此积聚形成广阔的终端湖，沙井文化的居民就居住在湖沼沿岸，过着半农半牧的田园生活。[30] 沙井文化的墓葬，在永昌三角城一带发现多处，居住遗址在三角城发现一处，这在一定程度上，反映了游牧民族生活的一个侧面。游牧民族流动的生活方式，并不意味着没有相对的定居点。三角城遗址的发现证明，游牧民族实际上存在着相对的定居点，它是牧民们在放牧活动中居住时间较长久的地方。它的房址为平地建筑，形制有圆形和椭圆形两种。圆形房址地面无柱洞，复原起来如蒙古包式。另有些房址，中央只有灶坑，周围边缘不清，可能与人们使用活动帐篷有关。三角城遗址的灰层，有的叠压层多至一二十层，每层厚 10 厘米左右，硬度不高，这是人们随同畜群转换牧场，由迁徙生活所形成的。墓葬形制，以竖穴偏洞墓室为特征。据目前所知，这种偏洞墓葬，最早可追溯到黄河中上游马家窑文化的半山、马厂阶段。青海柳湾的齐家文化的墓葬中，也有这种墓葬，甘青地区的卡约文化、辛店文化中也都有发现。在河西走廊以火烧沟的偏洞墓葬时代为早，但它和沙井文化是不同系统的两种文化。据近年的报道，这种偏洞墓葬，在陕西扶风刘家村先周墓中和长安张家坡西周墓中都能看到，但无论先周墓中或是西周墓中，这种偏洞墓室都极少，只占总墓数的二十分之一，不占主导地位。

从它的陶器来说有的带有浓厚的辛店陶器作风，又有部分器物呈现出寺洼陶器的特征。说明先周和西周时期的偏洞墓葬曾受到甘青地区早期青铜文化的影响，此外还有新疆鄯善的姑师人和宁夏同心的汉代匈奴人也都使用这种偏洞墓葬，而且两者的形制与沙井文化的竖穴偏洞墓酷似。因为它们的时代较晚，可能是受沙井文化的影响。

沙井文化晚期的许多装饰品，春秋晚期到战国早期流行于北方的长城地带，其中晚期广为流行的青铜带扣、S形构图的带饰等还是中国晚期北方系青铜器的代表性器物。[31] 从这些流行物品的分布和传播可知，沙井文化晚期遗存大致开始于春秋中期，其中墓葬的年代约至战国早期，三角城遗址的年代下限或许更晚，可至战国中期。沙井文化早晚期同双湾墓葬早晚期相对应，后者不存在截然的时间对立，故沙井文化早晚期也有较强的延续性。早期遗存年代下限可与晚期遗存的年代上限相对应，约在春秋中期。

李并成先生认为三角城是逐水草而居的游牧经济，游牧社会中出现的"城"不同于以农业经营为主的社会经济形态下所建的城。[32] 其形制单调，规模不大，城内未发现建筑台基、手工作坊遗迹等，尽管有城垣围墙，但并非夯筑，而是用泥巴垒砌而成，且四周墙基不规则，它应是游牧经济活动中一处相对固定的放牧点。三角城的例子可以说明，在以游牧活动为主的社会经济形态下仍有城郭的建造，并非古游牧民族不造城郭，只是这种城郭与农业经济社会形态下的城郭不可等而视之。李并成先生认为继月氏之后活动于河西走廊的匈奴族（游牧民族）也曾建有盖臧城、休屠王城、两处西城等城邑。[33] 另外戴春阳先生认为沙井文化就是月氏驻牧河西时的文化遗存，源于鄂尔多斯地区的先狄文化，西周时称"禺氏"，两周之际迁徙河西号月氏，而发现于酒泉、玉门一带的骟马类型的文化则是乌孙在河西的活动遗存。[34]

秦汉以前的河西走廊，原是月氏、乌孙的移徙故地，至于匈奴占据河西地区，则是秦末以后的事。《史记·大宛列传》说："始月氏居敦煌、祁连间，及为匈奴所败，乃远去。"《汉书·张骞李广利传》又载："臣居匈奴中，闻乌孙王号昆莫。昆莫父难兜靡本与大月氏俱在祁连、敦煌间，小国也。"张守节《史记·正义》说得更为明确："初，月氏居敦煌以东，祁连山以西。敦煌郡今沙州。祁连山在甘州西南。"司马贞《史记·索隐》引《西河旧事》云："山在张掖、酒泉二界上，东西二百余里。"汉之马连山系指今祁连山张掖西南的一段。也就是说，乌孙之东界当在今酒泉、张掖间。如此，乌孙的原居地是在河西走廊的西端。至若月氏，楚汉之际冒顿既主，"遂东袭击东胡"。"西击走月氏"说明战国至秦，匈奴东接东胡，西与月氏为邻。故此，月氏之原居地，应在河西走廊的东端。有学者认为月氏东边与匈奴交界处，可能在今甘肃、宁夏和内蒙古毗连的河套西部黄河西岸一带。据目前调查、发掘可知，沙井文化主要分布在民勤、永昌、金昌市、山丹、张掖、武威、天祝、永登和兰州市附近，就地理位置而言，正处河西走廊的东端，与月氏族的原居地正好相符据此我们认为沙井文化就是古月氏族的遗址。[35]

月氏在河西走廊的时代，无疑就是春秋战国时代。杨建新先生认为月氏是河西地区的古老民族，也是河西最早的开拓者。而且据碳十四测定，月氏在河西走廊的活动应早到西周早期。沙井文化社会经济以畜牧业为主，农业、手工业不占主导地位。牲畜的种类，由墓葬中殉牲的牛马、羊头骨和驴蹄趾骨等，便是具体说明。墓葬中殉牲的羊头骨最多，畜群或以羊为主，可能还有单峰骆驼。再从遗址中出土的石球、陶球数量多的特点，以及墓葬中发现箭链、箭杆、弓弧竟分析，狩猎活动在经济领域中也占有重要地位。墓葬中出谷物，遗址中有磨盘、磨棒、石臼、石柞等粮食加工工具等，表明沙井文化有一定的农业经济。手工业生产，是沙井文化具有重要意义的一个生产部门。从出土的器物种类来看，有制陶、金属制造、皮革加工、麻毛纺织、草席编织、骨、角、石器加工等。麻毛织物的出土，肯定了沙井文化已有纺织业的存在。特别是金属器具的制造所涉及的一系列专门生产工艺，已不是一般家庭手工业所能承担的，它必然是脱离畜牧业和农业之外的一种新的、独立的生产部门。青铜装饰品和铜、铁刀具数量较多，应是他们自制的。至于金属冶铁，目前还没有资料证实，兹不赘述。匈奴、月氏都从事畜牧业，逐水草而居，其俗，宽则随畜，因射猎禽兽为生业……自君王以下，咸食畜肉，衣其皮革，被旃裘”，他们都具有游牧民族的生活方式。此外，月氏好商贾，尚贸易，“民俗钱货，与安息同”。[36] 这是西迁以后的情况，为匈奴民族所没有。

先秦时期大部分时间内西北地区生产力发展水平有限，自然环境及其变化对文化发展有明显的制约，反过来，多样性的人类文化多数时候都能够有效适应环境特点及其变化，在极端气候期有时还能够做出积极有效的应对，对自然环境的负面影响有限。表面上似乎人类只是在被动适应自然，但实质上却也是不断实践、主动选择的过程。[37] 这种比较和谐的人地关系，成为西北数千年文化持续发展的基础机制。从战国晚期开始，生产力水平明显提高，就有能力不去适应而是改造自然环境，实际上就明显加大了对自然环境的破坏程度。秦汉帝国时期击匈奴、通西域，做出了许多变绿洲草原为农田的壮举，却以对西北地区自然环境的不可逆破坏为代价。其后虽然有魏晋南北朝和宋元时期的短暂缓歇，但也有唐代和清代以来的大规模的多半是不当的开发，严重地加剧了西北地区土壤沙化、气候干旱化的程度。

河西走廊的古文化遗迹或遗址是华夏文化的主要符号和标志，沙井文化就是其中的典型代表。俞长海先生曾指出土遗址作为一种重要的历史文物和遗迹，将我国几千年的文明传承至今，具有极高的科学价值和教育价值，土遗址保护工作对我国的历史研究有着举足轻重的地位，其作为一种重要的文物资源，具有科学性、历史性和艺术性，它们是人类活动的产物和历史信息的载体，是人类物质文化发展的重要实物例证。诸多因素都会影响土遗址的环境。就土遗址土体特点来分析，遗址的土体作为地表岩石风化产物的堆积物，从物理化学的角度看，土体组成元素复杂，结构又比较疏松，不仅吸附能力很强而且体积也很大；加上土体易崩解的特点，是极易受外界环境的影响，只要外界有破坏性的干扰，那些土体本身结构稳定性差的特点便会导致其瓦解。土遗址受到的人为因素影响也是不能轻视的。周围环境的变化很容易使遗址土体受到的干扰甚至破坏。

遗址并非是自然物，而是人类在自然界中长期的生产、生活过程之中创造的产物，带有当时社会进程的多种人文信息，且其本身取材于自然，具有自然属性，这是土遗址价值的两个重要方面。要对土遗址的自然属性进行研究保护，就要运用自然科学的知识和方法，要获得其中的人文信息，就必须用到多门类的人文科学，因为二者本身是交叉渗透的。[38] 在建立土遗址规范化、标准化的分类方法与管理体系时，需要多学科的支持。我国目前还没有对土遗址进行一个完整、系统、规范化的分类，其原因就是土遗址所处的环境千差万别、极其复杂。土遗址的保护虽然开展较早，如回填保护、博物馆式和覆盖式保护与展示，但是真正科学意义上的土遗址保护技术的研究相对较晚。科学的土遗址保护技术研究是在 20 世纪以后，国内开展更晚，20 世纪末才开始在少数几个地方进行土遗址保护技术研究试验。[39]

近年来李最雄等在无机材料的改性方面研制出一种特别适用于西北干旱地区土遗址保护的材料，并在西北地区大面积推广使用，成效显著。1983 年尝试采用渗透的方法加固秦安大地湾居住遗址，取得了明显的防风化效果，通过系统研究，在室内试验取得成功的基础上，先后在甘肃省瓜州的汉代破城子古城遗址、吐鲁番交河故城号寺、西安半坡遗址、秦俑坑遗址、三门峡虢国墓地车马坑进行了现场试验，通过这些试验，得出了加固土遗址的合适的模数、浓度、施工工艺参数。室内试验与现场试验结果表明，PS 加固西北干旱区土遗址能保证材料有较好的渗透性，因而起到了保护加固遗址表面风化层的作用，避免遗址自然营力作用下的进一步剥蚀破坏。[40] 这种技术在河西走廊文化遗址的保护中应该大力推广。

土遗址保护研究虽然取得了很大的进步，积累了大量的资料，但是土遗址保护科学的理论体系还不成熟，土遗址的研究还没有规范，土遗址保护技术还不能满足保护工程的需要，但是，土遗址保护科学已初具雏形，随着大量先进技术的运用，它将进入快速发展期。[41] 近年来土遗址保护研究虽然取得了很大的进步，但土遗址保护科学的体系还没有完全建立，有关土遗址保护的概念还十分紊乱，尤其对土遗址病害的概念分类体系还没有完全建立，有待于进一步的探究。

沙井文化遗址大都属沙与土的混合遗址，但长期以来由于各种条件的限制，保护措施不到位，破坏非常严重，亟须加强保护。在保护的基础上加以合理的开发。

参考文献：

[1] 李水城：《河西走廊史前考古调查报告》，《考古学报》2010 年第 2 期，第 262 页。

[2] 裴文中：《裴文中史前考古学论文集》，北京：文物出版社，1987 年版，第 272 页。

[3] 安志敏：《甘肃远古文化及其有关的几个问题》，《考古通讯》，1956 年第 6 期，第 16 页。

[4] 甘肃文物考古研究所，北京大学考古文博学院编：《河西走廊史前考古调查报告》，北京：文物出版社，2011 年 8 月第 1 版，第 425 页。

[5] 裴文中：《裴文中事前考古学论文集》，北京：文物出版社，1987 年版，第 262—263 页。

[6] 甘肃省文史研究馆编：《甘肃历史名人画传》，兰州：甘肃人民出版社，1998 年版，第 2 页。

[7] 张学正：《甘肃古文化遗存》，《考古学报》，1960 年第 2 期，第 12 页。

[8] 郝树声：《论月氏在河西的几个问题》，《甘肃社会科学》，1994 年第 6 期，第 90 页。

[9] 俞伟超：《先秦两汉考古学论集》，北京：文物出版社，1985 年版，第 182—190 页。蒲朝拔：《试论沙井文化》，《西北史地》，1989 年第 4 期，郝树声：《论月氏在河西的几个问题》，《甘肃社会科学》，1994 年第 6 期，等文中都持此观点。

[10] 赵建龙：《关于月氏文化的初探》，《西北史地》，1992 年第 1 期，第 67—74 页。

[11] 李水城：《沙井文化研究》，《国学研究》，北京：北京大学出版社，1994 年版，第 493—523 页。

[12] 安志敏：《甘肃远古文化及其有关的几个问题》，《考古通讯》，1956 年第 6 期，

第 16 页。

[13]（汉）司马迁：《史记·匈奴列传》卷一〇九，北京：中华书局，1959 年版，第
    2883 页。

[14]（汉）班固：《汉书·西域传》卷九六上，北京：中华书局，1962 年版，第 3890 页。

[15]（汉）司马迁：《史记·大宛列传》卷一二三，北京：中华书局，1959 年版，第
    3174 页。

[16]（汉）司马迁：《史记·匈奴列传》卷一〇九，北京：中华书局，1959 年版，第
    2884 页。

[17] 王明哲、王炳华：《乌孙研究》，乌鲁木齐：新疆人民出版社，1983 年版，第 1 页。

[18] 郝树声：《论月氏在河西的几个问题》，《甘肃社会科学》，1994 年第 6 期，第 91 页。

[19] 安志敏：《甘肃远古文化及其有关的几个问题》，《考古通讯》，1956 年第 6 期，
    第 9 页。

[20] 郝树声：《论月氏在河西的几个问题》，《甘肃社会科学》1994 年第 6 期，
    第 92 页。

[21] 郝树声：《论月氏在河西的几个问题》，《甘肃社会科学》1994 年第 6 期，
    第 93 页。

[22] 张学正：《甘肃古文化遗存》，《考古学报》，1960 年第 2 期，第 22—23 页。

[23] 张学正：《甘肃古文化遗存》，《考古学报》，1960 年第 2 期，第 27 页。

[24] 甘肃文物考古研究所：《永昌西岗柴湾岗——沙井文化墓葬发掘报告》，兰州：
    甘肃人民出版社，2001 年版。

[25] 甘肃省博物馆文物工作队、武威地区展览馆：甘肃永昌三角城沙井文化遗址调查，
    《考古》，1984 年第 7 期，第 600 页。

[26] 李水城：《沙井文化研究》，《国学研究》第 2 卷，北京：北京大学出版社，
    1994 年版，第 493—523 页。

[27] 甘肃文物考古研究所、北京大学考古文博学院编：《河西走廊史前考古调查报告》，

北京：文物出版社，2011 年版，第 139—140 页。

[28] 甘肃文物考古研究所、北京大学考古文博学院编：《河西走廊史前考古调查报告》，
北京：文物出版社，2011 年版，第 424 页。

[29] 甘肃省文物考古研究所：《永昌三角城与蛤蟆墩沙井文化遗存》，《考古学报》，
1992 年第 2 期，第 233 页。

[30] 甘肃文物考古研究所、北京大学考古文博学院编：《河西走廊史前考古调查报告》，
北京：文物出版社，2011 年版，第 425—426 页。

[31] 林沄：《中国北方长城地带游牧文化带的形成过程》，《燕京学报》第 14 期，北京：
北京大学出版社，2003 年版。

[32] 李并成：《河西走廊遗存的两座月氏故城》，《丝绸之路》，1996 年第 3 期，第 28 页。

[33] 李并成：《河西走廊遗存的两座月氏故城》，《丝绸之路》，1996 年第 3 期，第 28 页。

[34] 戴春阳：《月氏文化族属、族源刍议》，《西北史地》，1991 年第 1 期。

[35] 甘肃省文物考古研究所：《永昌三角城与蛤蟆墩沙井文化遗存》，《考古学报》，
1992 年第 2 期，第 231 页。

[36]（汉）班固：《汉书·西域传》卷九六上，北京：中华书局，1962 年版，第 3890 页。

[37] 韩建业：《中国西北地区先秦时期的人地关系特征》，《北京联合大学学报》，
2008 年第 2 期，第 58 页。

[38] 俞长海：《土遗址保护中的多学科应用》，《丝绸之路》，2010 年第 6 期，第 30 页。

[39] 黄克忠：《岩上文物建筑的保护》，北京：中国建筑工业出版，1989 年版。

[40] 李最雄：《丝绸之路古遗址保护》，北京：科学出版社，2003 年版。

[41] 孙满利：《土遗址保护研究现状与进展》，《文物保护与考古科学》，2007 年第 4 期，
第 66 页。

金昌市馆藏沙井文物调查与初探

李勇杰

（金昌市文广新闻局 金昌市博物馆 甘肃 金昌）

沙井文化出土文物研究，主要刊载于甘肃省文物考古研究所编著的《永昌西岗柴湾岗——沙井文化墓葬发掘报告》[1]。该论著缘于 20 世纪 70 年代末、80 年代初的金川三角城遗址考古发掘，是迄今为止最为翔实的沙井文化考古资料。从 1981 年三角城遗址考古发掘之后 30 年间，金昌市文博单位在文物征集、考古清理等工作过程中，入馆收藏的沙井文物质地多样、异彩纷呈，学术界对此尚无论述。本文对金昌市馆藏沙井文物进行调查梳理，并试图就沙井文化彩陶、青铜器等特征内涵进行初步探讨，略陈己见。

一　金昌市文博单位沙井文物收藏概况

（一）金川三角城遗址沙井文化考古概况

1979 年 6 月，在前期考古调查的基础上，甘肃省博物馆文物工作队（现甘肃省文物考古研究所前身）在金川三角城遗址进行大规模考古发掘。截至 1981 年 11 月，三角城遗址考古工作彻底结束。在历时两年半的考古发掘期间，共涉及西岗墓群、柴湾岗墓群、蛤蟆墩墓群、上土沟岗墓群以及三角城城址，发掘墓葬 600 余座、房址 4 座、窖穴 14 个，出土石器、陶器、铜器、金器、铁器、卜骨、贝币及毛织品等各类文物 2000 余件。20 世纪 70 年代末、80 年代初的金川三角城遗址考古发掘，是沙井文化发现、命名半个多世纪以来，第一次科学意义上的考古发掘。一系列发掘报告的面世，为学术界准确断代提供了科学翔实的依据，沙井文化价值内涵研究、宣传、保护利用工作由此展开。

金川三角城遗址考古发掘结束后，当时正值金昌市筹建工作启动阶段，全市尚无博物馆，不具备收藏保管文物的基本条件，故此出土沙井文物全部由甘肃省文物考古研究所收藏。

（二）金昌市馆藏沙井文物概况

20 世纪 80 年代，三角城村民在耕地、开渠、取土、建房过程中，出土大量沙井文化陶器、青铜器、木器，甚至金器。这些出土文物，或被不法分子收购，或被当作废物丢弃，沙井文物保护工作处于无序状态。1992 年以来，随着金昌市文物博物馆机构的相继成立，文物保护工作逐步走上规范。文物工作者在三角城遗址及周边地区陆续捡拾、征集了一批沙井文物，现分别收藏于金昌市博物馆、金川区博物馆，永昌县博物馆亦有少量收藏。

1. 金昌市博物馆

1992 年 7 月，金昌市文化广播电视局增设文物科、市文物工作队展开文物古迹田野的调查工作，对农田建设、开垦荒地、人为破坏而暴露的古墓葬进行抢救清理，征集社会流散文物，使馆藏文物数量逐年增加。截至 2010 年 6 月，市文物工作队库藏文物 400 余件。其中沙井文物 100 余件，代表性文物有：双耳圜底罐、虎噬鹿青铜牌饰、青铜短剑、铜带扣、贝币等。

2010 年 7 月，金昌市博物馆筹建处成立，隶属于金昌市文化出版局。2012 年 5 月，金昌市博物馆"金昌古代文明陈列"正式开展。该陈列内设六大单元，其中"旷野牧歌——商周时期"单元共展出沙井文物 4 组 88 件。"金昌沙井文化专题陈列"正在进行布展设计，建成开展后将成为陈列展示沙井文化出土文物的重要宣传场所。

2. 金川区博物馆

2010 年，金川区文物管理所成立，负责全区文物保护管理工作，三角城遗址保护开发利用工作，为金川区双湾镇立足文物遗址发展文化旅游业带来了契机。三角城村村民积极拥护，先后捐献陶器、铜器、铁器、金器等沙井文化文物 200 余件，引起了社会各界的强烈反响。经甘肃省文物鉴定委员会鉴定，这批捐献文物包括二级文物 1 件、三级文物 4 件，具有很高的文物价值和艺术价值。

为了展示这批珍贵文物，2011 年 10 月，金川区博物馆筹建处成立，为正科级事业单位，隶属于金川区文化广播影视局，现有编制 9 人。2012 年 7 月，金川区博物馆"金川沙井文化展厅"在三角城村建成开展。展厅设置"凿石为器""抟土成器""铸金为器""金川遗珍"四个单元，展出文物 200 余件，努力打造沙井文化宣传展示、考古研究基地。

3. 永昌县博物馆

永昌县博物馆现收藏有权杖头、铜马饰件等战国时期青铜小件数枚，北方草原文化风格浓郁。是否与沙井文化遗存有关，待考。

二　金昌市馆藏的沙井文化彩陶

（一）沙井文化彩陶精品

从西北陶器史而言，从大地湾一期开始，彩陶在仰韶、马家窑时期达到鼎盛，后经齐家、四坝、卡约、辛店、寺洼、沙井等时期，逐步走向衰落。沙井文化之后，中国西北陶器逐渐消隐于历史长河。因此，沙井文化彩陶被称为"陶器时代的回光返照"。

1. **双耳圜底罐**　口径25厘米，高30.5厘米。大口微外撇，双耳，肩部有乳突，圜底，肩部以上施红彩。现藏于金昌市博物馆（图一，1）。

2. **单耳罐**　1991年金川区双湾镇三角城村征集。口径14.5厘米，高12厘米。大口，单耳，腹部渐下收，平底。口沿处饰有一圈附加堆纹，与耳对称的部位亦饰有几道斜线状的附加堆纹，口沿有缺口。现藏于金昌市博物馆（图一，2）。

3. **单耳圜底罐**　1992年三角城遗址西岗墓群出土。口径9厘米，高16.2厘米。直口，直颈，单耳，圜底。底及腹部大部分呈黑色，应为当时人类使用过的痕迹。口沿有残缺。现藏于金昌市博物馆（图一，3）。

4. **双耳罐**　口径11.2厘米，高17.5厘米。侈口，直颈，颈下半部与肩部之间有对称双耳，平底，腹部以上施红彩。现藏于金昌市博物馆（图一，4）。

图一　金昌市馆藏沙井文化彩陶
1. 双耳圜底罐　　2. 单耳罐　　3. 单耳圜底罐　　4. 双耳罐

（二）沙井文化彩陶典型器辨析

1953 年，兰新铁路修筑至甘肃天祝县时，在该县的董家台遗址发现一批古墓葬，其中包括 1 件彩陶罐（图二，1），最突出的特征是通体绘制并列下垂的细长倒三角条纹[2]。长期以来，这件彩陶被认为属沙井文化的"典型器"[3]。其后，在永登县树屏乡榆树沟墓群[4]、甘谷毛家坪遗址[5]等地先后出土细长倒三角纹饰的陶器，均被列入沙井文化范畴。1996年，北京大学考古系李水城先生研究认为，上述三处遗存与沙井文化彩陶差异较大，应属于董家台类型，并对董家台类型的来源及去向进行了初探[6]。笔者赞同李水城先生的观点。笔者认为，鉴于沙井文化命名地——甘肃民勤县现藏沙井文化彩陶为数不多，而金昌市金川区三角城遗址已成为沙井文化彩陶主要出土地的现状，沙井文化彩陶"典型器"应以金昌市馆藏沙井陶器为准，较为妥当（图二，2）。

1　　　　　　　　　　　　　　　　2

图二　陶器
1. 天祝董家台遗址　　2. 金川三角城遗址

（三）沙井文化分布范围浅析

长期以来，学术界将沙井文化分布范围确定为腾格里沙漠西部、西南部边缘地带，即武威、金昌一带，向东南延伸可达永登、兰州附近，向西延伸至山丹、张掖。向东延伸的依据为天祝董家台、永登榆树沟、兰州范家坪，上节已述，不属于沙井文化。向西延伸的依据为裴文中先生 1948 年在张掖黑水国城址附近发现的陶片，被认为属于沙井文化[7]。据李水城先生研究，该处遗址[8]遗物分属马家窑文化、齐家文化、四坝文化，也不属于沙井文化[9]。因此，根据现有的考古材料分析，沙井文化的分布范围仅限于民勤、金川、永昌三县区，民勤沙井子至金川三角城一线为核心区域，沙井文化并未到达山丹、张掖、天祝、永登、兰州这些地区。是否东扩至武威、古浪一带，有待于新的发现。

三　金昌市馆藏沙井文化青铜器赏析

沙井文化的青铜器中，以动物形为特征的小件青铜牌饰占有重要地位。

（一）沙井文化青铜器精品

1.**虎噬鹿青铜牌饰**　金川区双湾镇三角城村征集。长 11 厘米，高 4.8 厘米，重 50 克，属于春秋战国时期以虎为图腾的北方游牧民族珍爱的"护身符"。一只伫立的猛虎用它粗壮有力的虎爪将鹿按倒在地，纤弱的小鹿身体极度扭曲，后蹄无助地伸展，丝毫动弹不得，面部呈现出一种恐惧、无奈的垂死神情。整个作品构思巧妙、静中有动，栩栩如生地将大草原猛虎捕食的精彩瞬间永久定格，再现了史前北方民族高超的艺术水平和娴熟的青铜铸造工艺。现藏于金昌市博物馆（图三，1）。

2.**带皮铜牌饰**　2011 年金川区双湾镇三角城村征集。长 14.5 厘米，宽 0.2 厘米。青铜制，魑龙纹，镂空，用细皮条绑结在皮子上，疑似为皮衣或皮带残片。现藏于金川区博物馆（图三，2.3）。

3.**羊形铜牌饰** 2011年金川区双湾镇三角城村征集。长2.4厘米，高2厘米。青铜制，羝羊平卧状，背后有一钮，用于穿缀。造型准确、逼真。现藏于金川区博物馆（图三，4）。

4.**鹅喉羚铜牌饰** 2011年金川区双湾镇三角城村征集。长3.5厘米，宽2.7厘米。青铜制，鹅喉羚平卧欲起状，背后有两钮，用于穿缀。现藏于金川区博物馆（图三，5）。

5.**铜管銎斧** 2011年金川区双湾镇三角城村征集。长9.5厘米，宽2.8厘米。銎孔椭圆形，刃部有明显使用磨损痕迹。现藏于金川区博物馆（图三，6）。

6.**铜簪** 2011年金川区双湾镇三角城村征集。长9.0厘米。尖端四棱形，后部圆形，尾部镂空成铃，造型独特，匠心独具。现藏于金川区博物馆（图三，7）。

7.**鸮首权杖头** 1994年永昌县水源镇乱墩子滩墓群获得。高4.5厘米，长3.8厘米。青铜铸，色泽青绿。鸮（猫头鹰）昂首远视，双目圆瞪，口含一物，腹椭圆形，尾扁平状上翘，造型简洁，神态生动。现藏于永昌县博物馆。这两件青铜器是属考古出土文物，还是捡拾、征集，无从查考（图三，8）。

1

2

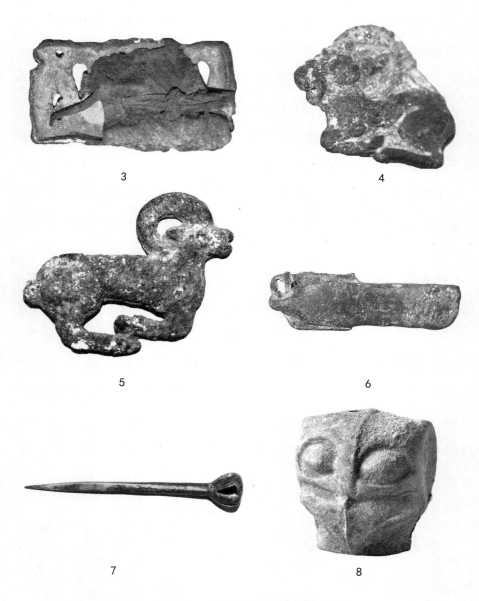

图三   金昌市馆藏沙井文化青铜器

1. 虎噬鹿青铜牌饰   2、3. 带皮铜牌饰   4. 羊形铜牌饰

5. 鹅喉羚铜牌饰   6. 铜管銎斧   7. 铜簪   8. 鸮首权杖头

（二）沙井文化与北方系青铜文化的渊源关系

在金川三角城遗址考古发掘报告中，蒲朝绂先生指出："（三角城遗址）铜器以装饰品为最多，但也有一定数量的武器和工具。在沙井文化的青铜器中，特别以动物纹为特征的各种小件青铜饰牌占有重要地位。它不见于黄河上游诸文化以及河西走廊四坝类型火烧沟墓地中，而它却与典型的北方草原文化关系十分密切，是属于鄂尔多斯式青铜文化范畴。[10]"蒲先生明确指出了沙井文化与鄂尔多斯青铜文化属于同一文化范畴。

内蒙古文物考古研究所曹建恩、孙金松在《毛庆沟墓地腰带饰品浅析》一文中指出："从沙井文化发现的腰带饰品的总体特征观察，联珠饰在腰带饰品中占据重要的位置，装饰有马、鹿等动物纹的腰带饰品表现出浓厚的土著特征，与流行鸟纹或云门纹的毛庆沟墓地（位于内蒙古乌兰察布凉城县岱海地区）存在着谱系的差异。已有的研究表明，沙井文化的偏洞室墓，至迟在春秋晚期东传至内蒙古中南部。因此，毛庆沟墓地和沙井文化在腰带饰品上存在的一些共性，应该是两个地区发生文化直接联系的结果。"[11]

从 19 世纪末叶开始，在我国北方长城沿线地带陆续出土了大量以装饰动物纹为特征的青铜及金、银制品，被称作"鄂尔多斯青铜器"。林沄先生在 1982 年撰写的《商文化青铜器与北方地区青铜器关系之再研究》一文中，明确倡导使用"北方系青铜器"这一概念，并指出"在商周式青铜器即中原系青铜器分布区的北面，曾有两种不同系统的青铜器，可分别命名为北方系青铜器和东北系青铜器"[12]。在《早期北方系青铜器的几个年代问题》一文中，林先生对"北方系"概念作了进一步界定，他认为广布于我国北方并对中原文化产生重大影响的北方系青铜器，是多源而分支的一个复杂综合体。之所以名之为"北方系",一方面意在强调它们在种类、器形、纹饰和艺术风格等方面有别于中原起源的青铜器,另一方面则着眼于它们与横贯欧亚大陆的大草原地带的其他地区的青铜器的密切关系[13]。

吉林大学洪猛先生认为,沙井文化是中国晚期北方系青铜文化的重要一支,是后者在长城地带西段的代表性遗存[14],是很有见地的见解。

(三)甘肃金川、内蒙古鄂尔多斯两地虎噬鹿青铜牌饰比较

金昌文物工作者曾在金川三角城遗址征集到一枚虎噬鹿青铜牌饰,与内蒙古鄂尔多斯青铜器博物馆收藏的虎噬鹿青铜牌饰表现主题、器形风格、大小尺寸等方面均很相像。不同之处在于,前者伏鹿、虎耳造型写实一些,后者更趋于抽象化,虎耳甚至已抽象为高浮雕的圆圈形状(图四,1)。相比之下,前者比后者更原始一些。这两件牌饰的对比,一方面进一步证实沙井文化青铜器属于北方长城沿线青铜文化,与欧亚草原地区的青铜文明保持着千丝万缕的联系这一事实,另一方面,是否已为我们透露出沙井文化最终的去向端倪,还有待于更多的考古资料来证实。

1   2

图四　金川三角城、鄂尔多斯两地虎噬鹿青铜牌饰比较

1. 鄂尔多斯虎噬鹿青铜牌饰　　2. 金川虎噬鹿青铜牌饰

四　金昌市馆藏其他材质沙井文物赏析

（一）文物精品

1. **石碾盘**　2010 年金川区双湾镇三角城城址捡拾。长 46 厘米，宽 23 厘米，盘面呈弧形。现藏于金昌市博物馆（图五，1）。

2. **金箔饰件**　2011 年金川区双湾镇三角城村征集。长 14.5 厘米，宽 0.2 厘米。金制，残断两片，两端各有一小孔，疑似为头部冠饰组成部分。现藏于金昌市博物馆（图五，2）。

3. **贝币**　金川区双湾镇三角城村征集。共计 14 枚。贝表面呈瓷白色或淡黄色，背部正中或一端多琢有一孔，可供穿系。现藏于金川区博物馆（图五，3）。

（二）内涵分析

1

2

3

图五　其它材质沙井文物精品
1. 石碾盘　　2. 金箔饰件　　3. 贝币

在《沙井文化墓葬发掘报告》结语部分，蒲朝绂先生分析了沙井先民的经济结构。

1. 畜牧业 金川三角城遗址墓葬殉牲物，包括牛、马、羊头骨和驴蹄趾骨。其中，羊头骨最多，畜群或以羊为主，可能还有单峰骆驼。从城址中出土的石球、陶球数量多的特点，以及墓葬中发现箭镞、箭杆、弓弭来分析，当时的沙井先民已完成狩猎经济向畜牧业经济的转型过程，主要经济支柱是畜牧业，农业和手工业不占主要地位。

2. 农业 金川三角城遗址高大的城堡，稳固的房屋居址，为一定规模的农业生产提供了强有力的保证。三角城遗址墓葬陶罐中残留谷物，城址中发现的石碾盘、碾棒、石臼、石杵等粮食加工工具等，表明沙井文化存在一定的农业经济。

3. 手工业 手工业生产是沙井文化具有重要意义的一个生产部门。从出土的器物种类来看，有制陶、金属制造、皮革加工、麻毛纺织、草席编织以及骨、角、石器加工等。金属工具和青铜牌饰的制造，涉及一系列专门生产工艺技术问题，表明手工业作为一个独立生产部门业已存在，已不是一般家庭手工业所能承担的，它必然是脱离畜牧业和农业之外的一种新的、独立的生产部门。从人类历史经济发展的规律来考虑，此时第一次社会大分工已经发生。青铜装饰品和铜、铁刀具数量较多，是自炼，还是外来，因没有直接材料证明，尚不能肯定。

4. 商品经济 金川三角城遗址各墓群出土的海贝，是从遥远的东南沿海一带辗转交换而来，显然已具有等价物交换功能。贝币的出现，表明商品交换已出现，货币流通正在进行，从而使财富的积累迅速发展起来。从墓葬中出土贝币多寡不一来分析，贫富差距正在拉大，社会地位高低悬殊。

五　结语

综上所述，随着近年来金昌市文物博物馆事业的发展进步，一大批馆藏沙井文物整理、陈列、研究工作渐次展开。笔者对金昌市馆藏沙井文物的调查，目的在于为国内沙井文化研究提供新的材料，开辟新的视野，促进学术界对此课题的进一步关注和研究。我们有理由相信，在国内外北方系青铜文化研究风起云涌的大背景下，揭开沙井文化渊源、去向及民族属性等种种谜团的时刻已为期不远。

参考文献：

[1] 甘肃省文物考古研究所：《永昌西岗柴湾岗——沙井文化墓葬发掘报告》，甘肃人民出版社，2001 年 12 月。

[2] 甘肃省博物馆：《甘肃古文化遗存》，《考古学报》1960 年第 2 期，第 11—52 页。

[3] 同上。

[4] 甘肃省博物馆文物工作队：《甘肃永登榆树沟的沙井墓葬》，《考古与文物》1981 年第 4 期。

[5] 甘肃省文物工作队、北京大学考古学系：《甘肃甘谷毛家坪遗址发掘报告》，《考古学报》1987 年第 3 期，第 359—396 页。

[6] 李水城：《论董家台类型及相关问题》，《考古学研究》（三）第 95—102 页，科学出版社，1997 年 6 月。

[7] 裴文中：《中国西北甘肃走廊和青海地区的考古调查》，《裴文中史前考古学论文集》263—264 页，文物出版社，1987 年 11 月。

[8] 今命名为西城驿遗址。

[9] 甘肃省文物考古研究所、北京大学文博学院：《河西走廊史前考古调查报告》180
  —195 页，文物出版社，2011 年 8 月。

[10] 甘肃省文物考古研究所：《永昌西岗柴湾岗——沙井文化墓葬发掘报告》193 页，
  甘肃人民出版社，2001 年 12 月。

[11] 鄂尔多斯青铜器国际学术研讨会论文集编辑组：《鄂尔多斯青铜器国际学术研讨
  会论文集》，科学出版社，2009 年 12 月，第 153—163 页。

[12] 林沄：《商文化青铜器与北方地区青铜器关系之再研究》，《考古学文论集》第
  1 集，文物出版社，1987 年。

[13] 林沄：《早期北方系青铜器的几个年代问题》，《内蒙古文物考古文集》，大百
  科全书出版社，1994 年。

[14] 洪猛：《双湾墓葬及沙井文化相关问题研究》，吉林大学硕士学位论文，2008 年 4 月。

作者简介：

    李勇杰（1971-），男，甘肃金昌人，金昌市文化广播影视新闻出版局
文物科科长，致力于沙井文化研究、河西史前考古研究及博物馆陈列设计。

建郡前的河西社会生活

高　荣

（河西学院　甘肃　张掖）

　　战国、秦汉之际，河西的居民主要是羌族、月氏、乌孙和匈奴等游牧民族。其中羌族散居河西南部之南山中，"西北接鄯善、车师诸国。所居无常，依随水草。"[1]原先"俱在祁连、敦煌间""与匈奴同俗"的月氏和乌孙则分居于河西走廊东西两端[2]。后来，月氏日渐强大，出现了"东胡强而月氏盛"的局面。约在战国末年至秦朝初年，月氏打败乌孙，控制了整个河西。但是，这样的局面并未持续多久。到秦朝末年，因"诸侯畔秦，中国扰乱"。匈奴冒顿单于利用楚汉相争"中国罢于兵革"之机，东"破灭东胡王……西击走月氏，南并楼烦、白羊河南王，悉复收秦所使蒙恬所夺匈奴地。"[3]月氏退出河西后，大部西迁大夏，"其余小众不能去者，保南山羌，号小月氏。"[4]匈奴遂成了河西的新主人。

　　根据匈奴的管理体制，在单于之下设有左右贤王、左右谷蠡王、左右大将、左右大都尉、左右大当户和左右骨都侯等，自左右贤王以下至当户，凡二十四长。他们"各有分地，逐水草移徙"。新拓的河西为匈奴右贤王辖区，其下又设有昆（浑）邪王和休屠王，分领乌孙和月氏旧地。故《汉书》卷二八下《地理志》称："自武威以西，本匈奴昆邪王、休屠王地。"由于汉弱而匈奴强，自汉高祖以后，经惠帝、高后及文、景之世直到武帝初年，汉朝一直奉行与匈奴"和亲"的政策，河西也始终处于匈奴控制之下。

关于匈奴的生产生活和社会习俗，史书有如下记载：

随畜牧而转移。其畜产之所多则马、牛、羊，其奇畜则橐驼、驴、骡、駃騠、騊駼、驒騱。逐水草迁徙，毋城郭常处耕田之业，然亦各有分地。毋文书，以言语为约束。儿能骑羊，引弓射鸟鼠，少长则射狐兔，用为食。……其俗，宽则随畜，因射猎禽兽为生业，急则人习战攻以侵伐，其天性也。……自君王以下咸食畜肉，衣其皮革，被旃裘。壮者食肥美，老者食其余。贵壮健，贱老弱。

匈奴之俗，人食畜肉，饮其汁，衣其皮；畜食草饮水，随时转移。[5]

橐驼，又作橐他、橐佗，即今之骆驼。司马贞《史记索隐》引韦昭曰："背肉似橐，故云橐也。"颜师古则云："橐佗，言能负橐囊而驮物也。"前者是从骆驼的形体而言，后者则就其擅长负重驮物的特点而论。

骡为雄驴与雌马交配所生。司马贞引《古今注》云："驴牡马牝，生骡。"颜师古也认为："骡，驴种而马生也。"因其兼具马的体力和驴的耐力，故被视为"奇畜"。

駃騠是对良马的称呼。裴骃《史记集解》引徐广曰："北狄骏马。"司马贞引《说文》云："駃騠，马父骡子也。"又引《发蒙记》："刳其母腹而生"，又引《列女传》云："生七日超其母"。然而，骡虽兼具马和驴的优点，但其并无生殖功能，故《说文》关于"马父骡子"之说并不可取；至于《发蒙记》之说则更为离奇。因此，颜师古不取此二说，而是兼采徐广和《列女传》之说云："駃騠、俊马也，生七日而超其母。"这里的"俊马"当即"骏马"。

骐䯄，《说文》云：北野之良马也。《尔雅》有"骐䯄马"，郭璞注引《山海经》云："北海有兽，状如马，名骐䯄，色青。"邢昺引《山海经·海外北经》："良马名骐䯄"；又引《字林》云："北狄良马也。"裴骃《史记集解》引徐广曰："似马而青。"司马贞《史记索隐》基本采信郭璞说，但文字略有不同："郭璞注《尔雅》云：'骐䯄马，青色，音陶塗'。又《字林》云野马。《山海经》云：'北海有兽，其状如马，其名骐䯄'也。"《汉书》卷十九上《百官公卿表上》如淳注云："骐䯄，野马也。"颜师古则称："骐䯄出北海中，其状如马，非野马也。"可见，骐䯄实即产于北方草原地区的良马，大概因其为青色，又出于较为偏远的北海（即今贝加尔湖）一带，故又被视为野马。

騨騱，裴骃《史记集解》引徐广曰："音颠，巨虚之属。"司马贞《史记索隐》亦引徐广说，又引《说文》："野马属"。"一云青骊白鳞，文如龟鱼。"段玉裁认为因其为"青黑色之马，起白片如鳞"，其纹"如龟鱼青黑而白斑"，故云"青骊白鳞，文如龟鱼"。可知騨騱亦为良马，可能专指带有白色斑点的青黑色良马。

不过，当时河西确有野马活动。《史记》卷二四《乐书》记汉武帝"尝得神马渥洼水中，复次以为《太一之歌》。"裴骃《史记集解》引李斐曰："南阳新野有暴利长，当武帝时遭刑，屯田燉煌界。人数于此水旁见群野马，中有奇异者，与凡马异，来饮此水旁。利长先为土人持勒靽于水旁，后马玩习久之，代土人持勒靮，收得其马，献之。欲神异此马，云从水中出。"《汉书》卷六《武帝纪》系此事于元鼎四年（前113年）秋，颜师古注引李斐说与《集解》同，敦煌文书伯5034号《沙州地志》亦记此事。渥洼水在今敦煌市西南约70公里处，又名"寿昌海""寿昌泽"。敦煌遗书《寿昌县地境》载："寿昌海，源出县南十里。方圆一里，深浅不测，即渥洼池水也，长得天马之所。"[6]不论是称"天马"还是"神马"，皆因其"奇异"、"与凡马异"，实际上是人们不太常见的野马而已。上述駃騠、騊駼、驒騱等匈奴"奇畜"，或许即属此类。

《汉书》卷四九《晁错传》又云：

胡人衣食之业不著于地，……食肉饮酪，衣皮毛，非有城郭田宅之归居，如飞鸟走兽于广野。美草甘水则止，草尽水竭则移。

这里的"胡人"实即匈奴。匈奴是以畜牧和狩猎为主的游牧民族，他们以皮革为衣，以畜肉乳品为食。其畜产除马、牛、羊外，还有橐驼（骆驼）、驴、骡等，故有"骡驴駃驼，北狄之常畜"之说。[7]马是泛指，但马的种类很多，或以其遗传习性论，或以其体型、毛色等外部特征划分。其中騊駼、驒騱，都是以马的毛色为特征而命名的良马。大概正因为如此，用同一毛色的马排列队伍，往往被视为身份和实力的象征。如平城之围时，"匈奴骑，其西方尽白马，东方尽青駹马，北方尽乌骊马，南方尽骍马"。[8]相比之下，汉朝为皇帝找同样毛色的四匹马拉车都很不易。正如司马贞所言："天子驾驷马，其色宜齐同。今言国家贫，天子不能具钧色之驷马。"[9]

然而，匈奴并非完全"毋城郭常处耕田之业"。如汉武帝元狩四年（前119年），卫青兵至窴颜山赵信城，"得匈奴积粟食军。军留一日而还，悉烧其城余粟以归";后元元年（前 88 年），因数月雨雪，使匈奴"畜产死，人民疫病，谷稼不熟。"颜师古云："北方早寒，虽不宜禾稷，匈奴中亦种黍穄。"[10]汉昭帝时，匈奴曾两次"发骑田车师（今吐鲁番）"，甚至欲"穿井筑城，治楼以藏谷"；至"宣帝即位，遣五将将兵击匈奴，车师田者惊去。"[11]可见，匈奴人也从事一定的农业生产，而且也有城郭。除汉军所至的赵信城外，还有每年五月大会的龙城（即单于庭）[12]。

匈奴占据河西后，至少筑有休屠王城、盖臧城、觻得城和两座西城共五座城池，这在史书记载中均有反映。《汉书》卷二八下《地理志下》载，汉代武威郡北部都尉治休屠城。东晋喻归撰《西河记》载："姑臧，匈奴故盖臧城也。城不方，有头尾两翅，名盖鸟城。"《西河旧事》云："凉州城，昔匈奴故盖臧城。后人音讹，名姑臧也"；觻得城"本匈奴觻得王所居，因以名县"；[13]《汉书》卷五五《霍去病传》记汉武帝褒奖霍去病"攻祁连山，扬武乎觻得"。颜师古注云："此觻得，匈奴中地名，而张掖县转取其名耳。"

《史记》卷一二三《大宛列传》记载了两处"西城"，一处是霍去病军击败匈奴的地方：

是岁（按：即元狩二年），汉遣骠骑破匈奴西城数万人，至祁连山。

另一处是张骞报告所称乌孙昆莫"长守"的西城：

臣居匈奴中，闻乌孙王号昆莫，昆莫之父，匈奴西边小国也。匈奴攻杀其父，而昆莫生弃于野。……（匈奴单于）收长之。及壮，使将兵，数有功，单于复以其父之民予昆莫，令长守于西城。

这两处"西城"，据刘光华先生考证，前者十分明确在弱水沿岸，处在河西走廊通往蒙古草原的古居延道上；后者应在瓜州西北，即汉代敦煌县及其以北方向。[14] 李并成先生进一步考证指出：位于今武威城北（稍偏东）32 公里的四坝乡三岔村古城即休屠王城，为休屠王之都；位于今武威城西北 2 公里的三摞城（俗名锁阳城）遗迹即匈奴盖臧城，亦即西汉姑臧县城；位于今张掖市西北约 15 公里的"黑水国"北古城即匈奴觻得王所居的觻得城，亦即汉张掖郡觻得县城；位于汉敦煌县以北方向的"西城"为乌孙昆莫所居，具体城址无考；另一座"西城"，位于今张掖市东南 80 公里的民乐县永固乡八卦营古城，为匈奴所居。[15]

匈奴的手工业主要有金属（金银铜铁等）与皮革加工和陶器与木器制作等。在我国内蒙古和宁夏等地发现的众多战国至秦汉时期匈奴墓中，出土了大量铁器、青铜器和金银器，如铁剑、铁矛、铁刀、铁斧、铁镰、铁铧、铁镞、铁鼎、铁釜，青铜制作的刀、锥、凿、斧、锛、镜、剑、镞、铃、饰牌和车马饰等物。如 1972 年在内蒙古杭锦旗阿鲁柴登两座匈奴墓中出土了 218 件金器，其中有一套金冠饰品，工艺最为精美；其他各种金饰牌和金饰片、金饰针等，也都造型生动优美，做工精巧，显示出很高的工艺水平。[16] 从已出土的数量巨大、种类繁多、造型各异、铸工精致的铁器来看，匈奴的冶铁和铸造技术已达到相当高的水平，尤其用铁铸造箭镞，说明铁在当时已经达到最普遍最便宜的地步；至于匈奴的陶器，也为大量考古发现所证实："不仅种类和产量甚多，而且形制和花纹也甚复杂，质地和款式都很精致，在制作方法上正由手制提高到轮制，在制作技术上也达到了一定的水平。……因此可以认定，在公元前三世纪以后，匈奴的陶器制造业，有可能成为一个独立的手工业部门。"[17]

匈奴"以穹庐为家室，衣皮蒙毛，食肉饮血"[18]，"自君王以下咸食畜肉，衣其皮革，被旃裘。"故皮革加工和毛纺织就成为其生活起居不可或缺的行业。据《汉书》卷九四上《匈奴传上》颜师古注云："穹庐，旃帐也。其形穹隆，故曰穹庐。"实际上就是用毡毯制作的房舍。《太平御览》卷七〇八引杜笃《边论》云："匈奴请降，氍、罽褥、帐幔、毡裘之类如丘山。"其中的氍、罽、毡等均为毛织品。

此外，匈奴以"射猎禽兽为生业"，逐水草而迁徙的生活，势必需要大量箭杆、车辆和穹庐木架。因此，木器制作也是其手工业生产的重要方面。《盐铁论》卷九《论功》记文学曰："匈奴车器无银黄丝漆之饰，素成而务坚"；同书卷六《散不足》又载大夫曰："胡车相随而鸣。""胡车"当即"匈奴车"，则匈奴不仅造车，而且注重坚固耐用。在汉代张掖郡北部，有一块"斗入汉地"的匈奴温偶駼王领地，"生奇材木，箭竿就羽，……匈奴西边诸侯作穹庐及车，皆仰此山材木"。可见这里是匈奴生产生活所需木材的重要来源，也是车辆等木器制作的重要场所。

匈奴的婚姻实行收继婚制。《史记》卷一一〇《匈奴列传》称："父死，妻其后母；兄弟死，皆取其妻妻之。"之所以如此，根据中行说的解释，乃"恶种姓之失也"。匈奴的这种习俗被一直延续下来，以致连出嫁匈奴的汉朝公主（宫女）也要"从其俗"。如汉元帝时出嫁匈奴的王昭君就是典型例证。前33年，王昭君嫁给呼韩邪单于，被封为宁胡阏氏；但两年后（前31年）呼韩邪单于就死了。其长子雕陶莫皋（即复株累单于）遂以后母王昭君为妻，并生有二女。足见妻后母及妻兄弟之妻的习俗在匈奴社会是非常盛行的。这种婚俗对内可维持贵族血统的"纯洁"，对外则具有调和矛盾，维系氏族间团结的作用。[19]

匈奴人还有敬奉和祭祀祖先和天地、鬼神的习俗。每年五月，"更会茏城，祭其先、天地、鬼神"。尤其尊崇天地日月，故其"单于朝出营，拜日之始生，夕拜月。……举事而候星月，月盛壮则攻战，月亏则退兵。"匈奴"单于"，也是取其"广大之貌"，相当于汉人所说的"天子"。故其在写给汉朝皇帝的信中，一再称"天所立匈奴大单于""天地所生日月所置匈奴大单于""南有大汉，北有强胡。胡者，天之骄子也"。霍去病进兵河西，曾缴获了休屠王祭天金人。祭天金人究竟是佛像还是其他，学界争论较多，但匈奴人有专门的祭天仪式当无可疑。匈奴笃信巫师，将其视为死去的祖先及天地、鬼神意志的代表。如卫律就是利用人们对巫的迷信，假托先单于旨意而除掉了深得单于宠信的李广利。[20]此外，匈奴还常通过巫师的某种法术"祝诅"他人或军队。随着汉代进入中原的匈奴人日益增加，这种习俗也逐渐在汉人中流行，有不少胡巫甚至卷入了汉朝宫廷斗争的漩涡之中。[21]汉武帝末年的"巫蛊之祸"就是典型例证。

关于秦及汉初羌族、月氏和乌孙在河西的活动，史书记载极为简略。《汉书》卷二八下《地理志下》载，敦煌郡冥安县（治今瓜州县桥子乡锁阳城）之南藉端水和龙勒县（治今敦煌市南湖乡寿昌古城）之氐置水，皆"出南羌中"。敦煌文书斯788号《沙州图经》及《寿昌县地境》又载，在汉龙勒县东六十五里处的破羌亭，即因"汉破羌将军辛武贤破羌戎，于此筑亭"而得名。[22]至于河西最东端的武威郡，到东汉时依然面临着"北当匈奴，南接种羌"的形势。这些羌族部众，"所居无常，依随水草。地少五谷，以产牧为业。其俗氏族无定，或以父名母姓为种号。十二世后，相与婚姻，父没则妻后母，兄亡则纳釐嫂，故国无鳏寡，种类繁炽。不立君臣，无相长一，强则分种为酋豪，弱则为人附落，更相抄暴，以力为雄。……以战死为吉利，病终为不祥"；而 "大月氏本行国也，随畜移徙，与匈奴同俗"；乌孙亦为 "行国，随畜，与匈奴同俗"。[23]

由此可见，除了逐水草迁徙的游牧生活方式和"父没则妻后母"的收继婚制外，羌族"以力为雄。……以战死为吉利，病终为不祥"的社会心理也与"上气力而下服役，……战死，壮士所有也"的"匈奴之俗"[24]极为相近。后来"依诸羌居止"并与之"共婚姻"的小月氏人，"被服饮食言语略与羌同，亦以父名母姓为种。"[25]他们所处的祁连、焉支二山，水草茂美，冬温夏凉，非常适宜畜牧。其"牛羊充肥，乳酪浓好，夏泻酪不用器物，刈草著其上，不解散。作酥特好，一斛酪得酥斗余。"[26]《史记》卷一二三《大宛列传》"正义"引康泰《外国传》云："外国称天下有三众：中国为人众，秦为宝众，月氏为马众也。"《通典》卷一九二《边防八》"大月氏"条载，其"国人乘四轮车，或四牛、六牛、八牛輓之，在车大小而已。"又引《玄中记》云："玛瑙出大月氏。又有牛名为日及。今日取其肉，明日疮愈。"又引宋膺《异物志》："月氏国有羊，尾重十斤，割之供食，寻生如故。"清代武威学者张澍辑《凉州异物志》中也有关于月氏大尾羊、四轮车等的记载：

有羊大尾，车推乃行，用累其身。

月氏国有羊，尾重十斤，割之供食，寻生如故。

月氏有羊大尾，稍割以供宾客，亦稍自补复。

月氏俗乘四轮车，八牛，可容二十人。王称天子。

张澍按语引郭璞《山海经注》："大月氏国有大羊，如驴而马尾，即此种也"；"月氏国有大尾羊，如驴，即羬羊也。"又引《玄中记》：

"大月氏有牛名日及。今日割其肉，明日疮愈。亦此类。"又引《金楼子》（当为《玄中记》）云："大月氏及西胡有牛，名曰日及。今日割取其肉，明日其疮遂愈。亦稍割羊之类。"[27]这些记载说明，月氏人在河西期间，以马、牛、羊为主的畜牧业（尤以养羊最盛）已非常发达，而且可以制作大车。在河西的考古发掘材料，也为此提供了有力的佐证。如在永昌三角城等沙井文化遗址的众多墓葬中，几乎每座墓中都有牛、马、羊头骨和驴蹄趾骨随葬，其中以羊头骨最多，这与上述文献记载的情况非常吻合。研究认为，月氏人在河西也建有城，一为三角城（并非真正意义上的城）；另一处是在今临泽县北略偏东约 15 公里处的昭武古城，其中后者见载于《魏书》卷一〇二《西域传》。[28]

乌孙为"行国"，"随畜逐水草，与匈奴同俗"。汉武帝时，出嫁乌孙昆莫的细君公主所作《黄鹄歌》，对乌孙的生活习俗有生动形象的描述："吾家嫁我兮天一方，远托异国兮乌孙王，穹庐为室兮毡为墙，以肉为食兮酪为浆。"[29]而且，在婚姻习惯上也与月氏、匈奴一样实行收继婚制。当时因昆莫年老，乃以细君为其孙岑陬之妻。细君死后，汉朝又将解忧公主嫁给岑陬；岑陬死，解忧又先后嫁给岑陬叔父之子翁归靡和岑陬胡妇之子泥靡为妻。这与"以穹庐为家室，衣皮蒙毛""人食畜肉，饮其汁"和"父死，妻其后母；兄弟死，皆取其妻妻之"的"匈奴之俗"也是一致的。然而，乌孙的收继婚制及妻其嫂的习俗较之匈奴更为复杂：不仅子可妻其后母，孙亦可妻其后祖母；即使祖父在世，孙亦可妻后祖母；叔父死，侄子可妻其叔母；兄弟死，可妻其嫂，从兄弟亦如此。[30]

考古发掘也为战国至秦汉间河西社会生活提供了很多佐证材料。如

1980 年以来，在酒泉肃北县马鬃山区近 4 万平方公里区域内的岩石上，陆续发现了数十处战国秦汉时期的岩画。画面表现形式以剪影式为主，粗线条式次之；内容既有以马、羊、骆驼等为主的动物形象，也有骑者、猎人、牧人、舞者等人物及人面画，还有水井、车辆、房屋、盾牌和图案化符号等；画面题材包括狩猎、放牧、舞蹈、祭祀和生殖崇拜等诸多方面。[31] 在河西走廊中部永昌县新城子镇赵定庄村南湾西南约 1.5 公里的牛娃山，也发现了 200 多幅面积约 2 平方公里的岩画。岩画内容非常丰富，其题材多为野生动物个体或群体，间或有群居觅食、与狼搏斗的情景；动物以野羊、绵羊、鹿、牦牛居多，约占全部画面的 60% 以上；此外，也有少量的单峰骆驼、虎、鸟等；还有为数极少的狩猎和畜牧场面，以及富有时代特征的 "井" 字造型，以写实的手法反映了当时当地人们的社会生活及其所处的自然环境。调查者认为，牛娃山岩画的创作年代应在春秋战国至秦汉时期，它是由历史上曾在这里活动的西戎和月氏人首创，后来又经匈奴人和汉人增补而成的。[32]1985 年，在甘州区龙渠乡木笼坝村南的平顶山石崖洞穴内，发现了战国至西汉时期的 7 件范铸青铜麋鹿和 1 件兔首形铜当卢；此外，在山丹县博物馆和肃南县民族博物馆分别藏有战国时期的 2 件鄂尔多斯式铜镰和青铜刀、青铜饰牌等；[33] 在武威民勤县出土了战国至西汉时期的镂空双驼铜饰牌。[34] 其中青铜麋鹿造型栩栩如生，是不可多得的青铜艺术珍品；铜当卢的纹饰秉承游牧民族粗犷写意的传统，造型组合精巧，整体简洁而突出细部；铜镰略呈弧形，柄部饰有鸟首纹，刃部为锯齿状；青铜饰牌上宽下窄，其正面雕铸日轮、雄鹿、山羊和立人像，间饰网格纹；而镂空双驼铜饰牌则具有典型的鄂尔多斯文化的艺术风格。这些带有明显的游牧文化特征的青铜器，应是月氏或匈奴人在河西活动时的遗物，在一定程度上反映了战国时期河西地区月氏、匈奴等游牧民族的生产生活状况和审美情趣。

参考文献：

[1] 《后汉书》卷八七《西羌传》。

[2] 王明哲、王炳华：《乌孙研究》，新疆人民出版社，1983 年版，第 2—4 页。

[3] 参阅《史记》卷一一〇《匈奴列传》、《汉书》卷九四上《匈奴传》。

[4] 《汉书》卷九六上《西域传上》。

[5] 参阅《史记》卷一一〇《匈奴列传》、《汉书》卷九四上《匈奴传上》。

[6] 郑炳林：《敦煌地理文书汇辑校注》，甘肃教育出版社，1989 年版，第 61 页。
     同书第 65 页斯 367 号《沙州伊州地志》所记略同。

[7] 《盐铁论》卷七《崇礼》。

[8] 参阅《史记》卷一一〇《匈奴列传》、《汉书》卷九四上《匈奴传上》。

[9] 参阅《史记》卷三〇《平准书》之"索隐"。

[10] 参阅《史记》卷一一一《卫将军骠骑列传》、卷一一〇《匈奴传》，《汉书》卷五五《卫青霍去病传》、卷九四上《匈奴传上》等篇。

[11] 参阅《汉书》卷九四上《匈奴传上》、卷九六下《西域传下》。

[12] 陈序经先生认为，龙城与单于庭是一个地方。参阅陈序经《匈奴史稿》，中国人民大学出版社，2007 年版，第 85—87 页。

[13] 参见【清】张澍辑、王晶波校点、刘满审订：《二酉堂丛书史地六种·西河旧事》，甘肃人民出版社 1992 年版，第 147 页、第 154 页。

[14] 刘光华：《敦煌上古历史的几个问题》，《敦煌学辑刊》总第 3 期，收入胡之德主编《兰州大学丝绸之路研究论文集》，兰州大学出版社，1992 年版，第 162—172 页。按：上引《大宛列传》所载的两处"西城"，在中华书局标点本中均改作"西域"，误。

[15] 参阅李并成：《河西走廊历史地理》，甘肃人民出版社 1995 年版，第 19—30 页。

[16] 田广金、郭素新：《内蒙古阿鲁柴登发现的匈奴遗物》，《考古》1980 年第 4 期。
关于匈奴墓的发现很多，相关报道可参阅盖山林《内蒙古自治区准格尔旗速机沟
出土的一批铜器》，《文物》1965 年第 2 期；田广金：《桃红巴拉的匈奴墓》《近
年来内蒙古地区的匈奴考古》，《考古学报》1976 年第 1 期、1983 年第 1 期；内
蒙古博物馆等：《内蒙古准格尔旗玉隆太的匈奴墓》，《考古》1977 年第 2 期；内
蒙古文物工作队等：《内蒙古自治区文物考古工作的重大成果》，《文物》1977 年
第 5 期；伊克昭盟文物工作站等《西沟畔匈奴墓》，《文物》1980 年第 7 期；伊
克昭盟文物工作站：《伊克昭盟补洞沟匈奴墓清理简报》《西沟畔汉代匈奴墓地
调查记》，《内蒙古文物考古》1981 年创刊号；宁夏博物馆等：《宁夏同心县倒墩
子汉代匈奴墓地发掘简报》，《考古》1987 年第 1 期。

[17] 参阅林幹：《匈奴史》，内蒙古人民出版社，2007 年版，第 121 页、第 130 页。

[18] 《盐铁论》卷七《备胡》。

[19] 参阅马长寿《北狄与匈奴》，广西师范大学出版社，2006 年版，第 55 页。

[20] 据《史记》卷一一〇《匈奴列传》、《汉书》卷九四上《匈奴传上》载："贰师
在匈奴岁余，卫律害其宠，会母阏氏病，律饬胡巫言先单于怒，曰：'胡故时祠兵，
常言得贰师以社，今何故不用？'于是收贰师，……遂屠贰师以祠。会连雨雪数月，
畜产死，人民疫病，谷稼不熟，单于恐，为贰师立祠室。"

[21] 参阅林幹：《匈奴史》，内蒙古人民出版社 2007 年版，第 160 页。

[22] 参阅郑炳林：《敦煌地理文书汇辑校注》，甘肃教育出版社，1989 年版，第 57 页、
第 61 页。

[23] 参阅《后汉书》卷八七《西羌传》、《汉书》卷九六上《西域传上》、《史记》
卷一二三《大宛列传》。

[24] 《汉书》卷九四上《匈奴传上》。

[25] 《后汉书》卷八七《西羌传》。

[26] 参阅【清】张澍辑、王晶波校点、刘满审订：《二酉堂丛书史地六种》，甘肃人

民出版社，1992 年版，第 158 页《西河旧事》文、第 113 页《凉州记》文。

[27] 参阅【清】张澍辑、王晶波校点、刘满审订：《二酉堂丛书史地六种》，甘肃人
　　　民出版社 1992 年版，第 126—127 页、第 132 页。

[28] 参阅李并成：《河西走廊历史地理》，甘肃人民出版社 1995 年版，第 18 页、第
　　　56—58 页。《魏书》卷一〇二《西域传》记昭武城云："康国者，康居之后也。……
　　　其王本姓温，月氏人也。旧居祁连山北昭武城，因被匈奴所破，西逾葱岭，遂有
　　　其国。"

[29] 《汉书》卷九六下《西域传下》。

[30] 林幹：《匈奴史》，内蒙古人民出版社 2007 年版，第 163 页。

[31] 参阅西北大学文化遗产与考古学研究中心、甘肃省文物考古研究所：《甘肃马鬃山
　　　区考古调查简报》，《考古与文物》2006 年第 5 期。

[32] 参阅甘肃省文物考古研究所、永昌县博物馆：《甘肃永昌牛娃山岩画调查与研究》，
　　　《考古与文物》2007 年第 3 期。

[33] 参阅张掖市文物管理局编：《张掖文物》，甘肃人民出版社 2009 年版，第 78—81 页；
　　　甘肃省博物馆编：《甘肃省博物馆文物精品图集》，三秦出版社 2008 年版，第 118 页。

[34] 参阅甘肃省博物馆编：《甘肃省博物馆文物精品图集》，三秦出版社 2008 年版，第 120 页。

作者简介：

　　高荣（1966—），甘肃高台县人，历史学博士，河西学院历史文化与
旅游学院教授，主要从事秦汉史与河西地方史的教学与研究。

骊靬县名称与地望的探讨

汪受宽

（兰州大学　甘肃　兰州）

自从古罗马军团安置骊靬县的说法传开以后，汉代河西的这一小县遂成为学界和社会关注的热点。我们已另撰文辨析，骊靬为西汉张掖郡所属县名，犛轩（黎轩）为《史记》《汉书》所记西域安息国以北的某国名，大秦为东汉以后的中国典籍对罗马帝国的称谓，三者不应相混。本文仅对西汉骊靬县名称与地望进行探讨，以为河西历史文化的建设献一刍。

一　骊靬县的设置时间

本人在《敦煌学辑刊》2000 年第 1 期发表《骊靬县名由来与设置年代检论》一文，讨论了历代尤其是德效骞以来各种关于骊靬县设置由来和年代的说法，表示同意刘光华先生骊靬县名的设立与匈奴犁汗王有关的意见，并提出该县的设置时间，当在武威郡设置的公元前 121 年至从武威郡分出骊靬县等设张掖郡的公元前 111 年之间。

2000 年 5 月 19 日《光明日报》发表了甘肃省汉简研究所所长张德芳先生撰写的《汉简确证：汉代骊靬城与罗马战俘无关》一文，以出土纪年汉简材料证明了骊靬设县时间，既早于公元前 36 年陈汤伐郅支，也早于公元前 53 年的卡尔莱战役。该文对澄清古罗马军团东归伪史悬案有着无可置疑的重大价值。连一向持罗马军团东归说的澳大利亚哈里斯先生都采纳了张德芳的意见，表示："根据此后更为深入的综合研究，德效骞的假设是不准确的，因为，骊靬是在陈汤攻打到郅支城之前就已经建立了。因此，骊靬'罗马人'可能并不是一个遗失的军团的士兵，而更可能是在许多个世纪中不断移入河西走廊的移民潮中的一支。"[1]

近几年，本人在全面通读资料，探讨古罗马军团东归说及相关问题以后，对《检论》中骊靬县设置年代的见解，有了进一步的认识。

《汉书·地理志》言，张掖郡下辖有骊靬县。许慎《说文解字》"革部"释"靬"字时说："靬，武威有丽靬县。"对二者所述西汉骊靬县隶郡的不同，清代学者王鸣盛、徐松、姚文田、严可均都有讨论，徐松认为许慎所书系武威郡未分出张掖郡时骊靬县所隶郡。十几年前本人撰写《驳古罗马军团安置骊靬城说》一文时，亦沿着徐松等人的思路，认为："《汉书·地理志》所言，当是张掖郡从武威郡中分出后的情况。班固因事自杀，其书在东汉多以单篇流传。许慎恐未见《汉书》，况且其释字不必拘史家之例，其中说丽靬县属武威郡，则反映了张掖郡未设之前的情况。"现在看来，此一说法是有问题的，因为，河西走廊诸郡的设置时间，在《史记》《汉书》各篇卷中有许多不同说法，不能仅依《汉书·武帝纪》一家之说。

	酒泉郡	张掖郡	敦煌郡	武威郡
《史记·平准书》	元鼎六年（前111）后	元鼎六年（前111）后		
《史记·河渠书》	元鼎六年后			
《史记·匈奴列传》	元封三年（前108）后	元封六年（前105）已有		
《史记·大宛列传》	元鼎六年后			
《汉书·武帝纪》	元狩二年（前121）	元鼎六年	元鼎六年（前111）	元狩二年（前121）
《汉书·地理志》	太初元年（前104）	太初元年（前104）	后元元年（前88）	太初四年（前101）
《汉书·食货志》	元鼎六年后	元鼎六年后		

与骊靬县关系最密切的是张掖郡和武威郡，两书中张掖郡设置时间有三种说法，武威郡的设置年代有两种说法，除《武帝纪》以外，无武威郡设于张掖郡之前的说法。近代学者对此颇多讨论，特别是在居延汉简发现后，讨论更为炽热，并逐渐趋向一致。刘光华先生综合各种文献记载，斟酌近几十年的讨论成果，在《西北通史》第1卷中提出看法，代表了河西四郡设置年代研究的最新成果。认为：酒泉郡、张掖郡始设于元鼎六年（前111年），敦煌郡始设于武帝后元元年（前88年），武威郡始设于宣帝元凤元年至地节三年间（前80—前67）。在《史记》中无"武威"地名，所有有明确元凤元年纪年及其以前的汉简资料中皆无"武威"地名，可见，张掖郡设置在前，而武威郡系公元前80年—前67年间从张掖郡中分出。由此，言《说文》所写"武威有丽靬县"系未从武威郡分出张掖郡时的情况是错误的。假设骊靬县系武威郡分出

后改属的，就成了《汉志》记载的是前80年以前该县的隶属关系，又与《汉志》记事体例相违。王鸣盛"疑许慎时改属"的说法或是解开这一谜底的一种可能，意思是在东汉中，许慎撰《说文解字》时，骊靬县曾经改辖武威郡，其所书系当时情况。由于此说无其他支持的证据，只好存疑于此。

依据纪年简"和宜便里，年卅三岁，姓吴氏，故骊靬苑斗食啬夫，乃神爵二年三月庚寅，以功次迁为"[2]，张德芳判定，骊靬县设立于神爵二年（前60年）以前。而该县设置的时间上限，最早在汉武帝领有河西并向当地移民以后。查《汉书》，武帝时向河西走廊移民较集中的有两次。第一次在占有河西后不久，史言："其后骠骑将军击破匈奴右地，降浑邪、休屠王，遂空其地，始筑令居以西，初置酒泉郡，后稍发徙民充实之，分置武威、张掖、敦煌，列四郡，据两关焉。"[3]汉开河西是公元前121年，而令居塞的建立，据《水经注》言：涧水"出令居县西北塞外，南流径其县故城西。汉武帝元鼎二年置，王莽之罕虏也。"元鼎二年当公元前115年，则移民在其时或其后不久。另一次向河西移民是元鼎七年（前110年）。张骞第二次出使西域想劝说乌孙东归，未能实现。元鼎二年张骞使西域还，向武帝报告了出使的情况。汉武帝眼看"故浑邪地空无人"[4]已数年，河西人口太少，于是元鼎六年秋汉军又一次发动清除河西等地匈奴残余的军事行动，然后设置张掖、敦煌郡，并向河西移民以实之。史书称："又遣浮沮将军公孙贺出九原，匈河将军赵破奴出令居，皆二千余里，不见虏而还。乃分武威、酒泉地置张掖、敦煌郡，徙民以实之。"[5]由于清除河西匈奴残余的行动是秋天，设置两郡以及动员和实施移民需要时间，所以我们将移民的时间设定于元鼎七年。这次移民的数目，史书上没有记载，但汉朝既然要在河西设置两郡数十县，几万人口是无法"实之的"，所以其数量当应在 10 万以上，是一次大规模的移民。敦煌著名大姓索氏就是这一次迁到敦煌的。敦煌文书 P.2625《敦煌名族志》"索氏"条记载："汉武帝时，太中大夫索抚、丞相赵周直谏忤旨，徙边，以元鼎六年从巨鹿南和迁于敦煌。"骊靬县辖张掖郡，而依《武帝纪》张掖郡系元鼎六年设置的，第二年即往河西移民，故而我们以为骊靬设县的时间上限当为前 110 年，即汉武帝元鼎七年。综合汉简文字和上述考查，我们的意见是骊靬县当设置于公元前 110 年至前 60 年之间。

至于骊靬设县的具体时间，我们以为要特别注意匈奴犁汗王入侵永昌等地及属国义渠骑士某因射杀匈奴犁汗王而被封为犁汗王之事。《汉书·匈奴传》载："明年（前 78 年）单于使犁汗王窥边，言酒泉、张掖兵益弱，出兵试击，冀可复得其地。时汉先得降者，闻其计，天子诏边警备。后无几，右贤王、犁汗王四千骑分三队，入日勒、屋兰、番和。张掖太守、属国都尉发兵击，大破之，得脱者数百人。属国千长义渠王骑士射杀犁汗王，赐黄金二百斤，马二百匹，因封为犁汗王。属国都尉郭忠封成安侯。自是后，匈奴不敢入张掖。"[6] 匈奴犁汗王入侵日勒、屋兰、番和三县，却未涉及与番和紧邻的骊靬县，说明至此时尚无骊靬县之设。参加作战的张掖属国之千长义渠王手下一位骑士因射杀了匈奴犁汗王，而被封为犁汗王。既然封王，就应该有相应的名称的县，供其食赋。我们以为或许汉朝因之在原匈奴犁汗王牧地设骊靬县，让这位义渠勇士率众在此驻扎。至于既然封其为犁汗王，却命名其县为同音的骊靬，可能与汉王朝对少数民族首领既要利用、又要防范的心理有关。骊軒称县而不称骊軒（王）国，意在说明此处并非犁汗王之封国，也就不设王国的一套与中朝相似的官僚机构，朝廷在骊軒县另行任命县令（长）。县令（长）在治民的同时，实际上兼有代表朝廷对犁汗王予以监控的任务。《汉书·地理志下》番和县下有"农都尉治"4字，就是说在番和县有国家的屯田机构，以武官都尉管理。屯田卒在需要时，可以用作军事目的。汉朝在番和县附近设驻扎义渠犁汗王的骊軒县，我们猜想，朝廷在必要时可调动邻近的大量屯田士卒，对犁汗王的部卒进行军事干预，是朝廷平衡该地区军事力量的手段。

　　对以上义渠王骑士因射杀匈奴犁汗王，而被封为犁汗王，于元凤三年（前78年）建骊軒县的意见，宋国荣撰《匈奴犁汗王、犁汗王与骊軒县的设置无关》[7]一文表示反对。所列理由有四：一河西走廊一带是浑邪王与休屠王的牧地；二犁汗王及温偶骎王驻牧地俱在河西走廊之外的以北地带；三右犁汗王咸的驻牧地在云中塞外；四於軒王的驻牧地在今贝加尔湖一带。

　　首先要指出的是，宋文引文将《汉书》"属国千长义渠王骑士射杀犁汗王"中"骑士"二字佚去，从而通篇都将立功受封主体"骑士"误作"义渠王"。检索《史记》《汉书》之《匈奴传》，匈奴诸王似乎多系单于诸子的名号，诸王之驻牧地有大有小，或视其势力而定。河西走廊确实是匈奴浑邪王和休屠王的居地，但并不能因此排除有其他匈奴大小王居于河西走廊。霍去病两次奔袭河西走廊，战后汉武帝奖赏诏书中称："骠骑将军率戎士逾乌盭，讨遬濮，涉狐奴，历五王国，辎重人众慑慑者弗取，冀获单于子。转战六日，过焉支山千有余里，合短兵，杀折兰王，斩卢胡王，诛全甲，执浑邪王子及相国、都尉，首虏八千余级，收休屠祭天金人"。"骠骑将军踰居延，遂过小月氏，攻祁连山，得酋涂王，以众降者二千五百人，斩首虏三万二百级，获五王，五王母，单于阏氏、王子五十九人，相国、将军、当户、都尉六十三人"。[8] 其中之"列五王国""获五王"，使我们知道河西加上浑邪王和休屠王，至少有七个以上的匈奴王国，即匈奴王驻牧地，加上被杀的折兰王、卢胡王，被俘的酋涂王、单桓王，则更多。况且，居于匈奴西部（包括河西走廊）比浑邪王和休屠王地位更高的是右贤王和右谷蠡王。可见，称河西走廊只是浑邪王和休屠王驻牧地的说法是何等的轻率不经。

至于犁汗王的居地，很难笼统地说。《汉书》中提及犁汗王的地方有七处：

(1)明年（前78年，昭帝元凤三年）单于使犁汗王窥边，言酒泉、张掖兵益弱，出兵试击，冀可复得其地。时汉先得降者，闻其计，天子诏边警备。后无几，右贤王、犁汗王四千骑分三队，入日勒、屋兰、番和。张掖太守、属国都尉发兵击，大破之，得脱者数百人。属国千长义渠王骑士射杀犁汗王，赐黄金二百斤，马二百匹，因封为犁汗王。属国都尉郭忠封成安侯。自是后，匈奴不敢入张掖。（《匈奴传》）

(2)成安严侯郭忠，以张掖属国都尉，匈奴入寇，与战，斩犁汗王，侯，七百二十四户。（元凤）三年二月癸丑封，七年薨。（《景武昭宣元成功臣表》）

(3)本始二年（前72年），汉大发关东轻锐士……凡五将军，兵十余万骑，出塞各二千余里。……校尉常惠与乌孙兵至右谷蠡庭，获单于父行及嫂、居次、名王、犁汗都尉、千长、将以下三万九千余级，虏马、牛、羊、驴、骡、橐驼七十余万。（《匈奴传》）

（4）（宣帝即位），汉兵大发十五万骑，凡五将军分道并出，语在《匈奴传》。遣校尉常惠使持节护乌孙兵，昆弥自将翕侯以下五万骑从西方入，至右谷蠡王庭，获单于父行及嫂、居次、名王、犁汙都尉、千长、骑将以下四万级，马牛羊驴橐驼七十余万头，乌孙皆自取所虏获。还，封惠为长罗侯。是岁，本始三年也。（《西域传》）

（5）始建国元年（公元 9 年），遣五威将（至匈奴）……将率还到左犁汙王咸所居地，见乌桓民多，以问咸。咸具言状，将率曰："前封四条，不得受乌桓降者，亟还之。"咸曰："请密与单于相闻，得语，归之。"单于使咸报曰："当从塞内还之邪，从塞外还之邪？"将率不敢颛决，以闻。诏报，从塞外还之。（《匈奴传》）

（6）时（始建国二年，公元 10 年），戊己校尉史陈良、终带、司马丞韩玄、右曲候任商等见西域颇背叛，闻匈奴欲大侵，恐并死，即谋劫略吏卒数百人，共杀戊己校尉刀护，遣人与匈奴南犁汙王南将军相闻。（《匈奴传》）

（7）（始建国二年，公元 10 年）莽于是大分匈奴为十五单于，遣中郎将蔺苞、副校尉戴级将兵万骑，多赍珍宝至云中塞下，招诱呼韩邪单于诸子，欲以次拜之。使译出塞诱呼右犁汙王咸、咸子登、助三人，至则胁拜咸为孝单于，赐安车鼓车各一，黄金千斤，杂缯千匹，戏戟十；拜助为顺单于，赐黄金五百斤；传送助、登长安。莽封苞为宣威公，拜为虎牙将军；封级为扬威公，拜为虎贲将军。（《匈奴传》）

从上述文字，可以分析出，犁汙王与犁汙王是同名异写或误写，犁汙王系匈奴单于之下的王号，有左、右二犁汙王。按匈奴习惯，"诸左方王将居东方，直上谷以往者，东接秽貉、朝鲜；右方王将居西方，直上郡以西，接月氏、氐、羌。各有分地，逐水草移徙。"[9] 左犁汗王封地在匈奴东部，右犁汗王封地在匈奴西部。犁汗王下尚有犁汗都尉一职，匈奴管理西域者称匈奴西域都尉，犁汗都尉或系犁汗王派往西域管理有关事务的负责人。到王莽时期，匈奴尚有左犁汗王，名咸［见史料(5)］，另有称匈奴南犁汗王南将军者，或许此南将军系犁汗王部属驻扎于匈奴南境。兵犯日勒、番和的犁汗王应是右犁汗王的省称。前78年时，（右）犁汗王居地当在酒泉、张掖之边外地，但并不能因此肯定公元前121年以前犁汗王的居地不在河西走廊某地。因为史料(1)"单于使犁汗王窥边，言酒泉、张掖兵益弱，出兵试击，冀可复得其地"中的"复其地"的"其"字，大可以理解为匈奴，小可以理解为犁汗王。宋文称"右犁汗王咸的驻牧地在云中塞外"，系据史料(7)，但这条材料是有问题的。因为史料(5)称咸为左犁汗王，且其地"乌桓民多"，而乌桓系匈奴东边的民族，故其民逃至左犁汗王地是对的，从而可证咸为左犁汗王而非右犁汗王。史料(7)之"右"字系"左"字之误。此条史料与右犁汗王驻地无关。又宋文引《汉书·李陵传》中的"於靬王"驻牧贝加尔湖一带，似乎也与侵犯日勒、番和诸地的犁汗王无关。总之，宋国荣《匈奴犁汗王、犁汗王与骊靬县的设置无关》一文，不能否定义渠王骑士因射杀了匈奴犁汗王，而被封为犁汗王，建骊靬县的意见。

二　者来寨并非西汉骊靬县治

对西汉骊靬县治地望最流行的说法，是位于今甘肃永昌县城西南十公里的者来寨。

1989 年和 1999 年的报纸报道说，澳大利亚教师哈里斯或西北民族学院的关意权先生最早发现西汉骊靬城遗址在永昌县者来寨。[10]1991年 4 月终审的《永昌县志》卷二十二第二章《古城堡寨遗址》收有"骊靬县城遗址"条，写道："《汉书·地理志》记：'骊靬县汉置，属张掖郡'。《大清一统志》凉州古迹条记：'骊靬废县，故址在永昌县城南。'《甘宁青史略》、《五凉志》均记：'骊靬县，即凉州南山戎地，张祚遣和昊伐之，大败而还，在今永昌县之南。'《五凉志》记：'永昌县南照面山者来寨是其遗址。'有关资料记载：两汉之际大宛、大夏、大秦等国商人，留居骊靬县城的多达千余人。近几年来。国家有关部门和澳大利亚学者哈利斯先生研究的处于中国西部的'利坚'城，正是处于永昌县的这座叫作骊靬的古县城，但骊靬的历叀和确址尚需进一步考证研究。"[11]

《大清一统志》是乾隆四十九年（1764 年）续修成的，相关引文，在《嘉庆一统志》中全同。而乾隆十四年（1749 年）刊刻的《五凉考治六德集全志·永昌县志》（以下简称《五凉志》）"古迹·骊靬废县"条，就有相关的内容，只不过前者称在县南，后者称在县西罢了。根据史源学规则，比二者更早出现相关判断的是许容监修、李迪等撰成的《甘肃通志》。查郎阿、刘于义于乾隆元年（1736 年）所上《甘肃通志进呈表》称："前于雍正六年奉勑纂修《甘肃通志》，系前任巡抚臣许容专司纂辑等，向在肃州时臣许容已经付梓，今剞劂告竣，共成书五十卷。谨奏。"可知，此书系雍正间撰成。该书卷 23《古迹·凉州府·永昌县》[12] 称：

骊靬废县，在县南。汉置，属张掖郡。晋改属武威郡。永和十年，张祚遣和昊伐骊靬戎于南山，大败而还，即此。颜师古曰：取国名为县也。骊力迟反。今土俗人呼骊靬疾言之曰力虔。

最早确定汉代骊靬县遗址的方位,在今甘肃永昌县南。《大清一统志》《五凉志》的结论皆抄自该书,后来所有关于骊靬县遗址在者来寨的说法亦来自于此。

永昌县人民政府于1994年在者来寨刊石立碑,写道:"此处为骊靬古城遗址,最早为匈奴折兰王府,后称者来寨。此北20里处为西汉初所置番禾县。西汉河西农都尉设在番禾县城南。流亡的罗马帝国远征军从西域归降汉王朝后,汉王朝置罗马降人于农都尉之南者来寨,立县骊靬。"而在该寨立碑、圈残余墙垣,将其称为古罗马军团归宿地,近年更寨名为骊靬村。

综合诸种资料考察,永昌县者来寨绝非西汉骊靬城。

(1)所据历史资料经不住推敲。

方志对者来寨为西汉骊靬县遗址的判断,似乎源自对《晋书》"(和平元年,张祚)遣其将和昊率众伐骊靬戎于南山,大败而还"[13]中"南山"的理解。《五凉志》"古迹·骊靬废县"条,3征引《晋书》的说法后,称:"南山即照面山,者来寨是其遗址。"[14]我们知道,张祚系十六国前凉皇帝,其都城在姑臧,即今武威市凉州区。武威及永昌之南山,统名祁连山,是绵延于河西走廊南侧近千公里的山脉,该山各段又有其别名,照面山为祁连山脉在者来寨东南的一块山体。然而,首先称照面山为南山无史料证据;其次,即使照面山即南山,前凉在照面山伐骊靬戎,不等于骊靬戎一定驻扎于照面山北的者来寨;第三,西汉之骊靬县治所在是否一定是十六国时骊靬戎的居地,也无材料可以判明。故而言西汉骊靬县城为者来寨的判断不一定是可靠的。

地方上立碑说，者来寨为西汉折兰王府所在地。折兰王在《史记》《汉书》之《霍去病传》中各一见。《汉书》文为："元狩二年春（霍去病）为票骑将军，将万骑出陇西，有功。上曰：'票骑将军率戎士逾乌盭，讨遬濮，涉狐奴，历五王国，辎重人众摄詟者弗取，几获单于子。转战六日，过焉支山千有余里，合短兵，鏖皋兰下，杀折兰王，斩卢侯王，锐悍者诛，全甲获丑，执浑邪王子及相国、都尉，捷首虏八千九百六十级，收休屠祭天金人，师率减什七，益封去病二千二百户。'"颜师古注："折兰，匈奴中姓也。今鲜卑有是兰姓者，即其种也。折音上列反。"[15]折兰王驻牧地在何处，从史书中不得而知，我们只能从上引文中知道，折兰王是在皋兰山（今合黎山）战役中被汉军斩杀的，他可能是匈奴河西诸王之一。不知地方学者以者来为折兰的历史文献根据何在。据颜注，折兰之折，音 shé（舌），与者来之者（zhě）声母和音调完全不同，很难说二字音近。况且，历史地名的传承有一定规律，折兰如何转成者来，又如何传承至今，也应有个说法，不能信口而来。倘若此地真为折兰王府，又何能在此设骊靬县城？倘若是因折兰城而设，又为何要改县名为骊靬呢？倘若是在此设骊靬县，又为何至今称其为者来，而不称为骊靬呢？这些都是令人生疑的问题。

⑵出土物品否定者来寨为西汉遗址。

20 世纪 80 年代李并成曾到者来寨进行过考察，他记载道："城内尚见房屋遗迹，地面散落黑瓷片、白瓷片、青瓷片等物，系元、明时期遗物，而未见前代的任何遗存。城址附近也未有汉唐时期墓葬。"[16]永昌县地方学者虽然称西汉骊靬城遗址在者来寨，但在它处又明言："与境内的其它汉城不同的是，在这里进行文物普查时，未发现汉代文化层。"[17] 所以在 1993 年《永昌县志》中婉转地声明，骊轩城的"历史和确址尚需进一步考证研究"。有记者报道："甘肃省考古专家赵之祥曾亲自前往永昌县者来寨进行实地考察，他根据从夯土中找到的明清时期的黑瓷片分析，此城最早也不远于明清。"[18] 研究者不约而同地指出，者来寨没有汉代文物出土，说其为西汉骊轩县城址难以成立。

有报道说在者来寨发现了不少与汉代有关的遗物。据说，文物部门 1993 年在者来寨发掘出铁锅、铁鼎等文物，据《人民日报》海外版 1993 年 7 月 12 日报导，"这些文物均出自元代。"请问，一些元代物品与汉代骊轩城何涉？新华社记者宋政厚文章[19] 中所举者来寨遗迹、遗物除古城墙遗迹外尚有该寨出土了古钱币、铁锅、铁鼎、铁砸、瓷壶等，邻近的杏花村民挖出一根一丈多长的圆木。宋文言，乡民说在墙体内发现过一推车铜钱，又说，铜钱都被村里孩子们玩丢了。没有了证明城墙建筑年代的证据，又怎么能肯定其为西汉骊轩城呢？此外，者来寨村民魏作录收藏一鼓形瓷扁壶。此瓷扁壶带釉色，口沿外翻，四耳缺一。鼓径 27cm，底径 18cm，上下底高 17cm，这是魏作录七八年前从村北头发现的。不过，经过张德智的初步鉴定，这一瓷扁壶是元代商旅或出行者用来盛水的容器。村长张建兴还说在村子的东北头的农田里发现过一个石磕子。但经仔细辨认，认定那是现代的。[20] 显然这些都与西汉骊轩县没有丝毫联系。至于所说："邻近的河滩村则出土了写有'招安'二字的椭圆形器物，专家认为，这可能是罗马降人军帽上的顶盖。"武威市出土隋朝骊轩县令成蒙的墓志铭，"对于进一步揭秘古罗马军队定居甘肃河西走廊也有其重要作用。""招安"一词五代开始出现，宋元时大量使用。有什么根据说有"招安"二字的器物是汉代归降罗马军人用的？至于隋朝骊靬县令的墓志铭，只能作为古代确实有过骊靬县的实物佐证，并不能证明者来寨为汉代骊靬县城。2004年3月9日《金昌日报》发表宋国荣和王小鹏联合署名的报道《永昌水泉堡汉墓群考古发掘有重要发现》，称："从2003年秋季开始，甘肃省文物考古研究所考古队在永昌县博物馆的协助下，对水泉堡汉墓群进行了三个月的抢救性挖掘和清理，其出土包括陶、铜、木、漆，汉五铢钱币等文物302件。""这次的重要发现是墓葬人体骨骼扁圆，体长大多为1.8米以上，且颅骨明显有别于蒙古人种。在裹头颅的残留丝织物上发现有综红毛发。这些葬墓主人中有可能有欧洲人种，也许和汉时的骊靬县和骊靬人有关。"[21]这次考古挖掘未见报告发表，我们不宜妄加评述。但水泉子位于永昌县西部红山窑乡，距者来寨的直线距离超过40公里，即使真的当地有欧洲人种的遗骨出土，与者来寨有什么关系。2008年8—10月甘肃省考古研究所对水泉子汉墓的发掘简报已经发表，墓中最重要的发现是在M5中出土了1400余枚（段）木简，经初步整理，其内容一为七言本《苍颉篇》，一为日书，[22] 都是典型的汉文化内容。

　　发掘简报的《小结》称：

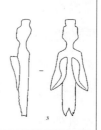

　　"从水泉子墓葬看，河西的墓葬形制，从简单的竖穴木椁墓、土洞墓向砖室墓发展，这种发展变化受到中原墓葬形制的影响，是在汉王朝开拓西北地区的大的历史背景下产生的，显现了汉文化及其葬俗对河西的影响。"[23]尤其是墓中出土的刮削直立人形木俑（见右图），长发，上束发髻，细颈，双手合拢于胸前，袖口宽大，着盖至脚面的深衣，是一位典型的汉族男忹形像。至少2008年对水泉子汉墓的发掘中，未见有欧洲人的遗骸和遗物。

(3)者来寨城墙绝非西汉骊靬城。

河西走廊历来为军事要地，加以当地气候干燥，人类活动较少，故有许多古城垣保存了下来。最早的，如金川区双湾镇三角城遗址，敦煌汉长城遗址、沙州城遗址，高台骆驼城遗址，大量的汉城遗址。城墙本来是在社会混乱时用以保护其内居民的，1949年以后，社会安定，河西走廊的许多城墙被附近村民陆续挖取墙体用以垫牲口圈和肥地，加以近些年大规模的建设，许多古城墙更是遭到灭顶之灾。只有那些远离居民区的城墙才有幸保存至今。

永昌县者来寨被铁链围起来的那段约10米长、1米多高呈S形的厚土墙，据称就是骊靬城墙的残留。李并成20世纪80年代到者来寨调查时，村民居住区与城垣还有一段距离，故城墙基本保存，他描述道："者来寨村南0.5 km处，残存古城址一座，当地俗称'马号'，又叫'新圈'。城垣基本完整，南北长90m，东西宽70m，残高2～2.5m，墙体厚仅1.2～1.5m。该城保存较好，遗物较晚，规模不大，墙体又薄，应系元明时期等级较低的一座城池，而绝非汉骊靬县城。"[24] 这是李并成考察后的判断。

李并成曾考察测量了许多河西汉代县城城墙遗址，称"河西汉代县城城廓平面多呈方形或长方形，每边长度多为200～300m，周长一般1000～1400m左右，如休屠县城1200m、张掖县城1200m、鸾鸟县城1176m、扑䘏县城约1350m、宣威县城1060m、昭武县城1120m、删丹县城1300m、日勒县城1000m、骊靬县城（李氏所指为焦家庄乡杏树村南古城）1400m、番和县城1080m、乐涫县城1298m、玉门县城约1150m、池头县城约1000m、渊泉县城1180m、龙勒县城1140m等。少数的几座周长小于千米或接近于千米，如表是县城 800m、绥弥县城 800m、广至县城 860m，唯会水县城址较小，周长仅约 500m，该城恐经后代改造。"[25] 而者来寨城墙，仅为 90m×70m，即周长 320m，与其他汉代县城比较，不足其 1/3，实在太不相称了。据《汉书·地理志》，西汉张掖郡总户数为 24352，人口为 88731，共辖 10 县，平均每县 2435 户，8873 人。骊轩县若有该平均户数，设若有 1/4 居民住县城内，即有 608 户 2218 位居民。者来寨城内总面积 6300 ㎡，若城内街巷及官衙、兵营占去 2000 ㎡，每户居民只有 7.1 ㎡，每人只有 1.94 ㎡，即一张单人床的面积。请问居民们怎么安身？者来寨城绝对不是汉时的骊轩县城。

⑷者来寨自然环境及交通条件不宜设县。

河西地区地理环境特殊，在大片的荒漠戈壁中有一些绿洲，历代人类居住区都是在绿洲之中，除了长城以外，所有郡县城池必定都在绿洲之上。总结河西设县的规律，设县之处一应有灌溉条件土地肥沃适宜发展农业，二应设在丝绸之路的主干道及其附近，而不是远离丝路主道，交通不便，不利于控制。永昌县处于河西走廊的蜂腰之处，丝绸之路从县城东西穿过，南临绵亘近千里的祁连山，北为汉明长城。县城东西有东大河和西大河灌溉了大片良田，因而在汉有数个县都设在永昌县境。

李并成对者来寨的自然条件有所描述，称："者来寨，今名者撒寨，地图上又作炸窄寨，位于永昌县城西南 10 km 处的祁连山北麓，系焦家庄乡所属一座小村。该村处山前台地，海拔 2300m 许，地势较高，高出永昌县城约 500m，高出金昌市区约近 700m，气候寒凉，且地表系山麓洪积、坡积物组成，多砾块卵石，粗糙参差，地面坡降又大，从事农耕条件较差。村东仅有一条今名河沟的小河流过，浇灌村中仅有的百余亩土地，今全村人口也仅 60 余人。该村周围十余公里开外，均系山麓洪积戈壁，再无其他居民点存在。并且这里偏离丝路交通大道，又非军事要口。受地形、水源、农业基础、交通等方面限制，其地并不具备设立县城的条件。汉代河西开拓之始，土旷民稀，空无匈奴，水草肥美可供设县之处多矣，武帝还曾设想召回早已离开河西的乌孙重返故地居之。在此种情况下怎可想象似骊靬这样重要的县城不选择平坦膏腴之地，而偏偏设于自然状况和开发条件都差的者来寨？"[26] 笔者也曾一至者来寨及其周围，相信李并成的描述是精准的。者来寨在东大河灌溉区之外，土地贫瘠，交通不便，距离丝路主干道有十公里以上，至今仅有居民 200 余人，汉代怎么可能将一个县城选址予此？

⑸者来寨城垣或为元明堡城。

者来寨既然不是西汉城池，更不是西汉骊靬城遗址，那么村内那一段残存城墙究竟是何时的呢？我们知道，元代，者来寨东南数十公里以外的皇城滩，为蒙古永昌王牧马地，有永昌王避暑宫，蒙古名斡耳朵城。明代和清初，在永昌县南北境，有一些番、蒙部落活动于此，明清朝廷为了对付这些部落的侵扰费尽心机，且在南北沿线修筑了颇为密集的边墙、烽墩和营垒，驻军防守。《五凉志·永昌县志·兵防志》中，永昌县的"营堡"有永昌营、新城堡营、高古城营、水泉堡营、宁远堡营、永宁堡营。者来寨附近共有墩台六处，即"照面山墩（县南约二十里）、者来沟墩（县南约二十里）、滚石沟墩（县南约二十里）、横梁山墩（县西南二十五里）、罩于山墩（县西南三十里）、赵定庄墩（县西南四十里，接新城营馒头山墩）。"每墩驻兵把守。而临边诸村寨在该志《水利之图》中皆画为方框，而名为寨、堡。[27] 在汉字中，堡字为以土筑墙用作守御，而寨字是以木构墙用于防御，就是说，这些名堡寨的村子都是为了防备外患而在村周围筑有堡墙。我们查阅 1993 年出版的《永昌县志》，东大河下游之诸坝及与其邻近之者来寨，每坝皆有堡城[28]。者来寨或即与其他诸坝性质相同的堡城。

三　骊靬县治或在五坝乡回归城遗址

李并成经过考察后认为，汉骊靬县城应是位于今永昌县城西南 18 公里焦家庄乡杏树村南的南古城。他说[29]：

南古城位于永昌县城西南 18 km，靠近祁连山北麓，城址已很残破，南北 320m，东西 380 米，规模较大，与田野工作所见河西地区一般汉代县城的规模相当。现仅存北垣一段，残长 12m，残高约 4m，夯层厚 12 cm，墙体厚 4m。城址内外今全为杏树村一社的耕地，平坦开阔，站在墙头，周围农田民舍尽收眼底。城内已无遗物可寻。当地乡亲们言，该城在 1958 年"公社化"时被拆，原来城中遍布碎陶片、碎砖块，俯拾即是。新编《金昌市志》和《永昌县志》均载，该城内外地表曾发现大量汉代灰陶片，城周原有护城河，宽 4m，深 1～3m，今被平为农田。1972 年该城北侧还发现汉墓群，名杏树庄墓群，出土了汉代陶器、铜器等物。该城南数公里外的祁连山脉北麓浅山，当地俗称古城山，山即因城得名。源自山区的西大河与马营河于该城附近相汇，城周水源萦绕，又多有泉流出露，今名南泉，南古城之名即因处南泉之侧而得。70 年代还在城东南约 400m 处建水库一座，以汇聚泉流，名老人头水库。可知这里自古就为一处水流充盈、地土肥饶的绿洲，具有发展农业生产的良好条件。并且该城亦处丝绸之路东西交通干道，东连番和、武威，西接日勒、张掖，位置显要。其方位又与前引《晋书》等所载相合。由此可以认定，永昌县南古城当为汉骊靬县城故址。

《永昌县志》称："南古城故址，位于永昌县城西直距 17 公里的焦家庄乡杏树村。……1972 年文物普查时，在城的北侧，发现了汉代墓葬群，城内外发现了大量的汉代灰陶。经鉴定，为汉代遗址。1981 年县政府公布为县级文物保护单位。"[30] 李并成所定汉骊靬县城距今永昌县城西南 18 公里，而西汉番和县城在今永昌县城西 10 公里，两者仅相距数公里，汉代设县其治不应如此之近，或二县遗址的定位有一为误。

骊靬是一个少数民族语地名。汉朝郡县名称，在汉族地区，一般以汉语命名，在原来非汉族的地方，除了用某些以山水河湖等纪实性的词或宣扬皇朝武功的词为地名外，颇多依照名从主人的原则，以地方语或民族语言命名。查《汉书·地理志》中郡县名称，以非汉语为地名的比比皆是，它表明了中国自古就是一个多民族的国家。查西汉河西走廊诸郡县，武威郡的姑臧、张掖、休屠、揟次、鸾乌、扑𡗶、媪围；张掖郡的觻得、氐池、屋兰、日勒、番和、居延、显美；酒泉郡的禄福、表是、乐涫、天㭫、池头、绥弥、乾齐；敦煌郡的敦煌、龙勒。这些地名，从汉语的字面上都难以解释，很可能是少数民族语的地名，而具体是哪个民族的语言，由于年深日久，有的已经很难说清。其中明确来自少数民族语言的县名，如武威郡休屠县，原为匈奴休屠王都城[31]；姑臧县名系"故匈奴盖臧城，后人音讹为姑臧焉"[32]；觻得，"此地本匈奴觻得王所居，因以名县"；居延城，"本匈奴中地名也"。[33] 匈奴是一个在历史上消失了的民族，其语言至今多不可考。但匈奴语中本来就与当时的某些民族有共享的词语，有一部分又为后来的某些民族所继承。李文实先生指出，语言不仅古今有异，而且有方言和民族语言的差别。中国古籍上很多地名，都是循名从主人之例而加以汉译的。现代藏语来源于古羌语，出生于青海省化隆县汉藏杂居地区的李文实，对藏文颇为通晓。他用藏语（古羌语）试图解释羌语间略及匈奴语、突厥语的汉译地名。他说，突厥语、蒙古语谓黑为喀拉，古译为合黎，黑水与合黎同名，一为山一为水。令、龙为谷或沟的意思，居或支都是中的意思，令居、龙支，统言沟谷之中的意思。姑臧，其名为羌语，义为黄羊沟。羌语中，张与庄为古今音异，实皆指野牛；掖义则为处地，亦即所在或出没地。故庄浪为野牛沟之义，而张掖就是野牛出没之地的意思。敦煌，其名亦为羌语，而应劭以汉语作解，谓："敦大也，煌盛也。"甚无稽。敦煌即藏语的颂经处。[34] 莫高，突厥语沙漠、沙迹称莫贺、莫何，今或译玛干，沙州以沙漠名，突厥语称慕贺州，即此。莫高窟，是说在沙迹里开凿的洞窟。这些释义，都给人耳目一新之感。李文实先生还说："张掖郡的觻得、删丹、屋兰、日勒、骊軒，均为羌或匈奴语，尚待详解。"[35] 可惜李文实先生已于 2004 年作古，我们再也等待不来先生对骊軒等语义的详解了。

　　骊軒一名，肯定是少数民族语地名，很有可能是匈奴语地名。宋《太平寰宇记》卷 152 番和县下有："土弥千川，即古今匈奴为放牧之地。鲜卑语，髓为吐弥千，言此川土肥美如髓故以名之。"[36] 可否说，鲜卑语土弥千一词，即匈奴语骊軒一词的音讹，其含义即川土肥美如髓之义。从而可以推断，匈奴之骊汗王或汉设骊軒县皆因其地川土肥美如髓。

　　《明史》卷42《地理志三》："凉州卫（元西凉州，属永昌路。）洪武九年十月置卫，属陕西都司，后来属。（南有天梯山，三岔河出焉。东南有洪池岭。又东北有白亭海，有潴野泽。又西有土弥干川，即五涧水也，亦出天梯山，下流合于三岔河。又东有杂木口关。又有凉州土卫，洪武七年十月置。）西北距行都司五百里。"[37]

　　乾隆《甘肃通志》卷15"凉州永昌渠"有："永昌渠，在武威县西七十里，由天梯白岭山西把截口流出，入于土弥干川，自城西南五十里流入昌隆铺，分为六坝，灌田一千四百余顷。"

　　《大清一统志》卷106："五涧水，在武威县东。十六国春秋秃发傉檀宏昌五年姚兴以凉州授傉檀，进次五涧，遂入姑臧。《水经注》武威清涧水，俗谓之五涧水。出姑臧城东，西北流，注马城河。《旧志》、祝穆《方舆胜览》源自番和县界，流入白海。今有杂木涧，在凉州卫东南七十里，源出天梯山，北流径上古城堡西，又东北径大河驿东，又北合黄羊川，折而西北流，入三岔河。其黄羊川在卫东南一百七十里，源出古浪雪山，有灌溉之利，盖即《水经注》五涧水也。按此水本在城东。自《寰宇记》谓出番和县界，《行都司志》遂以土弥干川当之，误。""土弥干川水，在武威县西南五十里。《寰宇记》番和县有土弥干川，古匈奴为放牧之地。鲜卑语髓为土弥干，言此川土肥美如髓，故名。《行都司志》土弥干山涧，在凉州卫西南七十里，即五涧谷水。又有塞占山口涧，在卫西一百五十里。旧《志》土弥干涧，自卫西南大口子北，流径卫西，又东北流，左合塞占山涧，入三岔河。其塞占山涧亦名涧水，源出永昌卫南雪山，东北流径炭山堡，又东径柔远驿，又东北合土弥干涧。"

　　上述几条资料对关键词条"土弥千川"中"千"字的写法，有的写成"干"字。按篆字"干"字为上∪下十，千字为上人下十，字形差异极小，颇易相混。我们见到的最早的清文渊阁本《四库全书》及清光绪金陵书局本之《太平寰宇记》中皆书为"土弥千川"，但在中华书局点校本《明史》及文渊阁《四库全书》之《甘肃通志》及《大清一统志》中"千"字都写成了"干"字。此字究竟为"千"或为"干"，或仍有待更多的资料才可以做判断。不过汉代之骊靬之靬有千和干两个读音，或亦与之有关。

凉州卫系明洪武间改西凉州置，治所在今武威凉州区。《明史·地理志三》言，凉州之西有土弥干川，即五涧水，源出天梯山，下流与三岔河合。著名的天梯山石窟在今凉州区南80里中路乡境，该处之河，即黄羊河。因其不在番和（永昌）县境内，故似与此不侔。顾炎武《肇域志》永昌卫"东南有土鲁干山、长城山，凡七口。"同书凉州卫"土弥干川山口，在卫南一百里。"[38]疑土鲁干即土弥干之讹。土鲁干山在永昌东南，土弥干川山之在凉州南，或指一山，《甘肃通志》为地方学者所编，其文字应较为确切。文云永昌渠在武威县西70里，由天梯白岭山的西把截口流出，入于土弥干川，从武威县城西南50里流入昌隆铺，分为六坝，灌田1400余顷。312国道沿线永昌县有六坝乡，乡政府驻地在县城东45里，在凉州区西约50里。《永昌县志》云："六坝乡政府所在地古称通津堡，也叫通津寨。清朝前期，人口密集，与八坝堡、乐丰堡均为丝绸古道旅居集镇。后因同治战乱直到民国近百年间土地荒芜，村寨废墟，人烟稀少。"[39]若此六坝即《甘肃通志》所言之六坝，则土弥千川即东大河之上游一段，其下止于分为六坝的昌隆铺。

但《大清一统志》辨析上述诸水说法，言五涧水即凉州区东清涧水的俗称，并判断黄羊川即《水经注》中的清涧水，《太平寰宇记》和《行都司志》以番和县的土弥千川当之，误。细玩诸书所述，应特别注意该河名永昌渠，其当在永昌县境无疑，石羊河自古及今都不在今永昌县的境内。故而武威城东有五涧水或名清涧水，即黄羊川。永昌县有土弥千川（水），在永昌县城东南，即东大河，土弥千川为东大河之上游一段。两者其实并不矛盾。

　　《五凉志》之永昌《水利图说》言："涧转口渠，在县东南三十里，一名涧水。涧水源出雪山，东北流经涧转山口出。计灌十四堡寨，共分九坝三沟。盛夏冰消水始足用。"[40]《永昌县志》称："东大河原名转涧口，属县境内第一条大河，发源于祁连山冷龙岭北麓。源头有两条主要支流，一是由老虎沟、干树湾沟、金洞沟、铁矿沟、倒腰沟、黑鹰沟、煤洞沟等汇集而成，名为直河，全长 35 公里；二是由二号塔树沟、夹皮河、大小东河、敖包沟、一棵树沟、大小柏沟、柳花沟、法拉沟、石佛崖沟等汇集而成，名为斜河，全长 40 公里。水支流正常来水直河大于斜河，汛期斜河大于直河，二支流于皇城滩铧尖处汇流，始称东大河。主河道因地形制约，宽几十米至千米以上，主流出山口流经东寨、南坝至六坝乡的南庄子附近，分南二岔，北一岔流入清河地区（汇流北沙河），全长 67 公里。"[41]

　　由东大河的介绍看来，所谓土弥千川，在今永昌县南界，其中部偏东为东大河自皇城滩流入县境的山口所在地，或因该河川系由土弥千山入境，故古称土弥千川。入今永昌县境后，分为九坝三沟，灌溉十四堡寨。东大河为灌溉所筑的九坝，主要分布于今县六坝、东寨两乡境。我们推测，土弥千即古骊靬的音讹，该川南为祁连山，西北为焉支山，符合匈奴"失我祁连山，使我六畜不蕃息。失我焉支山，使我妇女无颜色"之谣的地理条件，故土弥千川（骊靬川）本系匈奴牧地，西汉骊靬古城遗址或就在该川境。以《甘肃通志》之"永昌渠，在武威县西七十里，自（武威）城西南五十里流入昌隆铺，分为六坝"的限定，则骊靬古城或在今六坝乡一带。在永昌县城东六坝乡政府西南侧，有一名回归城的古城址。《永昌县志》言，该城"北靠甘新公路，俗呼'回归城'。城呈东西向，向西置门，门宽 7 米。城为长方形，但东南角收进，如瓦刀形。北边长 238 米，西边宽 118 米，南边由西向东长 160 米，有护城河。北边河长 260 米，宽 12 米；南边河长 210 米，宽 11 米；东边河长 160 米，宽 12 米；西边河长（包括吊桥河）200 多米，宽 8 米。城墙为夯土板筑，残高 3.5 米，夯层厚 14 厘米。护城河外沿均用夯土墙筑成，墙宽 60 厘米。"[42] 县志作者断此城为"元代古城遗址"。但当地在新石器时期就有人类活动，而形成北滩马厂型遗址[43]，汉唐又在丝绸之路交通干线之上，则就难以否定当地有汉唐旧城址。李并成对该城考察后说："城内城周遍布卵石，显然该城曾遭洪水淹没。地表散落遗物较少，见碎砖块、瓦块、黑釉瓷片等，约为夏元时期物品，但亦偶见红陶片、灰陶片等更早期的一些东西。其始建年代似应较夏、元更早。"[44] 看来该城的断代尚需更认真的研究，至少其夯层合乎汉城的标准。

六坝古城符合古籍中土弥干川的各种条件，位于永昌县东大河灌溉区中间，由六坝古城向南有大片草原，古代土肥草好，极适于畜牧，当为汉匈奴犁汗王的驻牧之地。况且其又位于汉长城以南，古丝绸之路河西走廊段蜂腰要道之上，今有 312 国道和甘肃东西高速公路通过，汉代此地南控青海羌族，北控匈奴，东西控扼内地至西域的一线道路，系军事战略要地。当公元前 78 年"属国千长义渠王骑士射杀犁汙王，赐黄金二百斤，马二百匹，因封为犁汙王"时，以这位勇猛的少数民族骑士率众守卫这一战略要地，从而在此设骊靬县就是自然而然之事了。

参考文献：

[1] 曾江：《骊靬仍然神秘并充满魅力——访澳大利亚作家大卫·哈里斯》，《中国社会科学报》2010 年 11 月 30 日。

[2] 73EJT4：98，甘肃省简牍保护研究中心等：《肩水金关（壹）》上册，第 89 页，中西书局，2011 年。

[3] 《汉书》卷九六上《西域传上》，第 3873 页。

[4] 《史记》卷一二三《大宛列传》，第 3168 页。

[5] 《汉书》卷六《武帝纪》，第 189 页。

[6] 《汉书》卷九四上《匈奴传上》，第 3783 页。

[7] 宋国荣、顾善忠、程硕年主编：《骊靬探丛》，陕西旅游出版社，2005 年，第 306—309 页。

[8] 《史记》卷一一一《卫将军骠骑列传》，第 2929—2930、2931 页。

[9] 《史记》卷一一〇《匈奴列传》，中华书局，第 2891 页。

[10] 《一澳大利亚教师认定中国西部有古罗马城市》，1989 年 9 月 30 日《参考消息》；张本让《解开古罗马军团之谜》，《兰州晚报》1999 年 8 月 5 日，及马莲英《公元前五十二年，一支古罗马军队神秘失踪。西北民院关意权——父子两代破解千古之谜》，《兰州晚报》1999 年 6 月 21 日。

[11] 永昌县志编纂委员会：《永昌县志》，甘肃人民出版社，1993 年，第 728 页。

[12] 1736 年（乾隆元年）刊刻之许容监修、李迪等撰《甘肃通志》卷二三《古迹·凉州府·永昌县》，景印文渊阁本四库全书，台湾商务印书馆，1984，第 557—606 页。

[13] 《晋书》卷八六《张轨传附张祚传》，第 2247 页。

[14]　（清）张珝美修《五凉考治六德集全志》第3卷《永昌县志·古迹》（沈绍祖、张绍训、谢瑾纂），中国方志丛书·华北地方第560号，台湾成文出版公司，1977，第377页。

[15]　《汉书》卷五五《卫青霍去病传》，第2479—2480页。

[16]　李并成：《河西走廊历史地理》，甘肃人民出版社，1995，第74页。

[17]　祝巍山、李德元主编：《金昌史话》，甘肃文化出版社，2007，第154页。

[18]　《罗马军队消失在古骊靬城无根据系无稽之谈》，《北京科技报》2004年11月11日。

[19]　宋政厚：《永昌：驻扎过古罗马军团》，《兰州晚报》1998年9月25日。

[20]　载《新华文摘》1997年第8期。

[21]　宋国荣、王小鹏：《永昌水泉堡汉墓群考古发掘有重要发现》，《金昌日报》2004年3月9日。

[22]　张存良、吴荭：《水泉子汉简初识》，《文物》2009年第10期。

[23]　甘肃省文物考古研究所：《甘肃永昌水泉子汉墓发掘简报》，《文物》2009年第10期。

[24]　《河西走廊历史地理》，第74页。

[25]　《河西走廊历史地理》，第150页。

[26]　《河西走廊历史地理》，第73页。

[27]　张珝美修：《五凉考治六德集全志》第3卷《永昌县志·水利图说》，第375页。

[28]　《永昌县志》，甘肃人民出版社，第735—736页。

[29]　《河西走廊历史地理》，第75页。

[30]　《永昌县志》，甘肃人民出版社，第733页。

[31]　《水经注》卷 四〇《都野泽》，上海古籍出版社，1990，第765页。

[32]　《元和郡县图志》卷四〇《陇右道下》，中华书局，1983，第1019页。以下凡引此书不再出注。

[33]　《太平寰宇记》卷一五三"甘州"第10、11页，清光绪八年金陵书局刊本。

[34]　有学者指出，敦煌为吐火罗语"敦薨"的转音，但并未解释其语义。

[35]　李文实：《西陲古地与羌藏文化》，青海人民出版社，2001，第81—123页。

［36］《太平寰宇记》卷一五二第 7 页，清光绪八年金陵书局刊本。

［37］《明史》卷四二《地理志三》，中华书局，1974，第 1015 页。

［38］（清）顾炎武撰，谭其骧、王文楚、朱惠荣等点校：《肇域志·陕西行都指挥司·永昌卫·凉州卫》，上海古籍出版社，2004 年，第 1532 页。

［39］《永昌县志》，甘肃人民出版社，第 177 页。

［40］《五凉考治六德集全志·永昌县志》，第 374—375 页。

［41］《永昌县志》，甘肃人民出版社，第 128 页。

［42］《永昌县志》，甘肃人民出版社，第 732 页。

［43］《永昌县志》，甘肃人民出版社，第 726 页。

［44］《河西走廊历史地理》，第 85 页。

作者简介：

汪受宽，兰州大学历史文化学院教授。

西汉河西地区防御工程体系及相关问题

黄兆宏

(西北师范大学历史文化学院　甘肃　兰州)

元狩二年（前 121 年）春夏，霍去病先后两次西征匈奴，使河西地区纳入了西汉版图。为了巩固这一成果，汉武帝先后在河西地区设置了郡县，并修筑了若干军事防御设施，继武帝之后，在西北部地区陆续修筑了各类军事防御设施，以与原秦长城共同构成汉帝国北部的防御系统。西汉河西地区的防御工程是北部边防系统的重要组成部分，对河西地区乃至整个汉王朝产生了重要影响。

一　河西地区防御工程的种类

自河西地区纳入汉王朝的版图后，西汉政府便在此修筑了塞、障、坞、虎落、关、水门、天田、烽燧、枲柱、县索等军事防御设施，形成了独具特色的西汉河西地区防御体系。这些防御设施的具体功能有别，按功能可分为防御性、侦查性、报警兼防御性、警示性等。

（一）防御性建筑

1．塞。《说文》载"塞，隔也"。塞本义为阻隔，后引申为边界或险要处，如《史记·苏秦列传》记"秦四塞之国，被山带渭"[1]p2242。塞为边防设施的专有名词始于汉代。《史记·匈奴列传》中记匈奴"与中国界于故塞"[1]p2888，又有"先帝制：长城以北，引弓之国，受命于单于；长城以内，冠带之室，朕亦制之"[1]p2902，可见汉人将秦长城称为故塞。而汉代所筑长城皆称为塞，"汉文献中某某塞皆指一段长城"[2]p208。传世文献中和汉简中皆有出塞、塞外、北塞、关塞、居延塞等词出现，这些"塞"，有些专指长城，如居延塞；有些泛指包括汉长城在内的沿线所有的防御工程，如北塞、塞外。本文就其狭义上的"塞"，展开论述。

西汉王朝建立后，就着手修缮长城。汉高祖到汉武帝初年主要修建了秦昭王时的长城，并"缮治河上塞"，其主要目的是抵御匈奴的南侵，巩固边防。从汉武帝派霍去病击败河西匈奴到武帝末年，为"断匈奴右臂"和开拓西域，在河西地区北部和西部修建了令居塞及其以西至盐泽的塞、居延塞等。汉宣帝时又修建了媪围至揟次段的长城。

西汉河西地区北部和西部长城修筑概况，根据学者们的研究[1]，列表如下：

表一　西汉河西地区北部和西部长城修筑概况表

主要汉塞段	修筑时间	大致走向
令居至酒泉段（令居塞）	元鼎二年到六年（前 115—前 111）	令居（今永登县）—张掖—休屠泽（今民勤县东北）—武威—山丹—酒泉北（今张掖市甘州区）
酒泉至玉门关段	元鼎六年—元封四年[1]（前 111—前 107）	毛目[2]—北大河—三墩西北—临河—盘堡北—沿疏勒河向西—今玉门市—安西—敦煌西北—玉门关

额济纳河段 （居延塞[3]）	太初三年 （前 102）	毛目之南—沿额济纳河（弱水）—居延泽 （今额济纳旗境内）
玉门西至盐泽段	天汉初年 （前 100—前 97）	玉门关（今敦煌市西北）—盐泽 （今罗布泊）
媪围至揲次段	地节三年（前 67）	景泰县—媪围县故城北—古浪县土门附近

注：居延塞主要包括由居延都尉管辖的殄北候官塞、遮虏障、居延候官塞、甲渠候官塞、卅井候官塞以及肩水都尉管辖的广地候官塞、橐他候官塞、肩水候官塞、仓石候官塞、庾候官塞等十段塞。

由表一我们可以看出，河西汉塞的修筑时间主要在汉匈对峙激烈的汉武帝时期，其基本上是沿河西走廊北山（马鬃山、合黎山、龙首山）分布。从东起令居（今永登县）西到酒泉的令居塞呈现"几"字形走向；居延塞则由居延泽西沿弱水南到酒泉北部，呈现东北－西南走向；酒泉到玉门则大致呈现东西走向；令居塞和酒泉至玉门关段的塞与居延塞基本相连，呈现出"人"字形的分布特点。

河西"长城建筑在合黎山南"，"由敦煌筑来的长城，顺弱水西侧而下，直抵居延泽畔，再溯弱水东侧南行，至于合黎山下；过焉支山后，再顺谷水西侧而下，直抵休屠泽畔，又溯谷水东侧南行，到达武威郡治所姑臧县的东北"[3]p175。当然，除了河西走廊北部汉塞外，"同时在走廊南部祁连山区主要隘口亦有城垣防护。由此构成颇为完备的防御体系"[4]p160。

总之，河西走廊北部汉塞，由东到西，呈现出"几""人""一"字形相连接的汉塞布局特点；而南部则充分利用祁连山山脉屏障，仅在沟谷险要处修筑城垣。

据陈梦家考证和计算，从令居到玉门关的北边塞长为950公里，约合2375汉里；居延塞（不包括居延候官塞）总长360公里，约合900汉里，河西走廊北部汉塞总计长约为3275汉里。

2. 障。《说文》解释："障，隔也"，可见障的本意是阻隔。《史记·蒙恬列传》载，"太史公曰：吾适北边，自直道归，行观蒙恬所为秦筑长城亭障。"[1]p2570《汉书·武帝纪》颜师古注："汉制，每塞要处别筑为城，置人镇守，谓之候城，此即障也"[5]p202。可见，障为先秦、秦汉时期在边塞地势险要之处修筑的军事防御城堡。

陈梦家认为塞与障有区别又有联系，"每一段百里左右的塞墙，设一候，其治所为候官，其辅佐为塞尉。候或称塞候，或称障候；然则塞与障又可通用，因此障塞也即是塞"[2]p210，他通过考订认为，"（居延边塞）候官所在称障，都尉所在应称城"[2]p45。然而吴礽骧根据新出土的简牍资料考证，候官治所亦可称为障。笔者认为障本为边境上规模较小军事防御城堡，亦被称为小城，所以边境的城与障无实质区别。

据《汉书·西域传》记载，"汉列亭障至玉门矣"[5]p3876，由此可知，西汉王朝沿汉塞险要处筑有大大小小的障，传世文献和简牍资料常见到的障如下：

表二　西汉河西地区所见部分障概况表

郡　名	障名或治所	所　属	类　型
武威郡	熊水障（休屠县）	休屠都尉	郡都尉障
	偃泉障（会水县）	北部都尉	部都尉障
酒泉郡	东部障（会水县）	东部都尉	部都尉障
	西部障（乾齐县）	北部都尉	部都尉障

	昆仑障（广至县）	宣禾都尉	郡都尉障
	步广候官	中部都尉	部都尉障
敦煌郡	小方盘城 T14 处；后坑一带；马圈湾	玉门都尉	关都尉障
	大煎都候官障（T6b；汉平帝时迁马圈湾）	大煎都候官	候官障
	玉门候官障（马圈湾；汉平帝时东迁他地）	玉门候官	候官障
	遮虏障	居延都尉	部都尉障
张掖郡	甲渠候官障（破城子 A8 遗址）	甲渠候官	候官障
	肩水都尉障（大湾城 A35 遗址）	肩水都尉	部都尉
	肩水候官障（地湾城 A33 遗址）	肩水候官障	候官障

注：1. 依据《汉书·地理志》、陈梦家《汉简缀述》、《文物》1990 年第 12 期吴礽骧的"河西汉塞"、《简牍学研究》第三辑中何双全的《论西汉敦煌玉门关的三次变迁》以及相关简牍资料等所作。

2. 表中所列的障除传世文献明确记为障的外，还将候官治所视为障，文中仅列已被考古资料证实的候官障。

由表二可以看出，河西地区主要障归郡都尉、部都尉、候官所辖，这些障往往修筑在汉塞或关口的险要处，可见汉廷对长城防御功能的重视。

3. 坞。《说文》："坞，小障也，一曰庳城也。"文献中也称坞堡、坞壁、堡壁、垒壁等。实际上坞是一种靠近障或燧的防御建筑。简文[5]中经常见到关于坞的记载：

（1）到北界举坞上旁蓬一通夜坞上 □　　　合校 13.2

（2）出坞上苣火一通 元延二年七月辛未 □　　合校 39.20

（3）兵内户坞户亭　　　　　　　　　合校 96.2

可见坞确为一种靠近边塞类似于障，具有防御功能并能为传递军事信息提供便利的建筑。

4. 虎落。虎落又称虎路,《汉书·爰盎晁错传》中颜师古注郑玄说:"虎落者,外蕃也,若今时竹虎落也",苏林曰:"作虎落于塞要下,以沙布其表,且视其迹,以知匈奴来入,一名天田",颜师古曰:"苏说非也。虎落者,以竹篾相连遮落之也"[5]p2287。劳幹解释,虎落"或用竹,或用木"。[6]p512 可见虎落为一种在关隘、要塞、长城外修筑的竹或木相连的栅栏。侯丕勋根据汉简和相关文献推断"文献中的'虎落'、'虎路'与简牍中的'强落',确系名异实同"[7]p128,笔者赞同此说。简文中也有记载,如:

(1)☐来南渡临莫彊落天田☐　　　　合校 239.22

(2)四百廿人代运薪上转薪立彊落上蒙涂辒车袤二百六十一丈率人日涂六尺二寸奇六尺　　　　居延新简 EPT59:15

由简文可知虎落往往靠近天田;由于居延地区没有竹子,因此用大量的薪来筑造虎落。

5. 关。《说文》"关,以木横持门户也",可见关本义为门闩,其重要性就不言自明。秦汉时期,往往在险要、扼喉处设置关口,以保障境内安全。西汉王朝在河西地区设有的主要关有阳关、玉门关、金关、悬索关。

阳关和玉门关都在敦煌郡西北,两关分别由阳关都尉和玉门都尉把守。据何双全的论证"西汉时期,先有玉门都尉,而后有玉门关","武帝至昭帝时,玉门关和玉门都尉府同驻小方盘城。宣帝至哀帝时,分迁向西,与大煎都候官相依存,同住 T6b 和 T5 一带。平帝至王莽时,又与大煎都候官一起同时东迁马圈湾。"[8]p202 据此可知玉门关的治所关依次为:小方盘城、后坑一带、马圈湾。阳关"其遗址似在今敦煌县西南南湖乡的墩墩山口"[9],两关在维护汉朝西部安全和保障丝绸之路畅通方面有重要的作用。

金关、悬索关。由考古发掘和居延汉简可知，汉王朝还在张掖郡北面的黑河一线上设有金关和悬索关。金关位于肩水侯官治地湾城（今金塔县）北600米处，夹黑河东西两岸北延的两道塞垣交汇处。名为"金关"，意为固若金汤的关口。悬索关，在居延都尉辖区内，关址至今未找到。吴礽骧认为"（悬索关）遗址似在今内蒙古额济纳旗以南、额济纳河东岸布肯托尼（A22）附近的卅井塞上"[9]。悬索关与其南部的金关隔黑河向望，形成险要的地形。河西地区有了此两关的双重防御，必然增强了北部防务。

6. 水门。汉长城跨越河道有一段特殊设施—水门。汉塞有的地段因河道阻碍，给北面的匈奴人可乘之机，于是汉廷在这些河道处用木料修建成栅栏长城，栅栏中间留有水门，水从中流下去。这样使得河道栅栏、水门与汉塞连成一片，更好的起到了汉塞的防御的作用。汉简记：

（1）水门长屋兰富贵里尹野 本始二年七月癸酉除 见☒ 合校 14.25

（2）☒ 所持木杖画灭迹复越水门　　　　　　　　合校 336.32

由此可以看出水门能便利侦查任务以更好发挥防御功能。

（二）侦查敌情的工程

为了更好掌握敌人的多寡、兵种、武器装备、后勤供应等敌情，汉朝统治者在汉塞沿边设置若干块天田。

天田，"有两种截然不同情况：一是指古代星官，二是指古代边境地区的军事防御工程"[7]p123，我们这里只探讨作为军事防御设施的天田。《汉书·爱盎晁错传》颜师古注苏林曰："作虎落于塞要下，以沙布其表，旦视其迹，以知匈奴来入，一名天田。"[5]p2287 从资料本身看，虎落等同天田，但侯丕勋根据汉简和文献印证苏林之说有误，此处是天田的防御功能。由此可知天田是将沙或土铺于空地的表面，根据沙上或土上有无踪迹判断敌情的设施。根据天田修缮的地方，可分为建在长城外的"塞天田"，建在部和隧的"部天田""隧天田"，建在沙漠戈壁的"沙中天田"，建于河道边的"河水中天田"。天田一般呈长方形，塞天田因沿长城修缮，因此呈带状。

天田是在空地上铺上细沙或土判断敌情的设施，要它不断发挥作用，就要进行必要的工作——"鉏治"和"耕画"。鉏治是始造天田，即平整一块土地，铺上细沙或土，修缮成一块天田。耕画是对已有天田的疏松和平整。简文常见吏卒治画天田：

(1) 候长等各循行部严告吏卒明画天田谨迹候常☐居延新简 EPT5:59

(2) ☐檄☷日亭卒☐一人候望缴迹画治天田人力不足☐

敦煌汉简释文 2017

当然要使天田要发挥它的作用，吏卒必须每天要查看天田上是否有人马的足迹，从而判断敌情，汉简称"迹""日迹"。吏卒按规定要将"迹"记录在册，形成"日迹簿"。汉简记：

(1) 候长充候史谊三月戊申积丁丑积卅日日迹从第四隧南界北尽第九隧北界毋兰越塞出入天田迹　　　　　　居延新简 EPT56：25

(2) ☐甲渠候长遂昌候史道得日迹薄　　居延新简 EPT58:76

由此可见天田及其相关制度对于边防的侦查任务至关重要。

（三）报警兼防御双重性建筑——烽燧

《说文》：烽，"燧候表也，边有警则举火"，燧，"塞上亭守烽火者"。烽燧连用则有两层含义，一指烽火，一指亭隧。[2]p170 薛英

群认为，烽指信号，为燧之表，而燧则是施放信号和观察、瞭望的建筑，即烽台。[10]p464

从以上观点，我们可识到：烽燧是我国古代边塞上一种以传递军事信息为主，兼有防御功能的军事建筑。每当遇到外族侵扰或有紧急战事时，兵卒就点燃烽火台上的燃料产生火或烟从而以报警，它的报警功能更突出，其直接关乎边防的效率和成果。

烽燧的防御功能是显而易见的，笔者仅论及它的报警功能。在西周末期"幽王为烽隧大鼓，有寇至则举烽火"[1]p148，后来为博褒姒一笑，上演了一场"烽火戏诸侯"的闹剧，最后导致身死国灭，为天下人笑。战国到秦汉时仍然沿用此制。汉简中经常会见到汉人利用烽燧放出的报警信号：

（1）望见虏一人以上入塞烦一责新举二蓬夜二苣火见十人以上在塞外烦举如品□□

望见虏五百人以上若攻亭障烦一积新举三蓬夜三苣火不满二千人以上烦举如五百人同品

虏守亭障烦举昼举亭上蓬夜举离合火次亭遂和燔举如品
敦煌汉简释文 2257

（2）●匈奴人昼入甲渠河南道上塞举二蓬坞上大表一燔一

积薪夜入燔一积薪举堠上二苣火毋绝至明珍北三十井

塞上和如品　　　　　　　　　　　　　　居延新简 EPF16：3

由以上两则汉简材料，可以看出汉塞戍卒经常使用烽燧发出信号，并且有一定的规定。王国维认为，汉代烽燧制中，烽用火燧用烟；夜宜火昼宜烟；有不燃之烽称为表，夜则举烽，昼则举表。[11]p139 陈梦家通过文献和汉简对比，则认为"夜以火乃指燔积薪与举苣火，即是燧——

燧之初义为火。白日所举的烽、表、烟可以总称为烽，夜间所燔的积薪与苣火，可以总称为火或燧，所以烽火、烽燧乃兼日夜而言。"[2]p172 综合各家说法，烽燧的报警信号包括以下几种情况。

1. 烽，是一种具有杠杆原理的"桔槔"及一端"兜零"所发出的信号。白天有紧急情况，点燃兜零里的狼粪等使产生烟，再用桔槔将兜零吊在烽火台上报警。夜晚则点薪草产生火光来报警。

2. 表，是一种用布帛制成的旗帜，再用桔槔举起发的信号。由于是旗帜显示的信号，所以只能白天用。

3. 烟，是一种白天点燃烽火台、堠、亭上的薪、草、狼烟等产生烟柱发出来的信号。由于要产生烟柱，就必须有烟囱，其与烽最大区别是：烽的烟是散乱向四周冒的，而它的烟往往是直的。

4. 苣火，是一种燃苣所产生的火光以报警的信号。西北所用的苣，一般用苇草制成，当夜晚有敌情时，就点燃烽火台、堠、亭上的苣以报警。

5. 燔薪，是一种点燃平时积攒的薪草所报的信号。积薪一般放在距烽堠10米或更远的地方。白天点燃薪草以烟柱为信号，夜晚则点燃薪草以火光为信号。

（四）警示系统设施

枪柱、县索。枪柱和县索是警示敌人的建筑标示，简文所见关于枪柱、县索记载如：

（1）天田索北行去隧一里所入塞折□☑　　居延新简 EPT59:66

（2）天田皆画县索完枪柱完　　　　　　　居延新简 EPT59:23

（3）●匈奴人渡三十井县索关门外道上隧天田失亡举一蓬

坞上大表一燔二积薪不失亡毋燔薪它如约　居延新简 EPF16:6

由以上三则简牍材料可以看出枪柱和县索两种建筑建在临近烽燧和天田的地方，起警示敌人的作用。

二　西汉河西地区防御工程的特点

第一，因地制宜。西汉防御工程尽可能利用当地的地形、地势修筑。蒙恬修筑秦长城时，"因边山险堑溪谷可缮者治之，起临洮至辽东万余里"[1]p2886，"累石为城，树榆为塞"[5]p2401。这些都是秦时蒙恬在北部修筑长城时利用山险、石或榆树而筑成长城的记载，充分体现了筑长城中因地制宜的原则。

汉承秦制，在修筑长城上也继承这一原则。其往往依据地形、地势来修筑长城，"所修筑的长城并非都由地面垒高，有的则是掘成长堑，今永登县境的长城遗迹就是如此。令居以西的长城，由永登县北至今金塔县和酒泉市，也都是就地掘成堑壕。酒泉以西，才在地面筑城。"[3]p175 就汉长城主体而言，一般由城垣、烽燧、障组成，但也会依地形、地势有所变化。居延塞的北段因有居延泽里的大量沼泽，无法修筑连续的城垣，因此它仅有烽燧和障，但它因利用了居延泽的天然沼泽，其防御功能并没有因无高大连续的城垣而减弱；在河西走廊南部则有崎岖的祁连山为险，因此只在重要隘口修建城垣；在汉塞的一些水道中修建栅栏和水门，在平地上建筑障、坞、虎落，在地势险处分别设玉门关、阳关、金关、县索关，这些都体现了汉朝统治者依据因地制宜的原则修建防御工程。

第二，工程北多于南，形成了独具特色的西汉西北防御体系。对于汉帝国来说，强大的匈奴才是自己真正的敌人，因此在夺得河西地区后，在河西北山修筑以长城为主体的相当完备的防御工程，而南部则是实力相对较弱的西羌，仅用祁连山之险和重要的关隘、城垣就能抵御西羌北犯。

第三，所筑防御工程一应俱全，形成相当完备的防御体系。河西走廊北部汉塞城垣绵延两千六百多里，形成一道宏伟的防御工程。汉塞的配套设施有障、坞、虎落、关、水门等防御性设施，又有天田这种侦查性设施，又有报警兼防御双重性建筑烽燧，还有警示性设施枸柱、县索。可以说，河西地区防御设施应有尽有。这些设施相互配合能最大限度地抵御边境上少数民族的侵扰，这样一种相当完备的防御工程在维护汉王朝边疆的安定，保障丝绸之路的畅通上发挥着重要作用。

第四，层层设防，布局配套。居延地区西接马鬃山，南接河西走廊，地理位置重要，是匈奴侵扰汉边的便利通道，是匈奴与汉廷直接对峙的前沿阵地。因此，汉王朝尤其重视这一地区的防御。这一地区的防御设施，由北而南大致为居延泽、殄北候官塞、遮虏障、居延县城、居延候官塞、甲渠候官塞、卅井候官塞、悬索关、广地候官塞、橐他候官塞、金关、肩水都尉障、肩水候官塞、仓石候官塞、庚候官塞、酒泉北部都尉偃泉障等。这些防御既有天然的居延泽及弱水等河湖，又有由北而南的一段段塞及其配套设施，又有悬索关、金关两关，也有各城障府、壕堑、水门等。可以说，居延地区层层设防，有力地抵御了匈奴侵扰。

三　河西地区防御工程的功能

第一，西汉河西地区防御工程的修筑是西汉王朝开疆拓土的结果，巩固了汉帝国的统治。这些防御工程是河西四郡的郡都尉、部都尉、关都尉、属国都尉及其田卒、戍卒守边的重要依赖，是边防系统的重要组成部分。这一系统工程修筑后，匈奴和西羌等其他少数民族再也无力回天重夺河西之地，汉帝国在河西的统治得到了巩固。

同时，霍去病击败河西匈奴后，解除了汉初以来匈奴对关中地区的直接威胁，河西防御工程是关中西部的一道大屏障，汉三朝只要加强河西防卫，就可御匈奴于国门之外，确保长安的安全。总之，河西防御工程是汉帝国在西北大门口的一个盾牌，它对维护河西乃至整个帝国的安全至关重要。

第二，保障了丝绸之路及其贸易的畅通，保证了河西屯田和移民实边的顺利进行，从而促进了河西地区的开发。河西汉塞从北部抵御了匈奴侵扰，南部的祁连山及其他重要关隘、城垣又抵挡来自西南少数民族的侵扰。南山北塞的双重安全保障使得河西走廊相对安定，丝绸之路上来来往往的商人络绎不绝，货物也源源不断地流动。这些防御工程更为河西屯田开垦和移民实边创造了相对安定的条件，便利了中原的耕作技术如牛耕、灌溉、代田法等在河西地区的推广。这些耕作技术与河西自然环境结合，形成了独具特色的绿洲农业。这里此前是天然的畜牧之地，汉廷也没有完全放弃畜牧业的经营。而是协调畜牧与农耕的发展，于是河西走廊逐步形成了以农耕为主、农牧结合的经济模式。

第三，是汉王朝军事战略的一个部署。纵观汉匈关系，是在和亲和战争中徘徊。汉武帝时，国力强盛，汉军展开了对匈奴的出击，逐渐改变了汉匈战争中汉王朝被动挨打的地位。河西归汉后，汉廷在此地修筑了由东到西的以长城为主体的军事防御工程，使匈奴难以从西北地区侵扰汉边。正如白音查干所说："汉武帝认识到河西地区的战略地位，用兵西北，力夺河西，并建造了令居至盐泽和居延至酒泉的两道长城进行保卫。河西走廊内的长城像一把利剑，斩断匈奴右臂，隔绝了与羌人的联系。匈奴失去河西地区之后，军事上处于孤立无援的境地。"[12]

笔者认为，西汉修筑的防御工程从战略上为对匈战争做了布局。即西汉王朝在河西走廊北部以相当完备的防御工程抵御匈奴从西北方向侵袭，南部则以祁连山之险隔绝羌胡联系，以此孤立了匈奴。从元狩二年（前121）河西归入汉王朝版图起，直到西汉末年，河西一直就是汉匈战争的前沿阵地。匈奴从西北侵扰时，汉军主力以河西防御工程为后方，屯兵坚守不出，以逸待劳，伺机而动；汉军主动出击时，又以河西为基地，寻找匈奴主力与之决战；汉王朝也以此为基地，与其他少数民族部队联合夹击匈奴。总之，在对匈战争上西汉政府始终以和西走廊为基地，从而把握战争的主动权，以保持西汉王朝在汉匈对峙中的优势地位。同时，汉廷也以此为军事大本营，向西用兵，开拓西域。而河西地区以汉塞为主的防御工程是发挥好军事基地作用的重要组成部分。从这个意义上来说，河西防御工程的修筑是汉王朝军事战略的一个部署。

第四，为中原和西域及中西之间经济、文化的顺利交流提供了条件。河西归汉后大批的汉军驻扎在居延、休屠、酒泉、敦煌等据点。汉军依赖相当完备的河西防御工程，河西之地无后顾之忧，于是汉军以此为基地向西域进军。太初元年（前104）至天汉元年（前100），汉武帝以取汗血马为由，对大宛发动了两次苦战，后击破大宛。其后，"西域震惧，多遣使来贡献，汉使西域者益得职。于是自敦煌西至盐泽，往往起亭，而轮台，渠犁皆有田卒数百人，置使者校尉领护，以给使外国者"[5]p3873。随后，汉廷以河西为基地，断断续续发动对西域的攻势。直至神爵二年（前60），主管西域事务的匈奴日逐王先贤掸率众降汉，西域遂为汉王朝所有，随后汉王朝设置了西域都护以经略西域。同时，河西是重要的经济文化通道。河西防御工程保障了这条通道的畅通，从而为中原和西域、中西之间的经济、文化正常交流提供了保障。

西汉所建河西军事防御工程，是汉王朝在强盛时对匈奴作战优势的体现，其防御功能并非固定不变的，也会随着汉匈关系变化有所调整。河西防御工程修筑后，"为边寇者少利，希复犯塞"[5]p3884，汉宣帝地节二年（前68），"是时，匈奴不能为边寇，于是汉罢外城，以休百姓"[5]p3787。匈奴单于认为这是西汉王朝友好的象征，于是"召贵人谋，欲与汉和亲"。[5]P3787 这次和亲政策虽未付诸实施，但已经预示了汉匈友好的开始。五凤四年（前54），汉又"以边塞亡（无）寇，减戍卒什二"，[5]p267 到甘露二年（前52）汉匈关系迎来了新的发展，形成了北方边疆"数世不见烟火之警，人民炽盛，牛马布野"[5]p3826 的和平局面。由此可以看出这些防御工程的防御功能也会随着汉匈关系的变化有所调整。

注释：

[1] 陈梦家《汉武边塞考略》，《汉简缀述》；刘光华《西汉西北边塞》，《简牍学研究》（第四辑），甘肃人民出版社 2004 年版；吴礽骧《河西汉塞》，《文物》，1990 年第 12 期；李并成《河西走廊历史地理》（第一卷），甘肃人民出版社 1995 年版。

[2] 陈梦家、李并成等认为元封四年汉塞筑至玉门关段，而刘光华则持元封三年说。

[3] 今金塔县鼎新镇东北友好村，为黑河与北大河交汇处。

[4] 景爱认为居延塞是由一系列的城障、烽燧组成的低矮的塞墙，也非夯筑，不具有长城的特征，因此上不能将其视为长城。（见景爱《中国长城史》，

2006 年上海人民出版社，193-195 页）笔者则将有其视为笼统意义上汉朝
边境上凡是由连续的城障、烽燧等组成的防御设施皆视为汉长城。

[5] 本文所用汉简材料为：吴礽骧等《敦煌汉简释文》，甘肃人民出版社 1991
年版；谢桂华等《居延汉简释文合校》，文物出版社 1987 年版，文中简
称合校；甘肃省文物考古研究所等《居延新简》，文物出版社 1990 年版。

参考文献：

[1] ［汉］司马迁 . 史记 [M]. 北京：中华书局，1959.

[2] 陈梦家 . 汉简缀述 [M]. 北京：中华书局，1980.

[3] 史念海 . 论西北地区诸长城的分布 [A]. 中国长城学会 . 长城国际学术研
讨会论文集 [C] 长春：吉林人民出版社，1995.

[4] 李并成 . 河西走廊历史地理 [M]. 兰州：甘肃人民出版社，1995.

[5] ［汉］班固 . 汉书 [M]. 北京：中华书局，1962.

[6] 劳幹 . 释汉代之亭障与烽燧 [A]"中研院". 历史语言研究所集
刊（第 19 本）[C]. 台北：商务印书馆，1949.

[7] 侯丕勋 . 塞天田制度考述 [A]. 西北师范大学文学院历史系，甘肃省文物
考古研究所 . 简牍学研究（第一辑）[C]. 兰州：甘肃人民出版社，1996.

[8] 何双全 . 论西汉敦煌玉门关的三次变迁 [A]. 西北师范大学文学院历史
系，甘肃省文物考古研究所 . 简牍学研究（第三辑）[C]. 兰州：甘肃人民
出版社，2005.

[9] 吴礽骧 . 河西汉塞 [J] 文物，1990（12）.

[10] 薛英群 . 居延汉简通论 [M] 兰州：甘肃教育出版社 ,1991.

[11] 罗振玉、王国维 . 流沙坠简 [M] 北京：中华书局，1993.

[12] 白音查干 . 汉长城考察与研究 [J]. 内蒙古师大学报，1987（1）.

甘肃永昌三角城沙井文化遗址调查

蒲朝绂 赵建龙

（甘肃省博物馆文物工作队 武威地区展览馆 甘肃 武威）

永昌三角城沙井文化遗址，是 1976 年冬季发现的。武威地区和永昌县，为此先后两次派人调查了解，并对遗址采取了保护措施。甘肃省博物馆与武威地区展览馆，于 1979 年 3 月又共同派人对该遗址再次进行了复查。现将复查结果报导如下：

三角城遗址

三角城遗址位于永昌县双湾公社尚家沟大队第二生产队西北角约 0.5 公里处，因其形状呈不规则三角形而得名。城西北面有一条古代河道，东北角有高起的土岗。再往东去不远，就是柴湾岗和上土沟岗。这里地势较高，有许多古墓葬。三角城略呈南北向。城内南北长 154 米，东西最宽处 132 米。城址四周墙基不甚规整，门向南开。由于这里风沙很大，

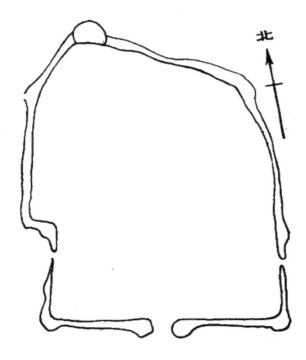

图一　三角城遗址示意图（约 1/2200）

西北风吹来的流沙，被墙基拦挡，故城的四周淤积沙土很厚，形成周围高，中间低的锅底状。墙基厚 6—8 米，现存高度因地势和倒塌而不一致，最高处达 4 米。西壁和西北角处，都向外边突出，略呈三角，故称"三角城"。东西两面各有一个缺口，位置对称，从墙壁断面和底部观察，并非原来通道，为后期所开。墙壁高处出现红烧土块、木炭碎屑，间或还有碎陶片。在墙壁和基础上，均未发现夯打痕迹（图一）。城内的灰土堆积，以西北角为最厚。1979 年 3 月，我们开了南北长 2、东西宽 1米的长方形探坑，在距地表 2.2 米深处采集了木炭标本。在城东北角地表下 30 厘米处，发现残铁器一件，形似锄。同时，还征集到铜镞一枚、

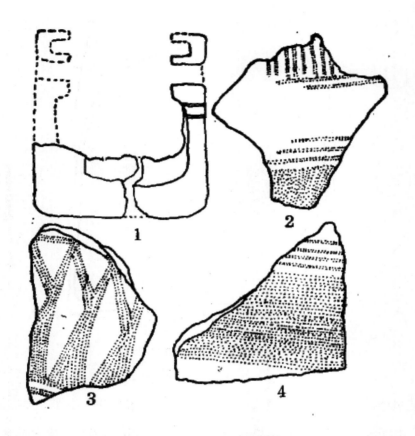

图二　三角城遗址出土器物
1. 残铁甬　2—4. 彩陶片（1，为 2/5　2-4，为 4/5）

铜刀一把和几件陶器。现将器物介绍如下：

铜刀　1件。直刃，直背，直柄。刀身前窄后宽，刀柄比刀身窄，柄端有环。刀长 15.8、宽 1.4—1.8、背厚 0.4 厘米（图三，1）。

铜镞　1件。三棱式链体，横断面作等边三角形，三刃向前聚成前锋，镞体三面均有下凹之血槽，槽内互通，无挺，中空。链长 3.4、孔

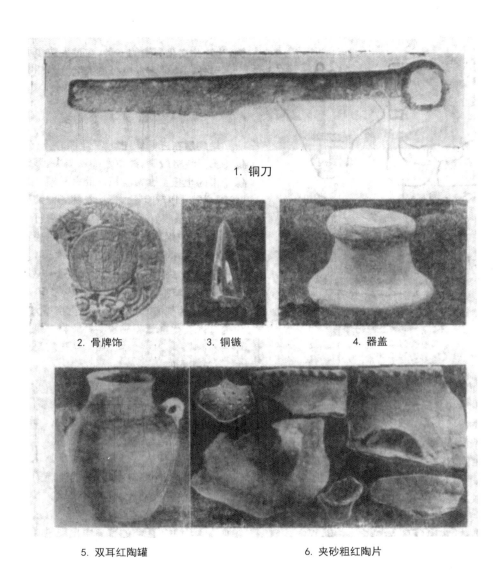

1. 铜刀

2. 骨牌饰　　3. 铜镞　　4. 器盖

5. 双耳红陶罐　　6. 夹砂粗红陶片

图三　三角城遗址出土器物

径 0.6 厘米（图三,3）。

残铁臿　1件。腐蚀严重，残成数块，按残迹尚能复原。首部两边向上折起，状如凹字形，首部凹形内有安装木柄的深槽，刃部虽残破，但形状尚清楚可见。残长约6.8厘米，首宽、刃宽均为8厘米（图二，1）。

骨牌饰　1件。圆形，一边稍残缺。正面雕刻花纹，中间是两个圆相套，周围为相连的～形纹一周，并间有小三角。上边有一圆孔，下边有两个小圆孔，当是系绳佩带的。直径7.1、厚0.4厘米（图三，2）。

器盖　1件。夹砂红陶，质粗胎厚，盖口作喇叭形、束腰，大平底，倒置如器座，表面涂紫红色陶衣，色泽鲜艳。口径11、底径7.6、高7.5厘米（图三，4）。

双耳红陶罐　2件。夹砂粗红陶，陶质较粗，表面有剥蚀，口、耳部微残。唇沿平齐，口稍外侈，颈部较高，宽斜肩，长腹，平底。肩上有两竖耳，表面着红陶衣。79ys:2号罐，口径10.2、底径8.5、高22.3厘米（图三，5）。

夹砂粗红陶片40多片。手制，质粗，胎壁较厚，陶坯内含石英、云母很多，并羼和砂粒，陶质一般坚硬。从陶片看，器形多较大。在采集的陶片中，器口部位最多，腹部陶片和鬲足次之，器底很少。此外，还有鬲裆和甑箅残片（图三，6）。

遗址中彩陶片甚少，只拣到很小的3块（图二，2、3、4）。都在橙黄的地色上，施一层粉白色陶衣，用深红色的小点连成细线纹，有的用细线绘成扁长的三角形。这种彩陶纹饰，为沙井文化彩陶的一种，在过去较少见。

另外，遗址上有极少量的绳纹泥质灰陶片，与战国秦的陶质纹饰极相似。

蛤蟆墩墓葬

　　蛤蟆墩在三角城遗址略偏西南一公里处。那里地势较高，经雨水冲刷流失，形成高低不平的土丘，因常有积水而有蛤蟆，故叫"蛤蟆墩"。1978 年秋，公社农林场修建房屋时，发现了墓葬。我们对两座残墓进行了发掘。一座墓内仅存一头骨和几根肢骨，经鉴定为 40 岁左右的男性，其它遗物有木棒（直径 4—5 厘米）3 根和一些芨芨草。另一座残墓从残存的墓坑痕迹看，墓口距地表约 40 厘米左右，墓坑为长方形竖穴土坑，上小下大，墓深约 2 米。此墓随葬品较多，计有，铜刀一件，铜牌饰二十二件，铜泡四件，还有马头骨二，山羊头骨四。

　　下面介绍墓葬中的出土物。

　　铜刀　1 件。残为两段。弧背，弯刃，柄端有一长方形穿孔，用以固定木柄。长 12、宽 1—1.4、背厚 0.4 厘米（图四, 3）。

　　双连珠铜牌饰　11 件。由六个圆珠纵横相连作长方形，中间有两个扁孔，纵连的两珠间，有突起的三道棱线，背面呈凹状。长 4.5、宽 2.8 厘米（图四, 4）。这种铜牌饰，过去曾在青海卡约和下西河的墓葬中出现过（安特生：《甘肃考古记》）。

　　三连环铜牌饰　8 件。为三个圆环相连呈条状形。环有大有小，大的只是三环相连，环径 1.8、长 4.8 厘米。小的两端有尖状钩形小尾。宽 1、长 4.8 厘米（图四, 5）。

　　多孔铜牌饰　1 件。在长条形的铜牌上，穿有许多圆孔，中间的圆孔排列三行，两端的两个大孔，似是用针线连缀在衣带上的。宽 1.6、

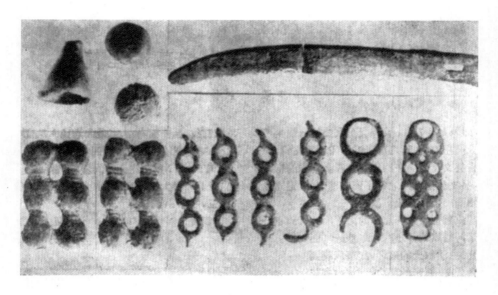

图四　蛤蟆墩墓葬出土器物

1. 喇叭形铜饰　　2. 铜泡　　3. 铜刀　　4. 双连珠铜牌饰

5. 三连环铜牌饰　　6. 多孔铜牌饰

长 4.8 厘米（图四,6）。

　　铜泡　　4 件。正面为半球形，背面作窝状形，并有一横梁式的纽，实为纽扣，直径 1.8 厘米（图四,2）。

　　喇叭形铜饰　　1 件。作上大下小的喇叭状，内空向上穿通，出土时孔内留皮屑痕迹。说明是人们身上的佩带物。底径 2.1、高 2.5 厘米（图四,1）。

　　上述器物，出自一墓，除一件铜刀外，都为装饰品。特别是弧背小刀，带有鄂尔多斯式铜刀的特征。我们从墓填土中采集到一件残筒状杯，底径 6 厘米，残高 9 厘米，夹砂红褐陶，陶质坚硬，表面磨光，外有烟熏痕迹。具沙井器物的特点，它为我们判断文化性质和时代问题，提供了证据。

中国社会科学院考古研究所实验室和北京大学历史系考古专业碳—14实验室对三角城遗址的木炭标本，进行了放射性碳素年代测定，其结果分别为距今2675±100年（《放射性测定年代报告（八）》，《考古》1981年4期）和距今2600±100年，相当于春秋早期阶段。

参加调查者：宁笃学　蒲朝绂　赵建龙
执笔者：蒲朝绂　赵建龙

永昌三角城与蛤蟆墩沙井文化遗存

甘肃省文物考古研究所

　　甘肃永昌三角城地区与阿拉善台地的南缘残丘戈壁接壤。西北为阿拉善右旗，东接民勤，南邻武威。三角城和蛤蟆墩位于祁连山北麓的龙首山东延部分山脉下，山势缓平，地形西高 东低，形成宽广平坦的开阔地带。这里因有金川河地下水源和祁连山冰雪水补充灌溉，故有金川河下游宁远堡和双湾绿洲区的形成，俗有"永昌盆地"之称，是远古人类生存、繁衍的良好地带。据调查和发掘，这里不仅分布着大量的沙井文化的墓葬和遗址，而且还有马家窑类型遗存。

　　三角城和蛤蟆墩现属甘肃省金昌市双湾乡尚家沟村，西为下四分，西南距金昌市 20 公里。河雅公路由河西堡经金昌、下四分自遗址西边向东北方向通往雅布赖（图一）。三角城和蛤蟆墩周围，过去无人居住，但遗址一带的土地早被尚家沟农民引水灌溉，辟为农田。七十年代初，尚家沟的部分居民迁到这里建起新村庄。三角城城址就在新村庄西北角 0.5 公里处。

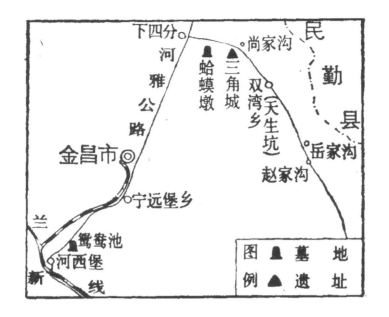

图一　三角城遗址、蛤蟆墩墓地位置示意图
（注：图中尚家沟应为陈家沟）

　　三角城遗址和蛤蟆墩墓地，都是农民挖灰施肥和修建房屋于 1976 年和 1978 年先后发现的。1979 年 3 月，前甘肃省文物工作队和武威地区展览馆共同派人对该遗址和墓葬进一步复查[1]，并进行发掘。

　　为了解遗址和墓葬的分布与保存情况，发掘之前先在三角城附近进行考古调查。这里是合黎山和龙首山分开的河西走廊平坦地带，因有金川河水源之便，低洼和大部开阔地段都被河水漫淹浇灌，沙井文化墓葬多在地势较高的土岗上。调查中发现的西岗、柴湾岗、上土沟岗等墓地都是如此。上土沟岗系细沙土质，墓表土因风蚀多流失，有的只残留深 20—30 厘米的墓底，随葬器物暴露于地表。我们清理了暴露的五座残墓（编号 79STM1—5），采集到陶器、铜器、绿松石、料珠等遗物（详见"蛤蟆墩墓葬一节)。

另外，在蛤蟆墩西边的空旷处，上无植被，地表浮土被风刮走，未见灰层。地面散布着料礓石块和碎小石子，其中杂有马家窑文化遗物，采集的标本有陶刀、彩陶片、泥质陶和夹砂绳纹陶片等（详见附录）。

一　三角城遗址

（一）三角城城墙

三角城为南北长 154、东西宽 132 米的长方形城址。南面大门两侧墙高均约 2.4 米，底部宽 8—9 米。建造时利用自然地形堆积整修而成，未见夯筑遗迹。为进一步了解城址的建造结构，这次作了试掘。

试掘从门道内开始，往下挖深 20—50 厘米处便到生土。生土东高西低，未见夯打基础。原来的门道较窄，从西壁墙根到东壁下的墙根土台，宽只有 2.6 米。现在的门道高起，底宽 4.8 米，是由以后风吹剥蚀扩大的。东侧墙根下挖至 20 厘米处到生土台。西侧墙根下挖至 50 厘米处坚硬平整，并出牛肩胛骨和牛腿骨各一件，同时还有烧土和灰烬，可能是当初所遗留，说明现地表以下 50 厘米厚的土层，是后来埋填上的。

另外，在域内西北角城墙豁口处，开挖一条宽 2.8、长 8 米的探沟。将墙基打通后，在探沟南北两壁的断面上，出现全然不同的两种情况。即南面断壁上西边为原生土，东边则是疙瘩土块填起的；北面断壁与南壁相反，即西边是疙瘩土块填起的，东边则是原生土。从 1 米多高的城墙算起，南壁的疙瘩填土深 1.9 米，北壁疙瘩填土深 1.5 米，以下都是生土。同时在疙瘩填土中杂有木炭屑和碎陶片，从而说明是人工填造的。

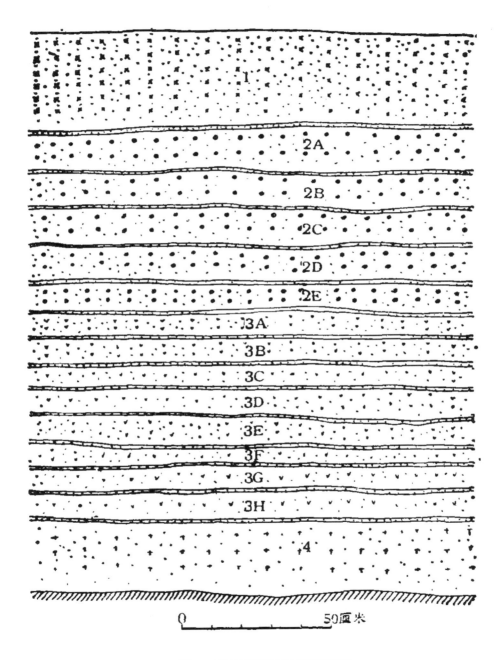

图二 三角城遗址 T3 西壁剖面图

因为原生土堆积不在一条直线上，使它成为一堵墙壁形式，只有在内外不齐处粘贴补修，才能使它成为直线。通过试掘，进一步明确了三角城是利用自然地势堆积、垒叠起来的。

（二）遗址的试掘

试掘地点选在三角城内西北角处，因为这里灰土堆积最厚。共开探方六个（编号T1—6，发掘面积共430平方米。试掘时间从1979年9月22日开始至10月17日结束。参加试掘者有蒲朝绂、宋涛、庞跃先三人。

1.**地层堆积** 地层堆积较为简单，文化层均系沙井文化堆积。现以T3西壁剖面为例说明。

第1层：表土，系风刮的淤土层，淡黄色细砂，杂有木炭粒、石灰碎末和少量的小石子。厚30—40厘米，较松软。

第2层：炭粒和白灰色硬土，厚70厘米。其中包含五小层，每层厚14厘米左右，各层之间夹有厚1—2厘米的纯炭粒层。层次平直分明，炭粒下为硬土面，但不甚坚硬，内含少量陶片。

第3层：炭粒和草木灰，深黑色，厚80厘米。其中包含八小层，每层厚10厘米左右。各小层间为厚1—2厘米的纯炭粒层，层次均匀，平行。包含物丰富，有陶片、石、陶弹丸和兽骨等。

第4层：灰白土和炭粒，厚30厘米。所谓灰白土，即化为灰烬很甚的草木灰。内含物与第3层相似，F4即属于该层（图二）。该层下为生土。

2.**遗迹** 发现的遗迹主要有房址和窖穴。

（1）**房址** 四座（F1—4）。分别发现于T1—4内，均为地面建筑。

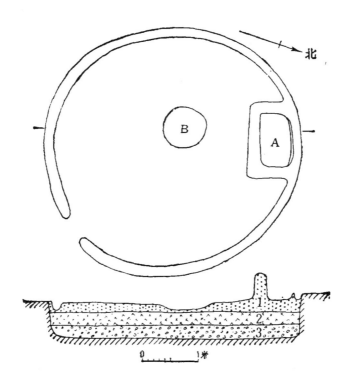

图四　三角城遗址房基平 F4 、平剖面图

F1:1. 柱洞　2. 灶坑　3. 鬲

F2:1、2. 柱洞　3. 石头　4 灶坑　5. 硬土面

F4 较完整，其余三座残破。

　　F4　位于 T3 内。圆形，直径 4.5 米。门向东南，门道宽 48 厘米，室内居住面上无柱洞，居室中央有一直径 76、深 15 厘米的锅底形灶坑，周边微起灶圈，坑内红色烧结土，厚 8 厘米。西北墙根处有一用泥土塌起的火塘，长 160、宽 74、高 50 厘米，内有许多灰烬和木炭粒。室内居住面用生土铺平打实，经火烘烤呈红色，平整坚硬。经解剖可知，红烧土面由上下叠压的三层构成，每层红烧面下充填红烧土块，每层厚

20 厘米。第 3 层下为生土,说明该屋使用时间较长。在居住面周围,有宽 20—24、深 18 厘米的沟槽,槽之两边用石块、陶片充填(图三)。室内灰土中出有被火烘烤的硬泥皮,泥皮一面抹平,一面印有树木枝干,并且大都光面向下,应是坠落下的室内墙皮。根据基址推测,周围沟槽用以插立木杆,上部收成锥顶,里外涂抹草泥。复原后形状犹如蒙古包。

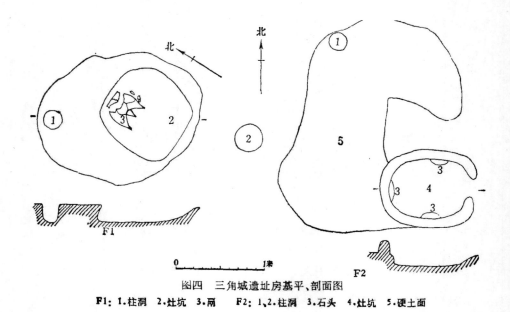

图四 三角城遗址房基平、剖面图

F1:1.柱洞 2.灶坑 3.鬲 F2:1、2.柱洞 3.石头 4.灶坑 5.硬土面

F1 出于 T1 第 3 层内,位于 F4 西边 8 米处。建于灰土层上,地面松软,轮廓不清。中间有圆形灶坑,直径 94、深 16—20 厘米,周边无灶圈,坑内竖立一大型铲足鬲。灶坑西北 0.7 米处有一柱洞,直径和深均为 20 厘米,洞内土质松软。房址边缘不清(图四)。

F2 位于 T2 第 2 层内。有马蹄形灶坑,灶坑内长 80、宽约 56、深 14 厘米。烧坑周边有宽 10—12、高 12 厘米的坑缘,火口向东。灶坑内用三块石头摆成三角形，作为支撑炊具的支架。在灶的周围有长 250 厘米、宽度不甚整齐的一片硬土面，硬土面内外各发现柱洞一个，因房子建于灰土上，地面松软，房址周围轮廓不清（图四）。

F3　位于 T4 和 T6 之间，室内中央有一灶坑，灶坑边缘不起灶圈。灶坑内及周围满是草木灰，附近还有篝火堆积，地面满是灰烬。因房屋建于灰土之上，故房屋周围轮廓不清。

（2）窑穴十四个。分布较集中，大都位于房址附近，一般相距 2—3 米。开口都在表土下，没有破灰土叠压的，表明时代较早。窑穴形制基本相同，多作口、底同大的圆筒状。个别为椭圆形，H3 带有阶梯。一般直径 1.2—1.3、深 1.4 米左右。坑壁规整，平底，不抹草泥。有的因遭破坏，坑口有豁口。出土物有卜骨、纺轮、石斧、铁器、鬲足和陶片等。

3.遗物　这次试掘所获器物不多，绝大部分是陶器残片，没有完整陶器，复原的也不多。根据遗物的质料分类叙述如下。

（1）石器四十三件。有斧、杵、球、环状器、刮削器、纺轮、磨盘、臼等。

斧　二件。系用红色和青色扁平砾石制作。长条形，上窄下宽，有的磨成束腰，刃部有使用疤痕，斧身保留砾石自然面。H1:8，长 19、刃宽 7.3 厘米（图五，2）。T1 ② :3，长 21.9、刃宽 8.4 厘米（图五，1）。

杵　六件。石质有青灰和紫红色砂岩两种。柱状体，形制规正，上细下粗，杵端有磨面。T2 ②：5，直径 6、长 21 厘米（图五，4）。

磨盘　一件（T4 ②：3）。青灰色砂岩，近似圆角长方形，底较平，四侧经修整，局部磨制。磨面因经久砥物而下凹，两端上翘。长 36、宽 18、高 12 厘米（图五，10）。

　　臼　一件（T2②：9）。细粒凝灰岩制做，面近菱形，上有臼窝。长 31、宽 21、高 16、臼窝直径 12、深 6 厘米（图五，7）。

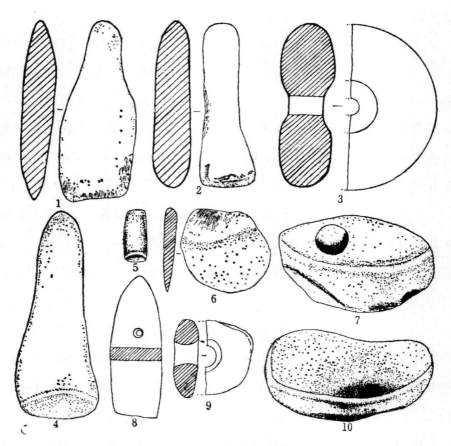

图五　三角城遗址出土石器

1、2.斧（T1②:3、H1:8）　3、9.环状器（F4:2、F3:3）　4.杵（T2②:5）　5.臼杵（T2②:10）
6.刮削器（T4②:6）　7.臼（T2②:9）　8.圭（T5②:2）　10.磨盘（T4②:3）（5、7、10.
1/8；6、8.1/2；余 1/4）

臼杵　一件（T2②：10）。紫红色燧石岩，质坚硬，圆柱状，一端略粗，两端均有舂砸痕迹，　杵身因使用表面很光滑。长12、直径6厘米，和石臼同出（图五，图版伍，3）。

球　二十七个。多为青灰色和红褐色的河卵石制做，石质坚硬，形体浑圆，表面多磨制，琢制者少。大者直径10厘米，小者3.5—5.5厘米。

环状器　二件。F4：2，为凝灰岩制作，算盘珠状，形体大，两面磨平，中间一大孔，残留一半。直径19.4、厚6、孔径3厘米（图五，3）。F3：3，青灰色石质，表面较粗，周边不甚规正。直径8.4、厚2.8、孔径2.4厘米（图五，9）。

刮削器　一件（T4②：6）。系加工石器剥落的燧石片，呈桃形，两侧锋利，上端有打击斑痕。一面保留自然石面。长5.5、厚0.6厘米（图五，6）。

纺轮　一件（F4：10）。白色片麻岩制做，全身磨光，上面微鼓，下面平。直径5、厚1.4厘米。

圭　一件（T5②：2）。淡绿色页岩磨制，扁平条状，上端三角形，下端平齐，两面磨光，中部有孔。长8、宽2.9、厚0.7、孔径0.7厘米（图五，8）。

（2）陶器多为残片，未出土完整器。多为夹砂陶，泥质陶极少见。夹砂陶中麤和砂粒多，砂粒较大。陶土中还带有闪闪发光的金黄色和银白色极薄的碎片，经X-衍射分析为蛭石，可能是陶土中的自然含物。陶片绝大多数为红陶，灰陶极少比例不到百分之五。陶器都是手制，有的系用泥条盘筑法，口沿内有手指转抹痕迹，小型器物用手直接捏塑而成，故器形不甚规整。陶器胎壁一般厚重，有的形体较大。大多烧制火候较高，质地坚硬，也有少量的质地疏松，一触即碎。陶色不纯正，常有红褐、灰褐现象。纹饰多见附加泥条带纹、锯齿纹，其次是竖绳纹、划纹、弦纹、水波纹、突棱纹、乳钉纹和少量的蛇纹等。附加泥条和锯齿纹多饰在口沿上，绳纹在腹下部及圜底上，有的被抹平。很多器物只在颈、肩部施红彩，也有的器物通体饰紫红色陶衣。有的陶片内外都饰红彩，甚至有外为暗红、内饰鲜红的。器耳、器鋬发达，半月形鋬用在鬲上。鋬、耳都是器物成形后另外粘贴的，往往易于脱落。器类以平底

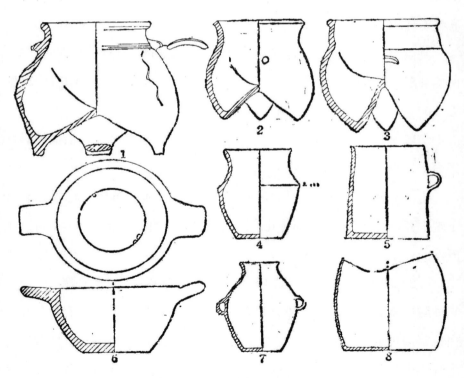

图六　三角城遗址出土陶器

1、2、3.鬲（F1:1、T1②:4、采：03）　4.小罐（T1②:5）　5.单耳杯（采：02）　6.漏（T1②:6）
7.双耳罐（采：01）　8.筒状长腹大罐（T3 F3:6）（1、7. 1/8；8. 1/12；余 1/4）

器最多，三足器和圜底器次之，圈足器较少。主要器形有罐（可分平底、圜底，双耳、单耳等）、鬲、壶、杯、豆、盆和碗等。

鬲　三件。夹砂红陶，分裆袋足。F1:1，圆唇，口稍外侈，短颈。肩部有两周细泥条突棱纹，两边有半月形的錾，袋足上各有一条竖向曲折的蛇纹。大袋足，大铲形足根，裆距大。口径24、高31.5厘米（图六，1；图版伍，4）。采：03，平沿微外突，直口，颈稍高，肩、腹部两边有半月形錾，錾左右各压一泥条，被按成乳钉状。口径10.5、高13.5厘米（图六，3；图版伍，1）。T1②：4，窄平沿，敞口，微曲颈，肩部两面各有两个突钉。袋足肥硕，锥状空心足根。口径10、高11.5厘米（图六，2；图版伍，2）。

双耳罐　一件（采：01）。平唇，小口微外侈，短束颈，溜肩，长腹，腹部有双环耳，平底。口径9、高21.5厘米（图六，7；图版陆，8）。

单耳杯　一件（采：02）。圆唇，直壁，平底，单环耳。通体施紫红色陶衣。口径8、底径9、高11厘米（图六，5；图版陆，1）。出土时罐内有紫红色颜料。经化验为自然红土，其中以三氧化二铁为主，并有少量的氧化亚铁，没有锰元素。三氧化二铁和氧化亚铁的总量不足百分之十，其余皆为硅酸盐类物质。据调查，这种紫红色土，在河西堡及其附近的山中就有，故知沙井陶器上的紫红色彩，就是以当地的自然红土为颜料的。

小罐　一件（T1②：5）。薄唇，敞口，直颈，长腹，平底。肩部两侧各饰三个突钉，器表满饰淡红色彩。口径7.5、高11.7厘米（图六，4；图版伍，6）。

漏　一件（T1②：6）。圆唇，口微敛，斜腹内收，平底。口沿有对称的錾,底部和两錾下各有两个漏孔。口径 14、高 7.8 厘米(图六,6;图版伍,5)。

豆　复原二件。形制相似,浅盘,圆唇,口微敛,喇叭形矮圈足。通体施紫红色彩。T1②:8,口径 21.5、高 14.2 厘米(图七,11 :图版陆,3、2)。

鬲足　四十件。夹砂红陶。其中铲形足根三十四个(图八,14),乳钉状足根四个(图八,10),三棱形足根一个(图八,15),柱状空心足根一个(图八,11)。铲形足根又宽又长,最大的宽 7、长 6 厘米。

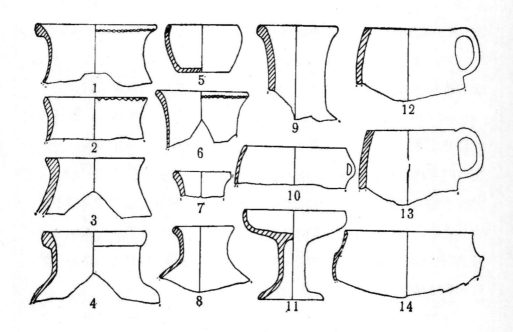

图七　三角城遗址出土陶器

1、2、3、4、6.鬲口沿(分别出土于 YSS、F3、F3、T1、T5②) 5.碗 (T5② 出土) 7.细颈壶 (T1 出土)
8.无耳罐(H1③ 出土) 9.粗颈壶 (H1③ 出土) 10、12、13. 单耳罐(出土于 H1②、T2②、T2②) 11. 豆
(T1②:8) 14.敛口罐 (H1② 出土)(1、2、3、6.1/10;余约 1/7)

个别足根上有的压一至四条泥条，泥条向内（图八，13）。袋状足都较大，T5②：5，残长26厘米（图八，12）；F4:15，残长20、袋足粗19厘米（图八，16）。

鬲裆　三十三个。夹砂红陶，高分裆，裆距较宽。

鬲鋬　三十一个。半月形，位于鬲之腹部两侧。鋬的大小，视鬲之大小而定。大者宽9、小者宽4厘米（图八，1、3、6、9）。

器耳　四十五个。形状有三种：粗环耳二十七个，设在壶、罐腹部两侧；带状扁长耳十四个，多是单耳罐上的故多宽带，有的耳上饰锥刺纹或菱形纹；小鼻耳四个，位于器之颈、肩之间两侧（图八，2、4、7）。

耳鋬相连残片　二个。系小型鬲的颈、肩部，耳鋬相连，耳在上，鋬在下（图八，8）。

陶片中，口沿片很多，常见的器形有喇叭口细颈壶、喇叭口粗径壶、双耳罐、单耳罐、无耳罐、敛口罐、筒状长腹罐（F3:6）和碗等，都只看出基本器形（图七，5、7—10、12—14；图六，8；图八，5）。尤其是鬲的口沿片最多，且能看出器体多较大，口沿形式凡五种：圆唇外卷，口沿按成锯齿（图七，1）；沿外附加泥条按成锯齿（图七，3）；平唇沿上按成锯齿（图七，2）；沿外粘贴泥条宽带（图七，4）；圆唇或平唇外侈（图七，3）。根据陶鬲残片观察，陶鬲多为分裆大袋足，颈、肩部各粘贴一周锯齿细泥条，袋足分裆处也贴多条锯齿细泥条。细泥条锯齿纹变化颇多，一般三至五条不等，有的互相平行，有的把最下一道作成连弧纹或压成凸链纹，并连接下垂纹饰。这种细泥条凸链纹的鬲，就是所谓的"蛇纹鬲"。

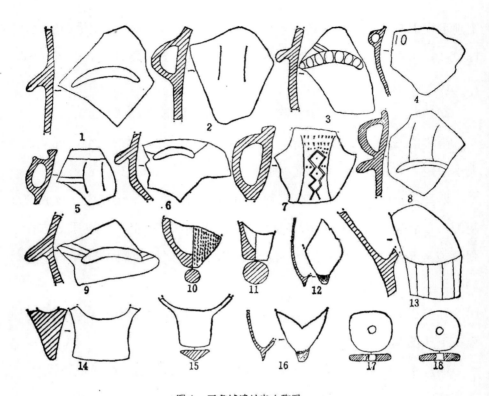

图八　三角城遗址出土陶器

1、3、6、9.鬲裆（T1②、T5②、T5②、T5②出土）2、4、7器耳（T5②、T5②、T2①出土）5.双耳罐
残片（T2③出土）8.耳鋬相连残片（F3出土）10、11、13、14、15.鬲足（T2②、F2⑥、H1②、YSS、
F3出土）12.16.袋形鬲足（T5②:5、F4:15）17、18.纺轮（T1②:15、H4:8）(2、4、7.1/6；12、16.1/12；
余1/4)

　　器底　十二个。是壶、罐底片，皆碎小。壶底胎厚，罐底胎薄，都
是小型器物。因作为炊具的鬲形器多，故壶、罐类就相对的少。

　　灰陶片　数量很少，有两类：一类是夹砂陶，深灰色，质松软，表
面有砂粒。手制，素面，多带烟炱，都是很小的碎片，属沙井文化类型。
另一类为泥质陶，浅灰色，质地坚硬，轮制。纹饰有竖绳纹（绳纹或被
抹光）、拍印的细方格、水波纹等，特别是将竖绳纹被弦纹割成数段，

是典型的战国纹饰陶片。这后一类灰陶片，是来自中原的输入品（图九）。

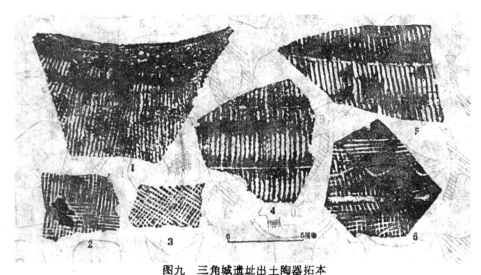

图九　三角城遗址出土陶器拓本
1、4. T5③ 出土　2、3. T4 出土　5、6. F3 出土

纺轮　三件。用夹砂红陶片磨制而成，厚约 1 厘米。H4:8，直径 5 厘米（图八，18）。 T1 ②：15，直径 5.3 厘米（图八，17）。

此外，还有纺轮半成品二十件。均用夹砂红陶片磨制，未钻孔。厚 1 厘米左右，直径一般 5 厘米。

陶球　四十四件。均为泥质红陶，圆形，有的球面较光，有的粗涩，但都坚硬。大者直径 6.5、小者 3.5—4.5 厘米。

（3）骨、角器

骨、角器有锥、镰、矛、骨牌和珠等。原料是动物的肢骨、肋骨、角以及羊的肩胛骨。制作方法以磨制为主，有的兼用琢制。

骨锥　二件。羊肢骨劈开磨制而成，上粗下细，尖端锐利，有使用痕迹。T4③:5,长10.6厘米(图一〇,15)。T4③:2,长10.8厘米(图一〇,14)。

骨镞　一件(T5②:1)。镞身为扁平三棱状,一面起脊,无铤、中心为圆孔,用以装箭杆。长3.7厘米(图一〇,10)。

骨矛　一件(T6②:5)。兽骨磨制,作上粗下细的锥形。上端中心原有柱状铤,已残断,断茬尚存。残长5.5厘米(图一〇,12)。

骨牌饰　二件。均为佩带饰。T4②:2,系兽肢骨破开磨制,长方形,两端各有一圆孔,两长边刻小齿。长8、宽5厘米(图一0,17;图版陆,5)。T2①:3,似葫芦形,上下都有大穿孔,上端穿孔残豁,正面划双线十字交叉线。长4.1、宽2.5厘米(图一〇,6;图版陆,6)。

骨珠　一枚(T4②:7)。兽骨磨制,圆形,中有孔,下部刻成三瓣状。直径1.6、孔径0.8厘米(图一〇,9)。

骨匕形饰　一件(T6②:2)。兽肢骨磨制,呈上宽下细的长条状,上有圆孔,中间束腰。长5.5厘米(图一〇,13;图版陆,7)。

角器　八件。利用兽角,将角尖磨锐。H4:2,长16厘米(图一〇,16)。

(4)卜骨　四件。均系羊肩胛骨,胛骨经修治,有灼,有钻,钻、凿兼施。T4③:4,为大羊肩胛骨,一角残,修治光滑,上有四个钻窝。因灼烧,胛骨背面裂出兆纹。T1②:2,为幼羊肩胛骨,前端残损,有钻无灼,三个钻窝,排成三角,相当规则。F2:2和H4:3两片标本,前者系大羊肩胛骨,后者为小羊的,两者前端均有残损,都只有一个钻窝(图版柒,6)。

(5)铜、铁器

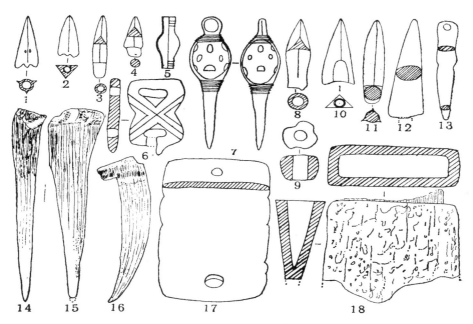

图一〇　三角城遗址出土骨器、铜器、铁器

1-4、8、11.铜镞(IV 式.T5②:2；IV 式.采: 017；I 式.采: 09；III 式.采: 010；II 式.T5②:3；II 式.采; 06)
5. 铜管状饰（采: 011） 6、17. 骨牌饰（T2①:3、T4②:2） 7. 铜锥形器（F2:4）9.骨珠（T4②:7） 10.骨镞
（T5②: 1） 12. 骨矛（T6②:5）13.骨匕形饰（T6②:2） 14、15.骨锥（T4⑧:2、T4⑧:5） 16.角器（H4:2）
18. 铁锛（H1:1）(16 约 1/3；余 7/10)

铜镞　十二件，分四式。

I 式：一件（采：09）。三棱状，镞身细长，铤由翼延长，铤翼分界不明显，柱状挺，中空。长 3.5 厘米（图一〇，3）。

II 式：五件。三棱状，镞身有凹槽，锋锐利。T5 ②：3，柱状挺，中空。长 4.1 厘米（图一〇，8）。采：06，实心柱状铤。长 4.8 厘米（图一〇，11）。

III 式：三件。三棱状，镞身短，圆铤突出，后锋微凸。采：010，长 2.4 厘米（图一〇，4）。

Ⅳ式：三件。三棱状銎式镞，镰身有沟槽，銎内收，銎侧有镂孔，后锋凸出。T5②：2，长3厘米（图一〇，1）。采：017，长2.4厘米（图一〇，2）。

铜锥形饰　一件（F2：4）。上似銮铃，铃顶有环状钮，铃下连柱状锥，铃上下各有几周凸弦纹。长7.7厘米。由形状分析，用以绾发；若从环状钮考虑，可为佩带物，其用途不明（图一〇，7；图版陆，4）。

铜管状饰　一件（采：011）。中间圆鼓，两端稍细，两端饰有数周螺旋纹，中空，内穿皮条以备佩带。长2.9、孔径0.5厘米（图一〇，5）。

铁锛　一件（H1:1）。锛体长方形，略作上宽下窄，銎扁平，侧面呈楔形，刃部残，銎内留有朽木。宽5.8、厚2.5、残长5.8、銎长5.9、宽2.2厘米（图一〇，18）。

二　蛤蟆墩墓葬

蛤蟆墩墓地在三角城西1公里处。这里是与阿拉山高原边缘隆起地带相接的台地，高6—7米，南临沟壑，东有水渠，墓葬就分布在水渠西的台地上。由于修建房屋，将上层表土推去40多厘米，暴露出的是生土层，没有文化层堆积。生土为褐色粘土，坚硬，墓口即在此层内。墓坑内填五花土，土质较纯净。共发掘墓葬二十座（编号79HM1—20）。墓葬多作南北向，分布较密集，排列上看不出有何规律（图一一）。

（一）墓葬形制
这批墓葬均为单人一次葬，其结构分偏洞墓室和长方形竖穴墓两种。

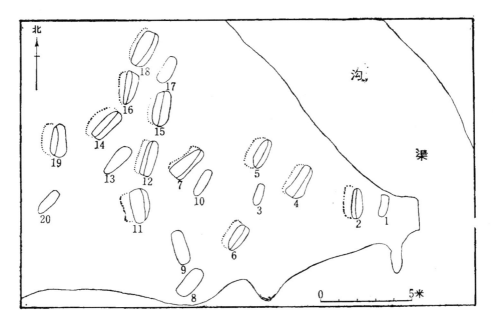

图一一　蛤蟆墩墓地墓葬分布图

　　1.偏洞墓室　十二座。墓室建造方法，先挖一个南北向的长方形竖穴，然后向西壁掏偏洞，作为墓室。竖穴东壁底部都留有二层台，个别墓有两层二层台，二层台与墓室东壁底部同长。葬式为仰身直肢，头东北、足西南，停放偏洞内。有的上肢骨很凌乱，但下肢骨保持原位。在单人墓中有出两个头骨的，有的墓中除墓主外还出土儿童的肢骨和肱骨的现象。人骨下先铺白灰，其上再铺芨芨草，身上盖芨芨草席或芦苇席，有的甚至连头、足都包裹住。偏洞口多用木椽竖立封堵，为使偏洞口的竖立木椽牢固不倒，在每根竖立木椽上又斜顶一根木椽，斜顶木椽的下端蹬在二层台下。为避免填土进入偏洞，又在竖立和斜顶木椽上盖芨芨草或芨芨草席，然后再填土。绝大多数墓的竖穴中发现有牛、羊、马头骨及蹄趾骨，有的墓中羊头骨多达二十四个。墓口一般长 170—220、宽 55—105（长、宽指竖穴口，下同）、深 148—230 厘米（指墓室底深）。现举例说明。

M15　方向 10°。墓口长 205、宽 70—96、墓底深 230 厘米，墓口以下深 80 厘米处为上层，出现马头骨一、羊头骨十五具（有山羊、绵羊），都集中在墓坑前端，并且马、羊头骨吻部一致向北。马、羊头骨上，有的尚有皮毛痕迹，说明专为死者殉牲宰杀的。在相同高度的西壁一边，暴露了封堵偏洞的立木十八根（上端），排成一行。立木长约 150 厘米，直径 7—10 厘米不等（图版拾，4）。墓口以下深 120 厘米处为中层，在墓坑填土中，又出现了斜顶在立木上的木椽十九根。木椽长约 100 厘米，下端蹬在二层台中间，上端原顶在立木上部，因为木料腐朽，加之上面墓土压力很大，致使互相错位，出土时由二层台向西斜上墓壁。由墓坑前端起，斜顶木椽的第三根为方形，上有长 3、宽 2 厘米的长方形凿孔，说明此木椽在该墓下葬前曾经使用过（出土的封堵偏洞木椽，上有凿孔的，并非仅此一根）。在竖立和斜顶的木椽上，均盖上茇茇草席，然后填土。在清理斜顶木椽的填土中又出羊头骨五个。墓口以下深至 156 厘米处，偏洞口开始露出。偏洞高 74、进深 30、底宽 54 厘米（由二层台下算起）。二层台宽 60、高 25 厘米。死者为 50—55 岁的男性，头北足南，仰身直肢，停放偏洞内。面向上，口大张，双足蹬土块。下颌骨、两臂和两腿骨，均用火熏烤成黑黢色，人骨完好，人骨下铺白灰和茇茇草。随葬品集中于偏洞内，有长方形木盒、桦树皮圆盒、羊头骨二、石珠一、铜泡三、骨珠三、绿松石珠二、铜刀一、弓弭和骨镞、圆木盒一（已腐朽）、圆形骨饰一件，另外在躯身左侧置一长木条，其用意不明。其中，铜泡发现于人头骨两眼眶中和腹部右侧（图一二）。

　　M19　　方向 10°。墓口长 200、宽 80、现存墓底深 160 厘米。墓

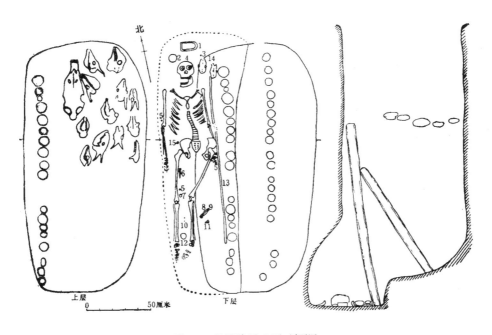

图一二　蛤蟆墩 M15 平、剖面图

左·上层平面图　中·墓底平面图　右·剖面图

1.长方形木盒　2.桦皮圆木盒　3.石珠　4.铜泡（2个）　5.骨珠（3枚）　6.铜刀（带鞘）　7.圆形骨饰　8、
9.弓弭（2对）　10.绿松石珠（2个）　11.骨镞　12.圆木盒(已朽)　13.长木条　14.羊头骨(2个)　15.铜泡

口以下深 30 厘米处，封堵偏洞的木椽上端暴露。至 85 厘米深，东壁
根的斜坡状二层台露出，台宽 40、高 54 厘米。台上有牛头骨一个和羊
头骨十一个。偏洞口竖立木椽十八根，斜顶木椽也为十八根。由于二层
台较高，斜顶木椽下端蹬在二层斜坡面上。西侧偏洞墓室高 80、进深
48、底宽 74 厘米。墓主为 60 岁以上的女性。头北足南，面向上，仰身
直肢，停放于偏洞内，两臂平放躯体两侧，足蹬土块。人骨下铺白灰和

芨芨草。死者全身骨髓熏烤成黑黝色，人骨保存完好。身上、腿上都穿皮革，腰部系麻布和皮革制做的腰带，上缀三个铜六联珠饰，腰带腐蚀较甚，只能看出形迹。随葬器物有铜六联珠饰（原缀在腰带上）、铜泡、小铜铃各三件，铜束腰形饰、管状饰、铜环、铜二联珠、残铜刀各一件，木棒一根（图一三）。

M18 方向 15°。墓口长214、宽96、现存墓底深160厘米。墓口

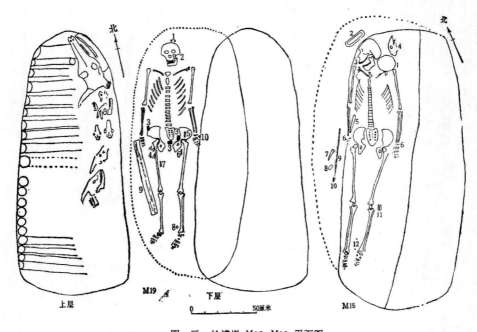

图一三 蛤蟆墩 M18、M19 平面图

M19：1. 铜泡（2个） 2. 铜束腰形饰 3. 铜六联珠饰（3个） 4. 铜小铃（3个） 5. 铜二联珠 6. 铜管状饰
7. 残铜刀 8. 铜环 9. 木棒 10. 铜泡
M18：1. 两足 2. 长方形木盒 3. 铜泡 4. 羊头骨 5. 骨匕 6. 骨珠 7. 骨弓弭 8. 小方木 9. 木箭杆 10. 竹
镞 11. 骨牌饰 12. 料珠（2枚）

以下深40厘米处，出牛、马头骨各一个和羊头骨五个，马头骨上有皮毛痕迹（图版玖，1）。在牛、马羊头骨下，出现连续并列的十九根斜

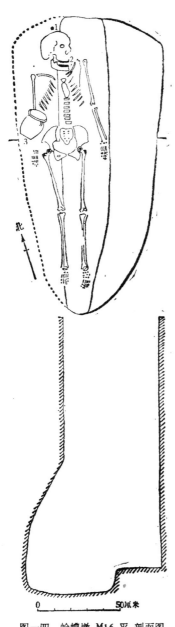

图一四　蛤蟆墩 M16 平、剖面图

1.赭石　2.绿松石珠　3.双耳红陶罐

顶木椽，上端顶在竖立木椽上。木椽直径 12、残长 140—150 厘米。在竖立和斜顶木椽上，都盖有芨芨草席，堵挡墓土进入洞内（图版玖，2）。墓口以下深至 135 厘米处，东壁出现二层台，台宽 40、高 25 厘米。西侧偏洞墓室高 64、进深 32、底宽 70 厘米。偏洞室中人骨一具，为 35—45 岁的男性，头北足南，面偏西，仰身直肢，两臂平放躯体两侧，足蹬土块。人骨下先撒白灰，再铺芨芨草。随葬器物陈放于人体附近，有长方形木盒、鬲足、铜泡、木箭杆、骨镞、骨匕、骨牌饰各一件，左右手外侧都有小骨珠，两足之间有天料珠二个，人体右侧发现骨弓弭和小方木，人头骨左侧殉葬羊头骨一个（图一三）。

M16　方向 5°。墓口长 190、宽 55—63、墓底深 180 厘米。墓口以下 90 厘米处，向西掏偏洞。偏洞高 90、进深 24、底宽 50 厘米。东壁下二层台宽 30、高 15 厘米。偏洞不用木椽封堵。死者为18—20岁的女性,头北足南,面向东,仰身直肢,两臂平放两侧,足蹬土块。清理中将干土拨去,两足趾骨俱全,并拢很紧,看不出穿鞋痕迹。头骨下可见芨芨草痕迹,躯体下的腐朽成灰。死者脑后有赭石,将后脑染红。在右胳膊上有一双耳红陶罐,器表满是烟炱。右股骨下,有一直径17—20、深9厘米的小圆坑,内盛谷物(图一四;图版捌,2)。

M5　方向20°。墓口长187、宽68、深160厘米。墓口以下深100厘米处,出小羊头骨一个。二层台为斜坡状,宽、高各40厘米。偏洞高67、深46、底宽60厘米。偏洞不用木椽封堵。墓主为20—22岁的女性,头东北,足西南,仰身直肢,足蹬土块。人骨下铺芨芨草,身上盖芨芨草席,将头和足都遮盖起来。席的经纬都是三根芨芨草,非常清晰,但一触即碎。死者口含绿松石珠,两耳戴绿松石耳坠。腰部系腰带,带长34、宽5厘米。上缀六个铜六联珠饰和一铜泡。左手上有囊袋物,也有两个铜六联珠饰。因和手指粘结在一起,制作不清,　估计是护手物。腰带与囊袋物上,都盖有多层毛、麻织物。墓中出土的皮块,是由窄条皮子精密缝成整块的,至今保存尚好(图版拾,2)。死者左腿上,吊着由八个青铜饰件用皮条穿连起来的鞭形饰,长55厘米,由左大腿吊至小腿上。另有三个小铜铃,已散落(图一五)。

M2　方向10°。墓口长192、宽76、墓底深170厘米。由基口深130厘米处,出现二层台,台有两级,两级共宽48、共高40厘米。偏洞高、进深均为58、底宽74厘米,洞口不封堵。人骨用芨芨草席包裹。席经、纬三至五根芨芨草不等,上下编成井字形,腐蚀严重。墓主为17—18岁的男性,头北足南,面偏西,仰身直肢。头骨下有一骨珠,左盆骨下有一铜泡。殉葬羊头骨十个，都有角，为山羊。另有羊蹄趾骨三个（图一五）。

M6 方向 40°。墓口长 170、宽 72、墓底深 148 厘米。由墓口深 24 厘米处，出羊头骨七个（其中三个大羊头骨，四个小羊头骨，小羊中有刚生不久的幼羊）。墓内填土松软。二层台宽 35、高 26 厘米。偏洞高 44、进深 30、底宽 58 厘米。偏洞不封堵。墓壁留有工具印痕，宽 2.5 厘米，犹如今日之铁镐痕迹。墓主为 30—35 岁的女性，头东北，足西南，面朝上，仰身直肢，足蹬土块，停放偏洞。人骨上下均铺、盖芨芨草。下颌骨有火烧痕迹，脑后残存头发。死者口含绿松石珠，两耳戴铜耳环。左右盆骨外，有铜六联珠饰、铜蝙蝠形饰、铜三联珠饰和铜泡各一件，右手下还有绿松石、铜泡、铜针管各一件（图一五）。

2. 长方形竖穴墓 八座。其中成人墓六座，儿童墓二座。成人墓一般长 170—200、宽 55—105、深 148—250 厘米，儿童墓一般长 113—140、宽 55—60、深 100—135 厘米。墓扩均作圆角长方形，两壁平直，口、底同大，底部平整。葬式除 M9 仅留有两节颈椎骨葬式不明外，其余都是仰身直肢葬（图版捌，1）。有些墓葬（M1、3、8）上肢凌乱，身首异处，骨骼不全，而下肢井拢伸直，保持原位，且两足骨俱全，但缺一股骨，有的甚至两股骨都缺（M1）。这种上肢凌乱并缺股骨的葬式，多在未成人和青年中盛行，也是这批墓葬的一种特殊葬俗。举例说明。

M13 墓向 45°。长 200、宽 70、深 165 厘米。墓主为 45—50 岁的男性，头东北，足西南，面偏西，仰身直肢。两肘和两膝盖外撇较甚。人骨下铺芨芨草，身上也盖芨芨草。死者口含绿松石珠一件，两眼戴皮制圆形眼罩，罩上有二个铜泡。左手旁有皮革和麻织物的袋状痕迹，腐蚀甚，

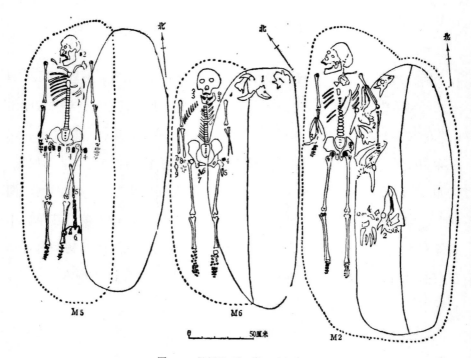

图一五　蛤蟆墩 M5、M6、M2 平面图

M5：1.绿松石珠　2.绿松石耳坠(2枚)　3.铜泡　4.铜六联珠饰(8个)　5.鞭形饰　6.铜铃(3个)

M6：1.羊头(7个)　2.绿松石珠　3.铜耳环(2个)　4.铜六联珠饰　5.铜蝙蝠形饰　6.铜三联珠饰
　　　7.铜泡(2个)　8.绿松石　9.铜针管

M2：1.骨珠　2.羊头(10个)　3.铜泡　4.羊蹄骨(3个)

其制做不清。墓内殉牲大小羊头骨四个（图一六）。

M8　方向43°。平面形制不甚规则，四壁整齐。长180、宽82、深130厘米。死者为20—25岁的女性。人骨上肢凌乱，头骨破裂成三块置盆骨两侧。上肢骨、肋骨、左盆骨、胫骨和脊椎骨等，都堆在原来头部位置。下肢并拢伸直，双足趾俱全，且保持原位，唯独缺右股骨。人骨下铺白灰和芨芨草。头骨西边的填土中，有一羊头骨，别无其他随葬品（图一六；图版拾，5）。

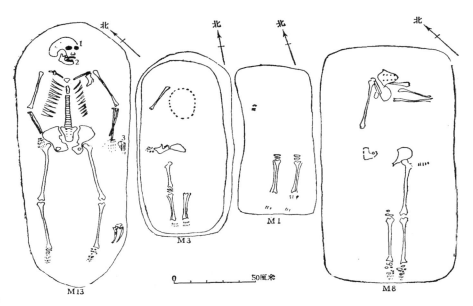

图一六 蛤蟆墩 M1、M3、M8、M13 平面图
M13: 1. 皮眼罩(罩上缀 2 枚铜泡) 2. 绿松石珠 3. 羊头(4 个)

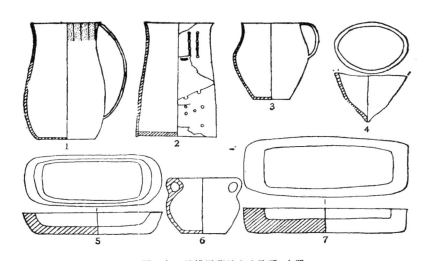

图一七 蛤蟆墩墓地出土陶器、木器
1、3. 大单耳陶罐(M 采: 01、TM2:1) 2. 筒状木盒(M15:2) 4. 大陶网足(M18:1) 5、7. 长方形木盒
(M18:2、M15:1) 6. 双耳陶罐(M16:3)(1、3. 1/5; 4、6. 约1/7; 余约 1/3)

M3　方向10°。长140、宽60、深130厘米。两壁较直，口略大于底，平底。死者为12—13岁的男性，头北足南，上肢凌乱，头骨倒置。头右侧有肱骨，其余下颌骨、数节脊椎骨和一盆骨均置墓底中部。下肢并拢伸直，两脚趾骨俱在，并保持原位，只缺左股骨。墓底南部有芨芨草痕迹，两腿也盖芨芨草，无随葬品（图一六）。

M1　方向10°。平面不甚规整，四角略呈直角。长113、宽55—58、深100厘米。死者头骨、上肢骨、盆骨和两股骨均无存。在墓底中部仅残留数节手指骨，两下肢只留自膑骨以下的小腿骨，跗骨和趾骨均在，并保持原位。由残留的两小腿骨来看，是个幼童。小腿骨下的芨芨草腐朽，但形迹犹存，无随葬品（图一六）。

（二）随葬器物

随葬器物中大量的是青铜饰牌、绿松石珠、骨珠、骨牌等。日常生活中所必需的陶器和木质器皿为数很少。此外，还有铜刀、铜锥、铁刀、箭镞、箭杆、弓弭、皮革和毛麻纺织品等。现以质料分述如下。

1.陶器

双耳罐　一件（M16:3）。夹砂红陶。敞口，平唇，沿外有一周泥条。曲颈，斜肩，圆腹，口、肩间双环耳，平底。周身有烟炱。口径10、高13厘米（图一七，6；图版捌，3）。

大鬲足　一件（M118:1）。夹砂红陶。乳状大鬲足，因使用关系，破茬口被磨光。直径15.2、高12厘米（图一七，4）。

大单耳罐　二件。TM2:1，敞口，薄唇，直颈，长鼓腹，弓形大单耳，平底。通体施紫红色彩。口径9、高14厘米（图一七，3；图版捌，4）。

M采:01，只有部分器身和底部，已复原。敞口，直颈，长腹微鼓，

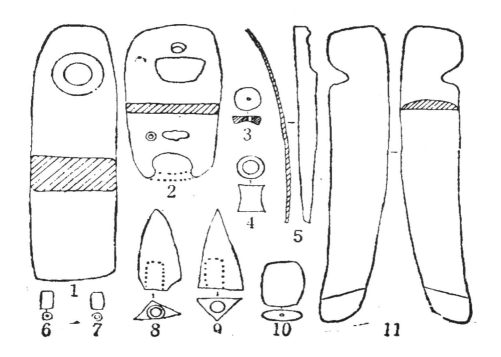

图一八　蛤蟆墩墓地出土石饰、骨饰、骨器

1.石坠饰（TM1:2）　2.骨牌饰（M18:11）　3.石珠（M10:3）
4.琉璃耳珰（M9:1）　5.骨匕（M18:5）　6.玛瑙珠（M18:12-
1）　7.琉璃珠（M18:12-2）　8. II 式骨镞（M14:5）　9. I 式
骨镞（M14:4）　10. 绿松石珠（M14:9）　11. 弓弭（M18:7）
（5 约 1/7；余 3/5）

平底。弓形大单耳。沿外一周粉白色上饰绛红色竖条纹，腹部满饰紫红色彩。口径 10.6、高 21 厘米（图一七，1；图版柒，1）。

　　2. 木器

　　长方形盒　三件。其中两件利用木块挖凿而成。M15:1，无盖，置人骨头顶部。长 16.5、宽 7.5、内 2.4、残高 3 厘米（图一七，7；图版拾，3）。

M18:2，形制同前，无盖，出死者头骨左侧。器体略小。长13.8、宽6.4、内深1.6、残高2.7厘米（图一七，5；图版玖，6）。M8所出一件，用薄木板合成，严重残损，大小不详。

筒状盒　二件。M15:2，筒身用桦木薄板圈成，木板两端钻小孔，互穿树皮使之成筒，镶圆木板为底。口径7、底径8.5、高14厘米（图一七，2）。M18的一件，筒身残为碎片，仅留底部。

箭杆　二支。M14:3，置死者右股骨外侧，与骨镞、铜刀在一起。直径1.2、残长35.5厘米。M18：9，系一桦树枝杆，粗端留有一手握的桦皮，以下的桦皮割裂成规则的环条状，乍看起来好像缠绕上去的。残长30、直径1.6厘米。

3. 骨器

骨匕　一件（M18:5）。用牛肋骨剖开磨制，上窄下宽，磨制光滑。长30，宽0.7—2.6厘米（图一八，5）。发现时在死者右手处与木盒同出。

弓弭　三对（六件）。出于男性墓，M15两对（重叠相置），M18一对。由长肢骨劈裂分成两半，两者相合，都是成对出土。略弯曲，宽端一侧有缺口。多与骨镞伴出。M18：7，残长11、宽1.2—1.8厘米（图一八，11；图版玖，5）。

镞　四件。M14出二件，M15和M18各出一件。分二式。

I式：二件。三棱状，磨制精细。上端平齐，中心有一圆孔，系装箭杆之用。M14:4，长3.1厘米（图一八，9）。

II式：二件。三棱形，短圆铤凸出，铤中空，三翼均有倒刺状。M14:5，长3厘米（图一八，8）。

牌饰　一件（M18:11）。用兽骨磨制。圆角长条状，上有窗框及钻孔。一端的窗框残豁。长 5.7、宽 2.6—3 厘米（图一八，2）。

4.玉、石、琉璃器

绿松石珠　十四枚，出自八座墓中。多作长条扁平状，个别有作串珠形，均有穿孔，出时多在两耳或口中，也有出手腕或头部者。其中M14:9 最大，长 1.7、宽 1.4 厘米（图一八，10）。

玛瑙珠　二枚，出自 M18。淡红色圆柱状，微透明，一大一小，两端平齐，中心有孔。M18:12—1，直径 0.8 厘米（图一八，6）。

琉璃珠　六枚，出自 M18。深绿色，中间粗两端细呈枣核状，中心有孔，大小相同。M18:12—2，长 0.7、粗端径 0.4 厘米（图一八，7）。

琉璃耳珰　一件（M9：1），浅蓝色，圆筒状，中间有孔。长 1、筒径 0.7 厘米（图一八，4）。

石珠　四枚。用质细坚硬的白石磨制，有圆形和方形两种。除M10:3 含口中外（图一八，3），余皆出颅骨上。

石坠饰　一件（TM1:2）。紫在色石质磨成长条形，上两角圆，下端平齐。上端有穿孔，以供佩带。长 9.4、宽 2—2.7、厚 1.3 厘米（图一八，1）。

5.金属器

铜锥　一件（TM1:1）。四棱状，上粗下细，上端原插入木柄，木柄残脱。上宽 0.4、长 7.5 厘米（图一九，31）。

铜刀　六件。分别出自六座墓，分四式。

Ⅰ式：二件。均为无孔首小刀，背微弧，刃部略凹，柄与刀身略有分界，栏部微凸。都套刀鞘。M11:5，长 7.5、宽 1.2 厘米。鞘以木板为底，外裹皮革，用皮线缝缀，鞘上备有环眼，以供佩带（图一九，38；图版

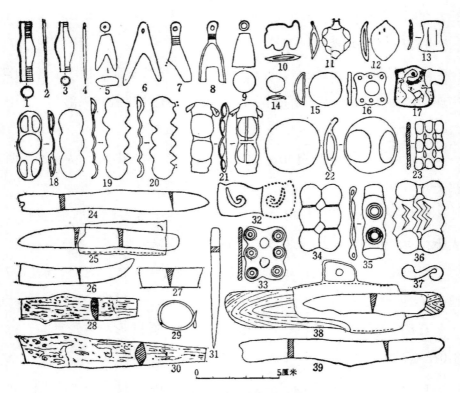

图一九 哈蟆墩墓地出土铜饰、骨针、铜器、铁器

1、3.铜管状饰（M4:2，M6:9) 2、4.骨针（M4:2-1，M6:9-1) 5—8.铜铃（IV 式．TM4:3；I 式．M19:4-1；III 式．M19:4-2；II 式．M5:6) 9.铜铃形器（TM 4:4) 10.铜狗形饰（TM 4:6) 11、14、15、22.铜泡（II 式．TM3:3；III 式．M6:7；II 式．M15:4；I 式．M 2:3) 12.铜兽头形饰（M 11:7) 13.铜束腰形饰牌（M19:2) 16.铜多孔饰牌（TM4:2) 17.铜盘角羊饰（M11:6) 18.铜三联珠饰（M 6:6) 19、20、36.铜蝙蝠形饰（I 式．M6:5；I 式．M11:4；II 式．TM 4:1) 21、35 铜二联珠饰（M 19:5，M 10:2) 23.铜九联珠饰（TM3:2) 24—27、38、39.铜刀（II 式．M14:6；I 式．M 15:6；IV 式．TM 5:1，M 19:7，I 式．M 11:5；III 式．TM3:1) 28、30．铁刀（M9:1、M采：016) 29.铜耳环（M6:3) 31.铜锥（TM 1:1) 32.铜动物形饰（M 11:3) 33、34.铜六联珠饰（M 12:5，M 19:3) 37.铜双勾形饰（M 10:2)

玖，3）。M15:6，刀长 9.7、柄宽 1.1、刃宽 1.3 厘米。鞘用皮革缝合，内无木板（图一九，25；图版柒，5）。

II 式：一件（M14: 6）。弧背凸刃，柄与刀身虽有明显分界，但柄背与刀背近乎浑然一体。柄首不甚规整，孔已残。残长 11.5、柄宽 1.1、刃宽 1.4 厘米（图一九，24）。

III 式：一件（TM3:1）。刀柄微弧，刀背呈凹形，柄、身分界显著，刀上斜，柄首孔残。残长 12.2、柄宽 1.2、刃宽 1.1—1.6 厘米（图一九，39）。

IV 式：一件（TM5: 1）。只存刀身，柄部残，刀尖上翘。残长 7、刃宽 1.2 厘米（图一九，27）。

此外，M19:7 仅存 4 厘米长的中间一段，形式不明，出土时用皮革包裹（图一九，27）。

铜二联珠饰　三件。出自 M10、19 和 TM3。由两个半圆珠连接而成。两珠背均有桥形钮。M10:2 和 M19:5，在半圆珠两端又连接横穿孔（图一九，35、21；图版柒，3）。

铜三联珠饰　一件（M6: 6）。由三个半圆珠相连，呈长条形，两端珠背有桥形钮。长 4.4、珠径 1.6 厘米（图一九，18）。

铜六联珠饰　十二个。由两个三联珠井列浇铸而成，形制大小不一。一般长 3.1—4.6、宽 2.1—2.7 厘米。相连两珠间多饰三道凸弦纹。个别的在珠上铸同心圆，中间均圆点纹。过去在《简报》中曾将这种铜饰牌称"双联珠"，现改称"六联珠"为宜。M12：5，长 3.5 厘米；M19：3，长 4.2 厘米（图一九，33、34）。

铜九联珠饰　一件（TM3: 2）。由三个三联珠并列联成。相联两珠间也铸三道凸弦纹。器形小巧玲珑。长 2.5、宽 1.8 厘米（图一九，23）。

铜蝙蝠形饰　三件，出自 M6，M11 和 TM 4。分二式。

I 式：二件。两端为半圆珠，中间一边是两个锯齿，另一边为三个锯齿，一端珠背有桥形钮，状如蝙蝠。M6:5、M11:4，长5.1、宽1.5厘米（图一九，19、20；图版柒，4）。

Ⅱ式：一件（TM4:1）。将两个蝙蝠形铜联珠牌相连。一边二齿，正好对准另一边三齿的豁口，形似双蝙蝠。长4.5、宽3.1厘米（图一九，36）。

铜多孔饰牌　一件（TM4:2）。方形，上下各有三个圆孔，中间为一半圆球，内凹。长、宽各2.1厘米（图一九，16）。

铜束腰形饰牌　一件（M19:2）。作束腰状，中间鼓起，背有两道横钮，钮内残留双股麻线，出自死者面部左眼下方。长1.9、宽1.1—1.5厘米（图一九，13）。

铜双钩形饰牌　一件（M10:2）。长条双钩形，两端钩的方向相反，呈横"S"形，表面鼓起，背凹，两端有桥状钮。出土时从钮孔中以细皮革穿缀在条形皮带上，联接在叠落的纺织物上。长2.5厘米（图一九，37）。

铜管状饰　三件，出自M4，M6和TM3。分二式。

Ⅰ式：二件。中间鼓，两端细，铸有数周螺旋纹，中空。长3.1—3.7、管径0.7厘米（图一九，1、3）。两管内都穿有皮革，并插有骨针。M4:2的针粗，穿鼻残断，残长4.3厘米（图版柒，2）。M6:9的针细，针鼻完好，长3.9厘米。可见，这种圆管状饰，是佩带于身上的针管（图一九，2、4）。

Ⅱ式：一件（TM3:4）。为素面直筒管，破裂。管径0.9、长6厘米。

铜狗形饰　一件（TM4:6）。浇铸，为一面浮雕。头向下俯，尾巴上举，两腿作漫步状态，背有桥形钮。器形小，造型粗略，但能表现出狗的神态。长 2.2、高 1.6 厘米（图一九，10）。

铜盘角羊饰　一件（M11:6）。浇铸浮雕，大盘角，圆眼高起，颈项间丰毛清晰，躯体极度弯曲，作睡卧状，后腿屈曲与头部接近。背面有小乳钉五个，起钮的作用。宽 3.1、高 2.7 厘米（图一九，17）。

铜兽头形饰　一件（M11：7）。与上述铜盘角羊饰同出。面部上宽下窄，无耳，以两小孔表示双眼，吻部尖状。该器仅具象征性，背有钮。长 2.4 厘米（图一九，12）。

铜动物形饰　一件（M11:3）。横长方形，残为一半。中部内凹，高实鼻，将牌面分为两半，镂孔状的眼，两耳耸起，两颊圆鼓，鼻梁背面有拱形钮。残长 3.3、宽 2.2 厘米（图一九，32）。

铜铃　七件。M19、TM4 各出三件，M5 出一件。分四式。

Ⅰ式：一件（M19:4—1）。环形钮，环内留有挽成疙瘩的细皮条。铃身呈八字形，菱形口，无铃舌。高 4.1 厘米（图一九，6）。

Ⅱ式：四件。高甬，环形钮，环柄处有数周凸弦纹。铃身作八字形，铃口如"冂"形，无铃舌。环内都留细皮条。M5:6，高 3.3—5.1 厘米（图一九，8）。

Ⅲ式：一件（M19：4—2）。环形钮，高甬，环柄处有数道螺旋纹。铃身呈筒状，铃口近圆形，无铃舌，高 3.7 厘米（图一九，7）。

Ⅳ式：一件（TM4:3）。无钮，铃顶平齐，有穿绳圆孔，铃身近筒状，下缘近八字形，铃口椭圆形，无铃舌。高 2.2 厘米（图一九，5）。

铜铃形器　一件（TM4:4）。上小下大的喇叭状，上有圆形透孔，圆口，素面。高 2.2、口径 1.5 厘米（图一九，9）。这种铃形器，多和圆管状饰穿连在一起，往往悬挂在坠饰物的最下端。

铜泡 十五件。分别出于八座墓中，据出土情况看，有的缀于眼罩，有的为头部饰物。分三式。

Ⅰ式：一件（M2:3）。泡体正面略鼓，薄沿，背凹，有桥形钮。泡面粘一层纺织物。直径 3.4 厘米（图一九，22）。

Ⅱ式：十一件。泡面呈隆起的半球形，素面，背凹，有桥形钮。M15:4，直径 2 厘米（图一九，15）。个别的在背面凹心内为一小桥形钮。TM3:3，为双连泡，饰梅花瓣纹（图一九，11）。

Ⅲ式：三件。器形小，有素面和梅花瓣纹两种，背有桥形钮。M6:7，直径 1.2 厘米（图一九，14）。

铜耳环 四件。用直径 1.5 毫米的铜丝圈成，一端较粗，另一端锤成尖状。M6：3，环径 2.2 厘米（图一九，29）。

铜坠饰 一件（TM2:3）。圆形，上有凸柄，柄背有扁长形横穿。表面很平，既可佩带，又可当镜。直径 4、厚 0.13 厘米。

铜鞭形饰 一件（M5：5）。形似鞭，由竹节形铜管、长方形镂孔牌、铜管状饰、铜六联珠饰和銮铃等用皮条穿连组成，总长 55 厘米。出土时从左大腿吊至小腿上。銮铃套皮套，另有三个小尾铃（M5：6），因散落，不知原来位置（图二〇；图版拾，1）。

铁刀 二件。M9:1，只存刀尖部分，但能辨出刀形。残长 7、刃宽 1.4 厘米（图一九，28）。M采：016，柄部锈蚀，仅存刀身部分，前窄后宽，刃薄背厚。残长 11.5、宽 1.4—1.9 厘米（图一九，30）。

6. 皮革及纺织品

皮眼罩 一副（M13:1）。用直径 5 厘米的两块双层圆皮子，上各缀一铜泡，戴在 M13 人骨两眼上（图版玖，4）。

此外，M15 人骨的两眼眶内各有一铜泡；M11 人骨两眼下方也各有一铜泡，都应为眼罩。

皮革　出皮革的墓有 M5、13、15 和 18 计四墓。皮革有半熟和全熟之分。多为半熟革，因受气候干湿的影响，变化收缩很大。一般做成长

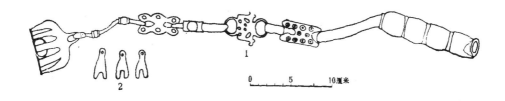

图二〇　蛤蟆墩墓地出土铜鞭形饰及尾铃
1.鞭形饰（M5:5）　2.尾铃（M5:6）

条形，将各种铜饰牌缝缀其上，以供佩带。全熟革性能好，但量很少，多用来作护手物，刀鞘和腰带等。有的宽窄一律的长条革带，被缝成整块，缝制非常细密（图版拾，2）。皮革的毛面、肉面都能辨认，毛面一般多平整，有些还保留着"鬃眼"。从皮质和毛孔观察，多是牛、马皮。有的革质较薄是为羊皮。

纺织品　墓中麻、毛织物残片很多。凡是各种铜饰牌、铜泡、铜刀等，都包裹、衬垫和覆盖着纺织物，故很多墓葬中都有出现。特别是 M5、15、19 三墓中出土最多，但都是残片。纺织物质地粗厚，结构清晰。颜色有单一绿色的，也有黄、绿、黑三色相间的。经、纬线都是向左捻转的双股线。经线比纬线稍粗，捻度较紧，也较密集，双股直径 0.5—0.6 毫米；纬线略细，也较稀疏，双股直径 0.3—0.4 毫米。在纺织技法上，

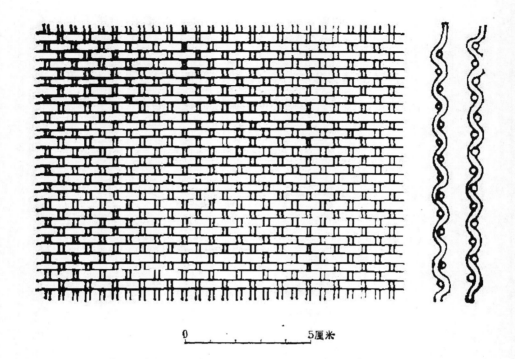

0 _____ · _____ · _____ 5厘米

图二一　蛤蟆墩墓地 M19 出土纺织物结构图

都是一上一下的平纹组织，每平方厘米经线十六根，纬线十根。由于经线粗且紧密，纬线细又稀疏，故布面经向显得突起，乍看似斜纹结构（图二一）。

　　纱线是纺织前染色的，单一绿色织物，经、纬钱都是绿的，结构颜色都很一律。黄、绿、黑三色织物，只是在黄、绿经线两侧，各增添三根黑色经线，增加了花色，达到美观。还有以三根黑色经线和三根棕色经线相间的棕色织物，暗中露黑，雅俗共赏。

　　出土的纺织物，有麻有毛，纱线都较粗，都是双股线；在纺织技法上，全是一上一下的平纹组织，没有斜纹结构；在染色上，只是线染，没有匹染。说明沙井文化的纺织技术，尚处在初期的原始状态。

三 结语

沙井文化于 1924 年因首次在甘肃民勤沙井柳湖墩发现而得名[2]。当时已知它和铜器伴出，故安特生将它列在甘肃远古文化"六期"之末。经过这次调查、发掘，知其文化内涵为石、彩陶、铜、铁并存，是河西走廊青铜晚期至铁器时代早期遗存。从陶器来说，几乎都是夹砂红陶、并施紫红色彩，红彩多施在器之颈、肩部，下部则无彩。另有些器表满施紫红色陶衣，独具风格，自成体系。沙井文化的青铜装饰品，十分丰富，各种铜联珠饰、铜管状饰、铜坠饰、小尾铃、铜泡和铜刀之类，形制多与鄂尔多斯青铜器，以及分布在内蒙古东北、河北和辽宁西部夏家店上层文化的青铜饰牌，颇多相似。

沙井文化的墓葬，在永昌三角城一带发现多处，居住遗址在三角域发现一处，　这在一定程度上，反映了游牧民族生活的一个侧面。游牧民族流动的生活方式，并不意味着没有相对的定居点。三角城遗址的发现证明，游牧民族实际上存在着相对定居点，它是牧民们在放牧活动中居住时间较长久的地方。它的房址为平地建筑，形制有圆形和椭圆形两种。圆形房址地面无柱洞，复原起来如蒙古包式。另有些房址，中央只有灶坑，周围边缘不清，可能与人们使用活动帐篷有关。三角城遗址的灰层，有的叠压层多至一二十层，每层厚 10 厘米左右，硬度不高，这是人们随同畜群转换牧场，由迁徙生活所形成的。墓葬形制，以竖穴偏洞墓室为特征。据目前所知，这种偏洞墓葬，最早可追溯到黄河中上游

马家窑文化的半山、马厂阶段[3]。青海柳湾的齐家文化的墓葬中，也有
这种墓葬。甘青地区的卡约文化、辛店文化中也都有发现。在河西走廊，
以火烧沟的偏洞墓葬时代为早，但它和沙井文化是不同系统的两种文化。

据近年的报导，这种偏洞墓葬，在陕西扶风刘家村先周墓中[4]和
长安张家坡西周墓中[5]都有发现。应该看到，无论先周墓中或是西周
墓中，这种偏洞墓室都极少，只占总墓数的二十分之一，不占主导地位。
从它的陶器来说，有的带有浓厚的辛店陶器作风；又有部分器物呈现出
寺洼陶器的特征。说明先周和西周时期的偏洞墓葬曾受到甘青地区早期
青铜文化的影响。此外，还有新疆鄯善的姑师人[6]和宁夏同心的汉代
匈奴人[7]，也都使用这种偏洞墓葬，而且两者的形制与沙井文化的竖穴
偏洞墓酷似。因为它们的时代较晚，可能是受沙井文化的影响。

关于沙井文化的年代，因为过去没有典型标准器物作依据，故在断
代上是较为困难的。在这次的试掘中，遗址中出土了为数很少的、具有
战国纹饰特征的陶片。这些战国陶片，原是来自中原的输入品，若从沙
井文化的整个时代来说，它的输入时间虽较晚，佢它为断定沙井文化的
大致年代提供了一种证据。此外，我们测定九个碳十四数据，其年代多
在春秋早期至战国时期，其中有些数据偏高，可到西周时期。但在九个
数据中，却没有晚到秦汉之际的（附表二）。

再以地域相邻、时代相同的内蒙古凉城县毛庆沟[8]和崞县窑子
墓葬[9]器物对比，两者都是典型的鄂尔多斯式青铜器遗存，虽与沙井
文化不属同一体系，但时代相同，陶器最能反映时代特征。如三角城
F1:1 鬲，圆唇外侈、鼓腹、宽大于高的特征，与毛庆沟 H3:2 鬲基本相
同，并且都饰细泥条蛇纹。三角域的双竖耳罐，与崞县窑子的 A1 式、

AII 式双耳壶酷似。还有铜带扣、各式铜联珠饰、铜管状饰、小尾铃、铜刀、弓弭等等，莫不相同。毛庆沟一期墓葬碳十四测定年代为距今 2690±125 年，正值春秋早期阶段。蛤蟆墩 M11 碳十四测定年代为距今 2680±115 年，两者相差无几。至于崞县窑子一期墓葬的年代，也与之相当。必须说明，蛤蟆墩 M11，是蛤蟆墩墓葬中的中期墓，其早期墓的时代或可早到西周晚期。故沙井文化的整个年代，应从西周晚期至战国时期。通过三角城遗址和蛤蟆墩墓地的发掘，可知沙井文化的上限年代较早，纠正了人们过去习惯上认为它是秦汉时代遗存的认识。

秦汉以前的河西走廊，原是月氏、乌孙的移徙故地，至于匈奴占据河西地区，则是秦末以后的事。《史记·大宛列传》说："始月氏居敦煌、祁连间，及为匈奴所败，乃远去"。《汉书·张骞李广利传》又说："臣居匈奴中，闻乌孙王号昆莫。昆莫父难兜靡本与大月氏俱在祁连、敦煌间，小国也"。唐张守节《史记正义》说得更为明确："初月氏居敦煌以东，祁连山以西。敦煌郡今沙州。祁连山在甘州西南[10]（唐甘州即今张掖——引者）。"唐司马贞《史记索隐》引《西河旧事》云："山在张掖、酒泉二界上，东西二百余里"[11]。汉之"祁连山"系指今祁连山张掖西南的一段。也就是说，乌孙之东界当在今酒泉、张掖间。如此，乌孙的原居地是在河西走廊的西端。至若月氏，楚汉之际冒顿既主，"遂东袭击东胡"。"西击走月氏"[12]。说明战国至秦，匈奴东接东胡，西与月氏为邻。故此，月氏之原居地，应在河西走廊的东端。据研究者认为，月氏东边与匈奴交界外，可能在今甘肃、宁夏和内蒙古毗连的河套西部黄河西岸一带[13]。据目前调查、发掘可知，沙井文化主要分布在民勤、永昌、金昌市、山丹、张掖、武威、天祝、永登和兰州市附近，就地理位置而言，正处河西走廊的东端，与月氏族的原居地正好相符。据此，我们认为沙井文化就是古代月氏族的遗存。

据史书记载，汉文帝前元四年（公元前 176 年），冒顿单于遗文帝书曰："今以小吏之败约，故罚右贤王，使之西求月氏击之"[14]。这说明月氏在文帝前元四年以前已远离河西地区。由此进一步证实，月氏在楚汉相争之际被匈奴驱逐河西，到达巴尔喀什湖一带当是可信的。从楚汉相争开始（公元前 206 年）上溯秦始皇十七年（公元前 230 年）开始灭韩，只有二十四年，就是统一六国前的七国之战国时代。既如此，月氏在河西走廊的时代，无疑就是春秋战国时代。任何一个古代民族，都有其相对稳定的时代，并有与其相邻民族或部落互相承认的活动地域，因为"地者，国之本也"[15]。战国至秦，月氏十分强大，"当是之时，东胡强而月民盛"[16]。"控弦十余万，故强轻匈奴"[17]。匈奴头曼单于时，将其子冒顿质于月氏，以作抵押担保。可见匈奴当时要受月氏的控制。据此有人认为月氏是河西地区的古老民族，也是河西最早的开拓者[18]。如果这种分析推断不谬，则月氏在河西地区的活动时间，或应早到西周晚期，这与碳素测定的年代基本相符。

这一推测，乃得之于对史汉记载的分析，并未借助于考古资料。对其年代的提早，可能还有商榷之处，若与月氏早期强盛的历史实际相结合，也是大抵相符的。

沙井文化，社会经济以畜牧业为主，农业、手工业不占主导地位。牲畜的种类，由墓葬中殉牲的牛、马、羊头骨和驴蹄趾骨等，便是具体说明。墓葬中殉牲的羊头骨最多，畜群或以羊为主，可能还有单峰骆驼。再从遗址中出土的石球、陶球数量多的特点，以及墓葬中发现箭镞、箭杆、弓弭来分析，狩猎活动在经济领域中也占有重要地位。墓葬中出谷物，遗址中有磨盘、磨棒、石臼、石杵等粮食加工工具等，表明沙井文化有一定的农业经济。

手工业生产，是沙井文化具有重要意义的一个生产部门。从出土的器物种类来看，有制陶、金属制造、皮革加工、麻毛纺织、草席编织、骨、角、石器加工等。麻毛织物的出土，肯定了沙井文化已有纺织业的存在。特别是金属器具的制造所涉及到的一系列专门生产工艺，已不是一般家庭手工业所能承担的，它必然是脱离畜牧业和农业之外的一种新的、独立的生产部门。青铜装饰品和铜、铁刀具数量较多，应是他们自制的。至于金属冶炼，因没有直接材料证明，是自炼，还是外来，尚不能肯定。

关于它的社会性质，《史记·大宛列传》和《汉书·西域传》都说：月氏"与匈奴同俗"。对于这种"同俗"，可以从两个方面来理解。第一，秦至汉初的匈奴，正处奴隶制社会。在奴隶社会中，奴隶主和奴隶之间，存在着严重的阶级对立，在财产占有上形成贫富极度不均。当时匈奴强大，它的各种制度和生活习俗，对北方各少数民族有着很大影响。故司马迁和班固，凡是提到北方草原其他各民族时，便以匈奴作比喻。第二，匈奴、月氏都从事畜牧业，随水草迁徙。"其俗，宽则随畜，因射猎禽兽为生业，自君王以下，咸食畜肉，衣其皮革，被旃裘"[19]。他们都具有游牧民族的生活方式。此外，月氏好商贾，尚贸易，"民俗钱货，与安息同"[20]。这是西迁以后的情况，为匈奴民族所没有。

匈奴奴隶主贵族死亡，"近幸臣妾从死者，多至数千百人（《汉书·匈奴传》作数十百人）。其攻战，得人以为奴婢。故其战，人人自为趣利"[21]。像这种的记载，《史记》、《汉书》中，屡见不鲜。与此相联系，月氏社会内部很多与此相同，也实行着奴隶制度。蛤蟆墩较大的偏洞墓都用木椽封堵偏洞，而有些人骨经火熏烤应是一些上层人所实行的一种特殊葬俗。随葬品丰富，佩带各种青铜饰牌、铜泡、带扣、耳环、铜、铁刀具和绿松石饰、骨牌、骨珠等等。有的墓主人穿皮革和麻毛织品，并系青铜饰牌的腰带和垂吊青铜鞭饰，还用大量的牛、马、羊头骨殉葬。这与无随葬品，甚至断头断肢、身首异处的死者相比，两者所处的社会地位高低悬殊，阶级身份各异，在社会财富占有上多寡不均的现象非常鲜明。

值得提及的是 M4，为一女性单人葬，除墓主尸骨外，在墓坑填土中的另一个男性头骨显然是为墓主的安葬而遭残害的奴隶或亲信中的从死者。此外，M19 和 M20 两墓中，除墓主外，都发现有 3—4 岁儿童的腿骨和肱骨。诸如此类的种种现象，对于揭示月民族的奴隶社会性质，是最有说服力的材料。

附录：

蛤蟆墩附近采集的马家窑文化遗物

陶刀　一件。系橙黄色泥质陶制成。长条形，弧背，凸刃，双孔，有使用痕迹。长 9.5、宽 4.5 厘米（图二二，4）。

彩陶片　二件。一为罐的口颈片，橙黄色泥质陶，外翻沿，短曲颈，斜肩。施绛红彩，口沿内饰锯齿纹，颈、肩饰宽带和细条纹（图二二，3）。另一件亦为橙黄色，饰绛黑彩方格纹，口沿外无彩（图二二，2）。

盆　二件。口沿残片，均为橙黄色。一为泥质陶，薄胎，表里露出砂粒。器形小，敛口，斜折沿，素面（图二二，5）。另一件为夹砂粗陶，含砂粒较多，因风蚀而使表面显露密密麻麻的砂粒（图二二，1）。

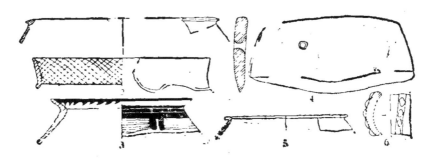

图二二　蛤蟆墩附近采集的马家窑文化遗物

1、5.陶盒口沿　2、3.彩陶片　4.陶刀　6.陶器耳　（5.约1/17；4.2/5；余1/5）

绳纹陶片　六件。均为夹砂陶，含砂粒多，制作粗糙。陶色有褐红、淡黄和灰白几种。表面饰横绳纹，有的在绳纹上附加泥条，把条上仍压印绳纹。

泥质红陶片　二件。含有细砂，表面粗糙，橙黄色，胎厚0.4—0.5厘米。陶质坚硬，撞击时当当作响。

器耳　一件。橙黄色夹砂陶，耳作扁平半圆形，耳上附加泥条，压成锯齿纹。耳宽2.5、环径5.5厘米（图二二，6）。

附记：

蛤蟆墩墓地出土人骨经中国社会科学院考古研究所韩康信先生鉴定；沙井文化陶器上的紫红色颜料和陶胎中的金黄色、银白色蛭石薄片，由甘肃省博物馆化验室马清林同志分析化验，谨此一并致谢。本文插图由庞跃先同志绘制，照片由岳邦湖同志拍摄。吉林大学考古系83级学生龙凤骧，于1987年曾以蛤蟆墩墓葬材料作毕业论文实习。

（执笔者　蒲朝绂　庞跃先）

参考文献：

[1] 《甘肃永昌三角城沙井文化遗址调查》，《考古》1984 年 7 期。

[2] 安特生：《甘肃考古记》，1925 年。

[3] 《试论我国早期土洞墓》，《考古》1987 年 12 期。

[4] 《扶风刘家姜戎墓葬发掘简报》，《文物》1984 年 7 期。

[5] 《长安张家坡 M 183 西周洞室墓发掘简报》，《考古》1989 年 6 期。

[6] 《新疆鄯善苏巴什古墓葬》，《考古》1984 年 1 期。

[7] 《宁夏同心倒墩子汉代匈奴墓地发掘简报》，《考古》1987 年 1 期。《宁夏同心
倒墩子匈奴墓地》，《考古学报》1988 年 3 期。

[8] 《鄂尔多斯式青铜器·毛庆沟墓地》，文物出版社，1986 年。

[9] 《凉城崞县窑子墓地》，《考古学报》1989 年 1 期。

[10] 《史记·大宛列传》，《正义》。

[11] 《史记·匈奴列传》，《索引》。

[12] 《史记·匈奴列传》。

[13] 王明哲、王炳华：《乌孙研究》，新疆人民出版社。

[14] 《史记·匈奴列传》。

[15] 《史记·匈奴列传》。

[16] 《史记·匈奴列传》。

[17] 《汉书·西域传》。

[18] 杨建新：《中国西北少数民族史》，宁夏人民出版社。

[19] 《史记·匈奴列传》。

[20] 《汉书·西城传》。

[21] 《史记·匈奴列传》。

附表一　　　　　　　永昌蛤蟆墩墓葬登记表　　　　（长度单位：厘米）

墓号	方向(度)	墓葬形制		葬式	性别	年龄(岁)	随葬器物	备注
		形制	长×宽—深					
1	5	竖穴	113×58—100	仰直	不明	幼童		残留胫、腓骨；人骨下铺芨芨草
2	10	偏洞	192×76—170	仰直	男	17—18	铜泡,骨珠,羊头10	尸骨用芨芨草编蓆包裹
3	10	竖穴	140×60—130	仰直	男	12—13		上肢乱,下肢缺左股骨；两腿上下铺盖芨芨草
4	10	偏洞	210×95—164	仰直	女	大于55	铜六联珠饰、I管状饰、绿松石珠2,羊头9	上肢凌乱,下肢缺左股骨；人骨上下铺盖芨芨草；多一头骨,30岁左右,男性
5	20	偏洞	182×68—160	仰直	女	20—22	铜泡,六联珠饰8,鞭形饰,绿松石珠,耳坠2,腰带,皮革,囊状物,毛纺织物,羊头	人骨下铺芨芨草,尸骨用芨芨草编蓆包裹
6	40	偏洞	170×72—148	仰直	女	30—35	铜泡2,耳环2,六联珠饰、三联珠饰、I蝙蝠形饰、I管状饰,绿松石珠2,羊头7	人骨上下铺盖芨芨草
7	30	偏洞	205×74—182	人骨凌乱	男	30—40	铁残刀,牛头,小牛蹄趾骨	上下铺盖芨芨草；填土中有铁块
8	43	竖穴	180×82—130	仰直	女	20—25	羊头	人骨下铺白灰和芨芨草；上肢凌乱,下肢缺右股骨
9	348	竖穴	200×74—96	不明	不明	不明	铁残刀,耳珰,羊头,羊下颚骨2,驴蹄骨	人骨仅存两节咽喉骨
10	20	竖穴	175×55—95	仰直	女	25—35	铜泡,管状饰、双勾形饰,石珠,绿松石珠,骨珠2,皮革,纺织物,羊头3	人骨上下铺盖芨芨草
11	0	偏洞	221×105—164	仰直	男	45—55	铜泡4、残刀(带刀鞘)、I蝙蝠形联珠饰、动物形饰,绿松石珠,羊头7,马头	偏洞口插立、斜顶木橼各15根
12	5	偏洞	218×76—197	仰直	男	45—55		头骨脱离；偏洞口插立木橼8根
13	45	竖穴	200×70—165	仰直	男	45—50	绿松石珠,皮眼罩(上缀铜泡2)、皮革,麻织物囊袋(腐朽),羊头4	人骨上下铺盖芨芨草
14	30	偏洞	195×66—130	人骨凌乱	男	大于30	铜II刀(套铜鞘),骨I镞、II镞,木箭杆,绿松石珠	下铺芨芨草；封堵偏洞的木料倒塌
15	10	偏洞	205×96—230	仰直	男	50—55	铜I刀(套皮鞘),II泡2,石珠,绿松石珠2,木棒,长方形盒、圆盒,骨珠3,镞,圆形饰、弓弭(2对),皮革,马头,羊头24	人骨下铺白灰和芨芨草；偏洞口插立、斜顶木料各19根
16	5	偏洞	190×63—180	仰直	女	18—20	陶双耳罐,绿松石(呈粉末),赭石,谷物	人骨下有芨芨草
17	30	竖穴	170×80—125	仰直	女	25—30	羊头	人骨下有芨芨草

墓号	方向(度)	墓葬形制		葬式	性别	年龄(岁)	随葬器物	备 注
		形制	长×宽—深					
18	15	偏洞	214×96—160	仰直	男	35—45	陶鬲足、铜Ⅱ泡2、木长方形盒、箭杆、骨牌饰、镞、匕、珠、弓弭(对)、玛瑙珠2、琉璃珠6、牛头、马头、羊头5	人骨下先铺白灰,再铺茨草,偏洞口插立、斜顶木料各19根
19	10	偏洞	200×80—160	仰直	女	大于60	铜环Ⅱ泡3、残刀、六联珠饰3、管状饰、二芃珠饰、束腰形饰、Ⅰ铃、Ⅱ铃、Ⅲ铃、木棒、牛头、羊头11	人骨下铺白灰和茨草;另有约3岁小孩的骨骼一块;封堵偏洞口的木椽竖,斜各18根
20	35	竖穴	176×62—160	仰直	女	50—60		另有3岁小孩的肱骨、腓骨3根;人骨下铺茨草,上盖芦苇草编席

说明:随葬器物栏中,罗马数字为式别,阿拉伯数字为件数,未注明者为1件。

附表二　　　　　　　　三角城和蛤蟆墩沙井文化遗存碳十四年代表

标本号	地点	遗址墓号	材料	距今年代(年)	备 注
BK 79065	蛤蟆墩	M15	朽木	2950±160	北京大学历史系碳十四实验室
BK 79066	蛤蟆墩	M18	朽木	2850±90	北京大学历史系碳十四实验室
BK 79062	蛤蟆墩	M5	朽木	2730±95	北京大学历史系碳十四实验室
BK 79063	蛤蟆墩	M11	朽木	2680±115	北京大学历史系碳十四实验室
ZK-739	三角城	灰坑	木炭	2675±100	《考古》1981年4期
BK 79030	三角城	灰坑	木炭	2600±130	北京大学历史系碳十四实验室
BK79064	蛤蟆墩	M14	朽木	2570±90	北京大学历史系碳十四实验室
ZK-789	蛤蟆墩	M14	朽木	2540±80	《考古》1982年6期
ZK-784	西岗	xM26下层	朽木	2700±90	《考古》1982年6期

说明:1.距今年代以1950年为起点,半衰期按5730年计算。

2.朽木测定的数据有偏高的倾向,加上M15、M18两墓的木料上均带有使用过的凿眼,在埋葬时就是旧木,故数据更偏高。

图版伍

永昌三角城遗址出土遗物

4.陶鬲（F1:1）
5.陶漏（T1②:6）

1.陶鬲（采:03）
2.陶鬲（T1②:4）

3.石臼杵（T2②:9,10）

6.小陶罐（T1②:5）

图版陆

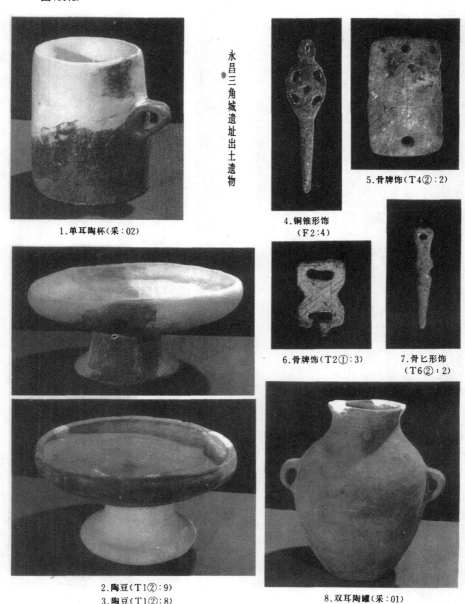

永昌三角城遗址出土遗物

1. 单耳陶杯(采：02)

2. 陶豆(T1②：9)
3. 陶豆(T1②：8)

4. 铜锥形饰
(F2：4)

5. 骨牌饰(T4②：2)

6. 骨牌饰(T2①：3)

7. 骨匕形饰
(T6②：2)

8. 双耳陶罐(采：01)

图版柒

2. 铜针管　　　3. 铜二联珠饰　　4. I 式铜蝙蝠形
　（M4：2）　　　　（M19：5）　　　　联珠饰（M6：4）

5. I 式铜刀（M15：6）

1. 大单耳陶罐（M采：01）

永昌三角城、蛤蟆墩出土遗物

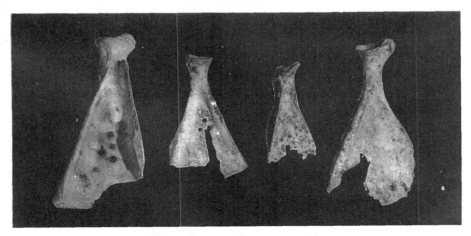

6. 卜骨（T4③：4、T1②：2、H4：3、F2：2）

图版捌

永昌蛤蟆墩墓葬及出土遗物

1. M17（南→北）

2. M16（南→北）

3. 双耳陶罐（M16：3）

4. 大单耳陶罐（TM2：1）

图版玖

1. M18上层（北→南）

2. M18中层（北→南）

永昌蛤蟆墩墓葬及出土遗物

3. Ⅰ式铜刀（M11：5）

4. 皮眼罩（M13：1）

5. 弓弭（M18：7）　　　6. 长方形木盒（M18：2）

图版拾

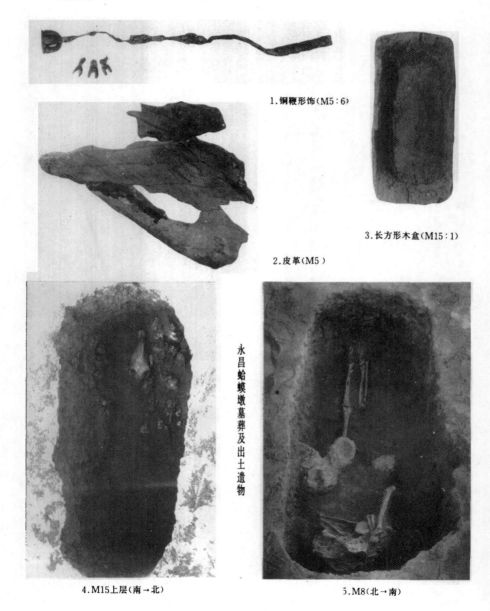

1.铜鞭形饰（M5:6）

3.长方形木盒（M15:1）

2.皮革（M5）

永昌蛤蟆墩墓葬及出土遗物

4.M15上层（南→北）

5.M8（北→南）

沙井文化研究

李水城

一　沙井文化的发现与研究

1923 年春，经中国北洋政府农商部矿政司和地质调查所批准，在瑞典科学研究会资助下，瑞典地质学家、考古学家安特生博士（J. G. Andersson）赴中国西北进行考察。抵达兰州后，他派助手白万玉（地质调查所采集员）去河西走廊收集资料。此人到凉州府（今武威）后得知镇番（今民勤）县城附近有古物发现，遂前往，结果在县城西南一个名叫沙井子的小村庄买到了 6 件铜器（图一：11、12、17、18）。循此线索，他在沙井村东约 3 公里处找到一座墓地，并采集到一些陶器、石器和小件铜器。

1924 年 8 月，安特生亲自来到民勤，在沙井村南调查并发掘了柳湖墩遗址和一处墓地。其中柳湖墩为一直径约 50 米的圆形聚落遗址，四周有用泥土堆筑的围墙。整个遗址高出周围地表约 1.5 米，围墙以内地势呈中央低四周高的锅底状（图八：上），在西侧墙基内表土以下 1.7 米处发现有黑土文化层及陶鬲、豆、碗、石器、铜刀、金耳环和骨针等遗物（图一：上）。沙井南墓地位于柳湖墩西约 260 米，面积近 2 万平方米。安特生等人在此发现了 44 座古墓（编号 11—53）。据平面图可知，大多数墓集中在墓地东部和南侧，形成明显的两群，墓穴一律南北向布局，墓主头朝北，全部为竖穴土坑墓，流行单人仰身直肢葬，个别侧身屈肢（图九：上）。据后来发表的资料统计，约 50% 的墓葬有随葬品，约 1/3 有陶器，余者皆为小件铜器、装饰品等（图二）。在个别墓中发现有在墓主头部撒放赤色矿物颜料的现象。

此行安特生等人还调查了民勤县黄蒿井西北 1.5 公里的一处遗址和永昌三角城遗址。[1]

1925 年，经初步研究，安特生将他在沙井周围所获文物作为中国西北地区史前文化的最后一期——即沙井期。此期是为中国彩陶文化的最后阶段，属青铜时代，其年代估计为公元前 2000—公元前 1700 年。40 年代，安特生又将此年代修正为公元前 700—公元前 500 年。[2]

1948 年夏，当时的经济部中央地质调查所组成西北地质调查队赴甘肃、青海考察。在河西走廊，裴文中博士再次调查了民勤柳湖墩、沙井东、沙井南几处遗址，采集了一些遗物。在民勤黄蒿井裴文中新发现两处遗址，在村南约 1 公里（编号 K108）发现一座与柳湖墩构造相若的遗址，有用泥土堆筑的围墙直径约 38 米，在墙基处发现有半月形石刀、陶片、玛瑙片和大理石坠。由此向北约 500 米处地表散落有陶片和人骨，估计应为墓地所在。另一址位于村南约 2 公里，在地面上发现有石刀、鬲足和长方形的房基址。该址西南约 500 米为墓地，经试掘的几座墓中出土有绘鸟形花纹的典型沙井文化陶器。裴文中在民勤发现的第三处遗址位于县城西北 45 公里、红沙梁乡小东村西 5 公里的沙丘中。这里有一个由大块岩石砌成的高台，名曰三角城。[3] 台子南侧有一些石砌的圆形、方形墙址，周围散见有兽骨、陶片和灰烬。台子东南约 500 米的沙丘下发现有墓葬和完整的陶器。在发表的少量陶器残片中，可辨器形有沙井文化的豆盘、鬲足、彩陶片、罐口沿等，采集的工具类有石斧、长方形石刀、石磨盘等。在后来撰写的报告中，裴文中首次使用了沙井文化的命名。他认为，沙井文化可能是由马厂期发展而来，但新增加了三种因素，一是以鬲为代表的原始中国文化；二是铜器；三是彩绘的鸟形花纹。对于后者，他认为可能代表一种由中亚一带传播而来的艺术。[4]

1979 年，甘肃省文物工作队正式发掘了永昌（现划归金昌市）三角城的部分遗址和蛤蟆墩、上土沟岗南两处墓地。

三角城是一座占地面积达 2 万余平方米的城堡废墟，平面形状不规则，因北角向外凸出略呈三角形，故名（图八：下左）。今四周城墙保存尚好，最高达 4 米左右。经发掘可知，此城系利用天然地势用黄土垒筑而成，城门设在南墙正中，宽仅 2.6 米。墙基厚 8 米上下。城西有一古河道。在城内西北角发现房屋基址 4 座，窖穴 14 个及大批遗物（图三）。据城内灰坑中采集的木炭经测试，此城建于春秋时期。[5]

蛤蟆墩墓地位于三角城以西约 1400 米，共清理墓葬 20 座（编号 79HM1—M20），墓穴方向基本为 0—40 度，墓主头朝北或略偏东。墓葬形制分竖穴偏洞室和竖穴土坑两种，流行单人仰身直肢葬。这里的偏洞墓很有特点，其营造程序是在已挖好的竖穴土坑底部再向西向下掏挖一长方形墓室，以放置尸体。如此往往会在墓底东侧形成二层台。下葬后，洞口用木棍封堵，为牢固起见，再用木棍斜顶住封堵墓室的圆木，最后覆盖芨芨草或草席，以免填土涌入墓室。（图九：下）每座墓都有随葬品，但陶器甚少，多为小件铜器、装饰品，还有少量木器、毛麻纺织物残件、皮革制品和铁器（图四）。蛤蟆墩墓地的丧葬习俗也很有特色，一般在墓底铺垫石灰和草席，墓主身上盖芨芨草席，或芦苇席，也有的用草席将头、脚包裹起来，脚下一般用硬土块填塞。还有的在头骨周围撒赤色矿物颜料，或口含绿松石珠，或在双目上遮盖缀铜泡的皮眼罩。特别是用火烧尸的现象在它处极为罕见，如 M6 墓主下颌骨被火烧黑；M15、M19 墓主骨头亦被火烧烤呈黑色。这里还流行殉牲习俗，一般将牲畜杀死肢解后埋在距墓口有一定距离的填土之中，并集中在墓主头部一侧，牲畜吻部一律朝前，额头顶向上，很有规律。出土时有的牲畜头骨上还残留皮毛，可见当时是专门用于杀殉特意埋入的。经鉴定，种类有羊、马、牛等的头骨和蹄骨（图九：下）。[6]

另有三角城以东约 1.5 公里的上土沟岗清理了 5 座墓葬（编号79STM1—M5。这些古墓仅残存墓底，形制已不可辨，出土的随葬品与蛤蟆墩墓地基本一致。[7]

1980 年，甘肃省文物工作队在三角城东 300 米的西岗发掘了 447座墓葬，据发掘者见告，该墓地的 M164、M199、M227 各出铁刀一件，M223 出一铁器（不辨器形）。

1981 年，他们又在三角城东北约 700 米的柴湾岗发掘墓葬 113 座，约占整个墓地的 1/4。在墓地上层清理房屋基址两座，灰坑两个。据发掘者透露，M103 出铁剑一柄。

上两座墓地的墓葬形制有偏洞墓、土坑墓和竖井土洞墓三种，后者较少，分双竖井和单竖井两种，前一种在地表先向下挖两个直径约 1 米的圆坑，深 1.5 米，再将两坑从底部贯通，形成一过洞，作为墓室。后一种是只挖一竖坑，底部掏出土洞墓室。此外，这两座墓地还发现少量的合葬墓。[8]

三角城遗址周围的一系列工作大大丰富了沙井文化的内涵，并测定了一批碳十四数据，大体明确了这部分遗址的绝对年代。

1986 年 12 月，北京大学考古系与甘肃省文物考古研究所重新考察了民勤至金昌一线的沙井文化遗址，并对新发现的民勤县东北约 50 公里的火石滩遗址进行了调查。[9] 近年来，在民勤县境内又陆续发现一些新的沙井文化遗址，如昌宁乡四方墩、沙岗墩、泉山镇小井子、大滩乡古城和西岗镇端字号柴湾等。

历年来，在民勤沙井子一带收集到相当一批沙井文化的陶器、石器，现分别藏于甘肃省博物馆和民勤县博物馆（图五）。

二　沙井文化的基本特征

（一）陶器

沙井文化的陶器全部为夹砂陶，羼和料较粗，少部分胎质细腻者也掺有细砂。特别是在陶土中普遍羼有一种名为蛭石的矿物质，该矿物微粒可发出类似云母的金或银色光泽，虽然这与当地陶土中夹杂的自然矿物成分有关。陶器的颜色以红、褐（红褐、灰褐）和橙黄为主，灰色很少。由于技术原因，有些器表夹杂有灰黑色斑块。所有陶器均为手制，工艺较粗，陶胎普遍较厚。索面陶器为主，装饰类纹样主要有附加堆纹、刻划纹、乳丁纹及少量绳纹。尤为流行在陶器表面施紫红色陶衣。彩陶全部为红彩，花纹图案大致分两类，一类为几何形，如用横竖短线、三角、网格、水波等组成花纹带；另一类为动物纹与几何纹相搭配，绝大多数为鸟纹组成的花纹带，也发现极个别的人物形象，弥足珍贵（图六、图七）。经观察，陶器上的红色陶衣与红彩应系同一种矿物颜料。在金昌三角城遗址曾发现一件内装红色颜料的单耳杯，经鉴定，颜料的化学成分主要是三氧化二铁和少量的氧化亚铁。此类物质在当地有广泛的分布，沙井文化的彩陶颜料显然就是用这种东西调制的。

沙井文化陶器的种类比较简单，缺少变化。从形态看，以平底器为主，三足器次之，圈足器和圜底器很少。现将其归类为以下几类分别介绍。

杯　沙井文化中最为常见且特征最突出的器类，分单耳、双耳两种。

宽柄大单耳杯　器身一侧从口缘至腹下置宽柄大耳，约占器身的2/3，个别还在单耳另一侧捏塑一錾突或增设一小耳，有彩陶和素面之分。据形态差异，该器可分 A、B 两型，A 型又分两式。

I 式　直口，圆鼓腹，平底，整体形态矮胖，如标本 K6179（图六：4）。

II 式　腹部瘦削，整体形态瘦高，如标本 79HM 采：01（图四：1）。

B 型　呈直筒状，口底大小相若，如标本沙井采集品（图五：5）。

单耳杯　器身一侧置环形小耳，因器耳位置不同，分 A、B 两型。

A 型　侈口，圆鼓腹，单耳置口缘与上腹之间，标本如西岗 M218，在单耳另一侧饰乳突一枚（图六：10）。

B 型　口底大小相若，直筒形，单耳置腹中部，如标本 K6211（图二：12）。

双耳杯　口略小于底,近直筒形,腹中部置双小耳,如标本K5432（图
二：19）。

罐　沙井文化陶器中之大宗,形态种类甚多,依据完整器可分平底、
圜底两类。

圜底罐　分单耳、双耳两种。

单耳圜底罐　直口,卵圆腹,小耳,口缘外侧有的贴一周泥片,腹
部饰绳纹。标本如沙井采集品（图五：1）。

双耳圜底罐　分三型,其中A型又分两式。

AI式　整体形态近扁方形,大口,浅腹,如标本K5597,腹部正中
饰乳突（图二：16）。

AII式　整体形态近正方形,口比较I式略小,深腹,如标本K5598（图
六：1）。

B型　喇叭口,束颈,双小耳置肩部,球形圆腹,如标本K6087（圖
二：18）。

C型　整体形态瘦高,小口,长颈,球形圆腹,双腹耳,器表饰绳纹,
附加堆纹,指甲压纹,标本如沙井采集品（图五：2）。

平底罐　完整器分三型。

A型　大口,双小耳,形体矮胖,如标本K5588,腹部饰波浪形附
加堆纹（图二：14）。

B型　较A型瘦高,腹部正中饰乳突,器表饰绳纹,标本如西岗M40（图
六：7）。

C型　瘦高,小口,双耳置肩部,长颈,如标本K5596（图二：

11）。

鬲　完整器分四型。

A型　形体硕大，高56.5厘米，大口，高档，乳状大袋足，有短小的实足根，器表饰附加堆纹，如标本K6559（图一：1）。

B型　矮小，高仅10余厘米，大口，矮档，袋足无实足根，标本如三角城T1②：4（图三：2）。

C型　高约15厘米，大口，单小耳，矮档，有短实足根，标本如西岗M334：2。

D型　高31.5厘米，微侈口，肩颈处置半月形鋬手，袋足肥大，矮档，扁铲形实足根较高。标本如三角城F1:1（图三：1）。

豆　浅盘　细柄中空，喇叭形圈足。标本如三角城T1②：3（图三：4）。

壶　小口，圆鼓腹，肩或腹部置双小耳，偶见四耳者，标本如三角城采01（图三：10）。亦有个别彩陶，标本如西岗M125:1（图六：12）。

细颈瓶　形态瘦高，喇叭口，长颈，腹部置双小耳，标本如西岗M55（图六：11）。

碗　分两型。

A型　微敛口，浅腹，平底，标本如三角城T56②（图三：13）。

B型　与A型大致相同，只是在口缘处置一或两个鋬手。如标本K6557（图一：2），再如三角城T1②：6（图三：3）。

盆　未见完整器。三角城出土的盆口缘外均饰一周花边状附加堆纹，腹部也似有深浅之分（图三：5.6）。

（二）木器

仅在蛤蟆墩墓地有少量发现，种类有盘和筒两种。盘为长方形浅盘、胎很厚，系用整块木板凿挖而成，标本如 79HM18:2（图四：4）。筒用薄木板卷制，底部镶套圆木板，深腹，口略小于底，如标本 79HM15:2（图四：5）。

（三）石器

石器在沙井文化中是主要的生产工具。分打制、磨制两种。据裴文中报导在黄蒿井发现有细石器，[10] 但是否属沙井文化还有疑问，因在其它沙井文化遗址中还从未见到细石器。

打制石器主要有手斧和环形穿孔石器，它们在金昌三角城遗址发现甚多。

石斧大多利用天然的条形砾石打出刃部，其余部分保留石皮原貌，往往有便于捉握的手柄，标本如三角城86：038（图三：22）。环形穿孔石器大者直径近 20 厘米，小者 10 厘米余。中央对钻一大孔，周边刃部打制或磨制，有些刃部加工不很明显，标本如三角城 F3：3（图三：25）。

磨制石器有刀、磨石、斧等。刀的形状有长方形和半月形，分单孔、双孔，磨制大多不精（图二：6，图五：10、11）。磨石的形状有条形、三角、梯形、圭形，一端有孔，无刃，在沙井南墓地均用于随葬，估计这是一种用来磨骨器和铜器的磨石，一端有孔，便于携带。标本如 K2309:3、K2304:2、K2313:7 （图一：16，图二：3.7）。沙井南墓地还出土有磨制精良的石瑗，如标本 K2349:12（图二：1）。另在沙井一带还采集有磨制较精的石器，种类有斧、锄（图五：7、8、9、12）。

其它石器还有石磨盘、石杵、石臼、石球及个别的石制容器——碗（图一：3）。

（四）骨角器

按种类和功能分为兵器、工具、装饰品和占卜用具。兵器有镞和弓弭，镞为三角形，剖面亦为三角，平底或微凹底，底部向内钻挖一孔以插箭杆（图一：5.6，图三：19）。骨弓弭用动物长骨劈成两半再磨，一面平齐，另一面弧鼓，两半相合，顶端有一缺口，均两两成双与骨镞搭伴而出，估计此物是与弓矢配套使用的器具（图四：16）。工具类有针、匕、锥及角觿。装饰物有骨珠、骨牌，三角城曾采集到一件刻有繁缛花纹的圆形骨牌（图三：29）。卜骨均用羊肩胛制成，表面留有钻、灼和钻灼兼施的三种形式，如标本三角城 T4 ③：4（图三：28）。

（五）金属器

分铜器、金器和铁器三类。其中铜器均为小件，无容器，分下列几种。

工具武器类　有刀、锥、斧、镞。其中刀分为五型。

A 型　环首，直背直刃，有较明显的细柄，标本如三角城 1979 年采集品（图三：26）。

B 型　弧背，凹刃，刃与柄无明显分界，如标本 78HM 采（图四：22）。

C 型　弧背，直刃，直柄较刃部细，标本如 79HM15：（图四：24）。

D 型　柳叶形刃，直柄较刃部细，标本如 79HM14:6（图四：23）。

E 型　凹背，弧刃，刀尖上翘，柄残缺，如标本 79STM5:1（图四：25）。

锥有两种，一般为锥体剖面四棱形，末端插入木柄，如标本79STM1:1（图四：21）。另一种锥体为圆锥形，末端连着中空的銮铃，顶部有一穿系，如标本三角城 F2:4（图三：30）。

斧　长方形，亚腰，上部有装柄的銎孔，一侧有用于加固斧柄的穿。如标本 K4106: 2（图一 :11）。

镞分三型。

A 型　柳叶形，无翼，剖面三棱状，关部圆柱肤，下有箭，标本如三角城 TS ②：3（图三：18）。

B 型　平剖面均为三角形，有双翼和不明显的后锋，翼部有浅凹槽，关部有箭，标本如三角城 T5 ②：2（图三：15）。

C 型　平剖面均为三角形，有双翼，关后有圆柱铤。标本如 K2327: 4（图一：7）。

装饰类小件占沙井文化铜器的很大比重，其中一部分是用于人体装饰的，如耳环之属。大量的小铃、扣、环、牌、管等为缀于衣物革带或马具上的饰件。沙井东墓地发现的花瓣形铜牌，有可能为马面部的饰件（图一：17、18）。较复杂的还有铜鞭形器（79HM5：5），系将各种形状的铜器小件用皮条穿系组合而成。

金器　仅见耳环一种，制作很简单，用金丝弯成环状即可，如标本 K4103:131（图二：8）。

铁器　分为工具和武器。前者有锸和铲，均出于三角城遗址。锸平面凹字形，刃宽8厘米（图三：31）。铲平面正方形，剖面楔形，上有长条形銎孔，内残存朽木（图三：32）。武器类有刀和剑，均锈蚀残损，刃宽大约2厘米上下，标本如 79HM9:1（图四：26）。

（六）聚落

沙井文化的聚落分为三个层次。最高一级为金昌三角城城堡，它傍水而建，有高大的城墙，以小家庭为生活单位的居址建于城堡之内。显然具有防御外敌、保护生活安全的功能。尽管城堡的面积并不很大（2万余平方米），城内的布局和设施也不十分清楚，但它在沙井文化之中无疑占有十分突出的位置。（图九：下左）第二级指柳湖墩、黄蒿井K108点为代表的居地，四周建有环形土墙，直径 40～50 米，虽然对其内部的布局还不了解，但推测当时小规模的氏族群体就生活在这种或可称之为药土围子的聚落内，四周建有围墙同样是出于对安全的考虑，也有利于畜群的管理。（图九：上）第三个层次为个体家庭。已知沙井文化的房屋有圆形和椭圆两种，均平地起建。如三角城 F4 建于城堡内，平面圆形，直径 4.5 米，门朝东南。室内中心设一圆形锅底形灶坑，北墙处另设一长方形火塘。居住面分三层铺垫砸实，经火烘烤呈红色，平整坚硬。房屋四周有宽 20 厘米、深 18 厘米的沟槽，沟内两侧填塞石块陶片，未发现柱洞，根据平面结构和室内出土的墙皮，这种房屋应是在沟槽内斜立木柱，至中心相交捆绑，顶部构成圆锥形的窝棚式建筑（图八：下右）。[11] 柴湾岗 F1 是一座平面椭圆，面积达 40 余平方米的建筑，门朝东，室内中部有圆形灶坑，坑侧有火种穴，坑北为取暖用的火塘。室内西部有储藏谷物的小窖穴。房屋四周和屋内共分布22个柱洞，北面、西面还有沟槽，其构造似较三角城 F4 进步，年代也更晚一些。[12] 在三角城内还发现一批窖穴，大都位于房屋四周，间距 2～3 米，大部分为圆筒状，直径 1.2～1.3 米，深 1.4 米。坑壁加工规整，有的还挖出供上下的阶梯，个别坑内残存有谷物痕迹。[13]

　　沙井文化的葬地一般还在地势略高的漫坡土岗上，距生活聚落250～500米。一些墓地的墓葬数量多达四五百座，足见延续时间相当长。各墓地的墓葬排列有序，基本为南北布局，墓主头朝北，流行单人仰身直肢葬，也有少量的侧身屈肢葬、乱骨葬、二次迁葬及合葬。一般都有随葬品，多寡不等，也有的一无所有。联想到有些墓的填土中曾发现无头骨架，或单独的头骨、肢骨，以及殉牲数目的多少有无，表明沙井文化中不仅存在贫富分化，甚至已出现杀殉一类残酷的阶级压迫现象。[14]总之，沙井文化的偏洞墓、土洞墓、殉牲、墓内铺石灰、铺盖草席、足蹬土块及火烧尸骨等埋葬习俗很有特色。儿童葬俗与成人大致相同，只是大多无随葬品或墓穴较浅小。

三　沙井文化的分布

　　40年代末，裴文中曾得出"沙井文化仅广泛地分布在蒙古沙漠的边缘上"的认识。[15]后来，在一些研究文章、教科书乃至大型的专业工具书中，均将沙井文化的分布划在东起兰州、西抵张掖这一广阔的地域范围内。[16]近年来，随着研究的深入，逐渐发觉上述看法与实际情况出入很大，同时也识别出一些本不属于沙井文化的遗址和遗物。如40年代裴文中在张掖黑水国城址附近发现的遗物就不属于沙井文化。那儿采集的黑彩陶片在沙井文化中从未见过，而打制的手斧却是四坝文化的典型式样，故该址应属四坝文化。[17]再如山丹四坝滩遗址所谓丙组遗存曾被划归沙井文化，[18]实际上该址并无沙井文化的内容，这已被多次的调查所证实。再看一直作为沙井文化典型遗存的天祝董家台遗址，该址所出的圜底彩陶罐和单耳绳纹罐很有特点（图十一），[18] 可是此类风格的器物在沙井文化中至今尚未发现，反之却在兰州左近的榆中、甘谷、武山等地出土了一批。初步研究表明，以菅家台遗址为代表的遗存应属于一种新的文化类型。若将之纳入沙井文化体系显然不妥。[20] 还有，永登县城榆树沟古墓被确定为沙井文化，主要根据是发现了 7 块表皮施橙黄陶衣的夹砂陶片和一件与沙井文化陶器相似的残器耳。[21] 该墓出土的 6 件圆雕铜鹿、4 件圆雕鹰首、34 件火焰纹卧犬铜牌、3 件涡纹铜牌及兽首车軎等器物在沙井文化中绝对不见。但在鄂尔多斯高原至宁夏固原、中卫一线则屡有发现。显然，榆树沟这批北方草原文化气息甚浓的文物应为战国时匈奴人向西北一线渗透时的遗留。特别是匈奴所使用的陶器中有一部分正是器表施橙黄陶衣的夹砂红色陶罐。[22] 榆树沟古墓应从沙井文中剔除。最后，所谓在兰州发现沙井文化遗址的说法由于缺乏实物的支持亦难成立。[23] 综上述，沙井文化的分布范围并未到达张掖、武威、山丹、天祝、古浪、永登和兰州这些地区。

考古发现证明，沙井文化的分布区未能越出民勤、金昌、永昌三县市。已确定的遗址点集中在巴丹吉林沙漠与腾格里沙漠之间的民勤绿洲和永昌盆地之间，地理坐标大致为北纬 38°20′ ～ 39°，东经 102°15′ ～ 103°45′。民勤沙井子至金昌三角城一线是为该文化的中心区（图十）。

民勤盆地位于祁连山内陆水系下游的沙漠终端湖地带，河西走廊东端北部。从地图上看，这里犹同伸向内蒙古沙漠的一支触角。受环境因素的影响，当地的气候、植被等自然环境与其南侧武威一带的山前倾斜平原有很大差异，并因此形成不同的经济文化区。或许正是这一地理格局限制了沙井文化很难向南侧的农业文化区拓展，尽管当时并无关河之险。据河流的走向分析，沙井文化的遗址主要分布在石羊河、金川河下游沿岸和湖沼沿岸的绿洲上，耐人寻味的是，这里正好位于后来历史时期修建的长城以北地区。

四 文化分期与年代

沙井文化的遗址一般堆积较薄，包涵物少，加上墓中随葬陶器比例不高，缺乏组合关系，这些给分期工作造成很大困难。可是当我们换个角度，从遗址的空间分布着手比较，逐步认识到，民勤沙井周围的遗址与金昌三角城为中心的遗址之间在文化面貌上存在若干差异，而这种差异很可能是时间不同造成的（为便于行文，下面将沙井周围的遗址称为甲组，将三角城一带的遗址称为乙组），试比较。

A. 在丧葬习俗方面：

①甲组全部为竖穴土坑墓；乙组除竖穴土坑墓外，主要为竖穴偏洞墓。

②甲组殉牲习俗不明显；乙组则盛行。

③甲组随葬陶器者占墓葬总数的 1/3 强；乙组仅达 1/4 ～ 1/6 或更少。

B. 在器类形态方面：

甲组基本不见乙组遗址中大量使用的 D 型铲足鬲；乙组亦不见甲组的 A 型大口乳壮袋足鬲。甲组有部分圆底器；乙组无。甲组陶器以 A 型宽柄大单耳杯为主（AⅠ）；乙组此类器甚少且形态有变化（AⅡ）。再有，乙组的双耳壶、花边口沿盆、细颈瓶等器类为甲组所不见。

C. 在彩陶方面:

甲组比例远高于乙组,达 50% 左右。而且构图规范,格式化,花纹较繁缛,流行鸟纹母题;乙组彩陶数量很少,且图案简化,不见鸟纹。

D. 其它

乙组发现一批铁器、木器、皮革制品和毛麻纺织品;甲组不见。

从空间看,甲乙两组的中心点仅相距 60 公里,其间并无天然屏障阻隔,所以绝无产生同一文化两个地域类型的可能。在肯定甲乙两组隶属同一考古学文化的前提下,上述差异只能解释为时代不同的结果。我们认为甲组早于乙组。证据如下:首先,铁器的产生是较晚一阶段的事实,乙组各遗址点均有铁器发现,而甲组则不见,此为其一。第二,甲组彩陶数量多且花纹规范繁缛;乙组彩陶数量少,花纹简洁乃至草率,显示出该文化彩陶因素由盛至衰的一般过程。第三,甲组中的少量圜底陶器形态接近董家台类型遗存,表明甲组中某些圜底类因素的时代接近董家台类型。据研究,董家台类型的年代大致相当于商代[24]。已知乙组年代在西周末至春秋,如此可间接证明甲组早于乙组。反之,乙组中大批铲足鬲因素与渭水上游的毛家坪B组遗存类似,后者年代为春秋时期,[25]正与乙组年代相合。第四,在三角城遗址曾发现部分轮制的泥质灰陶片,器表饰断绳纹、方格纹和水波纹,此类陶片与沙井文化陶器质地风格迥异,[26]却与渭水中上游一带某些春秋战国时期的灰色陶器一致,从另一角度再次佐证了乙组的年代下限。

综上述分析,沙井文化初步分为早晚两期。早期以民勤沙井子为代表,典型陶器为 A 型鬲,圜底罐、AI 式宽柄大单耳杯等。早期彩陶比例较高，花纹繁缛，流行鸟纹。墓葬形制为竖穴土坑。晚期以三角城为代表，典型陶器为 D 型鬲，双耳壶、花边盆、细颈瓶等。彩陶衰退，花纹草率，鸟纹匿迹。墓葬流行竖穴偏洞，殉牲普遍，出现铁器。

有一点需要说明，迄今为止，在三角城左近尚未见到属于甲组的早期因素，但在甲组能范围内已发现少量晚期的乙组因素。总而言之，甲乙两地似不应存在截然的时间对立。

有关沙井文化的 ^{14}C 数据有如下一批：[27]

实验室编号	遗址单位（标本）	^{14}C 年代（距今）	树轮校正年代（高精度表）
BK79065	HM15（朽木棒）	2950±160	BC1310~840
BK79066	HM18（朽木棒）	2850±90	BC1022~828
BK79062	HM5（朽木棒）	2730±95	BC900±789
BK79063	HM11（朽木棒）	2680±125	BC894±453
BC79064	HM14（朽木棒）	2570±90	BC796±412
ZK-0789	HM 14（朽木棒）	2540±80	BC789~409
ZK-0739	SH（木炭）	2675±100	BC888~595
BK-79030	SH（木炭）	2600±90	BC802~435
ZK-0792	XM 26（朽木）	2700±90	BC891~663

上述所测年代经校正后落在公元前 1310（840）～公元前 789（409）年之间，其中 HM15、HM18 两墓所选标本系下葬前曾用过的废弃木料，上面还留有凿出的旧卯眼，[28] 显然这两组数据偏早，若舍弃，其余年代便

落在公元前 900（789）～公元前789（409）年之间。它大致相当于中原地区西周晚期至春秋晚期。这些标本采自三个遗址点，均属于乙组，它们应代表沙井文化晚期的绝对年代。目前尚缺乏沙井文化甲组的绝对年代，若根据晚期的已知年代上推，早期的年代应在公元前1000年左右，即相当于中原地区西周早期阶段。

五　生态环境的复原及经济形态的考察

民勤绿洲的地理方位在红崖山——阿拉古山一线以北，其地质构造属于阿拉善台块的边缘凹陷，为中国大陆典型的荒漠绿洲。民勤的东北被腾格里沙漠包围，西北毗邻巴丹吉林沙漠，中部为石羊河、金川河下游冲积成狭长而平坦的绿洲带，今天的地貌形态表现为岛山、残丘、古湖泊、古河道及阶地，为古典型的大陆性干燥气候区。还在史前时期，该绿洲基本随着古石羊河和古金川河及终端湖的自然变迁而移动。进入历史时期后，随着人类生产活动的日益频繁和扩大，这里的河湖面积迅速改变并缩小，这种人为促进水系演变、干预绿洲发育的因素，愈趋晚近、愈演愈烈。以至于到了今天，有相当一部分沙井文化的遗址已沦落在不毛之地的沙漠之中（图十）。

据地理学的研究，早在白垩纪至第三系，民勤盆地似已成为一座内陆湖盆。第四纪以来，盆地大都在缓慢沉降和风沙与流水堆积过程中。依照更新世湖积层砂质粘土及砂泥质交互层的厚度及分布范围，古石羊河和古金川河形成的终端湖东西长达120余公里，湖滨地貌表现为沙碛草原。这座庞大的终端湖就是成书于战国时期的《禹贡》 中所记载的

"猪野泽"。[29] 不过，到了战国时，它的面积已较史前时期大为缩小，沿岸形成了广阔的沼泽平原和绿洲，这从早期河流冲积层的范围和文献记载可得到印证。总之，在战国以前，民勤盆地的河湖演变和绿洲发育完全循自然景观的发展，很少受人类活动的影响，属自然水系时代。[30] 沙井文化恰好处在这一时期，而且沙井文化的分布范围也正好是东西长120公里。这并非偶然的巧合，已知的沙井文化各遗址点均分布在河西走廊北山余脉以北，腾格里沙漠东缘残丘以东的一条弧状地带上，这一范围应该就是"猪野泽"的南岸。特别是在河湖相交的三角洲上，沙井文化的遗址分布更为集中，如三角城一带是古金川河入"猪野泽"的河口地带，沙井和黄蒿井则为古石羊河两支岔河入"猪野泽"的河口。[31] 在自然水系时代，水源十分充足，在河流主干的冲击下，"猪野泽"南岸发育出较宽阔的冲积扇和湖滨三角洲，沙井时期的居民无疑会很自然地占领这样一些水草肥美的绿洲繁衍生存。这一发现不仅对于复原沙井时期的生态环境提供了重要线索，也为阐释该文化居民的经济生活奠定了基础，反之又能从人文的角度为更加准确地界定战国以前"猪野泽"的方位和范围提供了可靠的实物数据，在古地理学研究上也具有重要意义。

　　通过考古发现的实物遗存亦可进一步说明当时这里的生态环境。1924 年，安特生在柳湖墩遗址北部曾发现大量淡水类贝壳，[32] 表明在历史上这里有丰富的水资源。再有，沙井文化的彩陶器中有相当一部分绘有鸟类图案，仔细揣摩这些飞禽，不难发现他们都是与水相依为命，在水边繁衍生存的禽鸟。其种属有天鹅（图七：4），大雁（图七：5），鹤鹳类（图七：3.8），野鸭类（图七：1）。彩陶画面中的水鸟有的遨游于湖面之上（图七：1.4.5），有的站立在岸边芦苇丛中（图七：3.5），或垂首小憩，或引颈长鸣。有的写实，有的已趋于图案化，但件件生动自然、飘逸传神，显露出高超的绘画水平。艺术源于生活，沙井文化的居民能留下如此传神的作品，一个重要的先决条件就是有大量的、种类繁多的鸟类曾与他们生活在同一片蓝天下，长期的耳濡目染造就出沙井人的艺术，这些珍贵画面从另一个侧面再现了当时人们生活在水肥草美的湖沼岸边的环境。

沙井文化是一支以经营畜牧业为主的部落群体。他们豢养的牲畜主要有羊、马、牛及个别的驴、骆驼（后两类尚不排除野生的可能）。在蛤蟆墩有一墓（M15）殉羊头 24，马头 1，[33] 这个数字反映当时畜牧业经济的规模。考虑到该文化居民有比较稳固的聚落，晚期甚至建有相当规模的城堡，说明他们所经营的畜牧业并非纯粹的逐水草而居、来去无定的游牧形式。而是采取一种以较为固定的聚落为中心，循一定的半径活动的驻牧形式。正因为有着相对稳定的生活环境。沙井文化的居民也从事一定规模的农业生产。这从考古发现的农业生产工具（石铲、石刀、铁臿、铁锄）、粮食加工工具（石臼、石杵、石磨盘、石墨棒）和在一些遗迹单位中发现的粮食朽灰可以得到充分的证明。麻类纺织品的出土说明当时还种植一定的经济作物。箭镞、骨弓弭及大量石球说明狩猎活动仍然是一种重要的生产活动。此外，该文化还拥有从烧造陶器、冶炼金属（铜、铁），纺织毛、麻，编织（草席、苇席）等原始手工业的实力。在沙井文化中曾发现一批海贝，如沙井南墓地的 M17、M33、M35 均随葬数枚海贝。[34] 1986 年我们在三角城内城垣下发现一件器底有一穿孔的陶罐，内装海贝一百余枚，[35] 其性质颇似今天的扑满。所有海贝均将背部磨通以利串系，这些从遥远的海边辗转交换而来的宝贝显然已具有等价物的功能。暗示出在沙井文化中已存在较为原始的商品贸易活动。

六　文化源流与族属

对于沙井文化的来源，有人认为它是在本地史前文化的基础上发展起来的；[36]也有人持相反意见，认为是从别处迁徙过来的。[37]上述推测大都仅仅是建立在相对年代早晚的排比上，缺乏实质性的内容，难免带有盲目色彩。我们认为，沙井文化是河西地区东侧的一支土著文化，该文化中有相当一部分文化因素来源于当地的原始文化。以陶器为例，沙井文化早期阶段的宽柄大单耳杯和圜底类陶器就分别来自河西地区马厂类型和兰州左近的董家台类型（图十一）。单耳杯最早是马厂类型文化向河西走廊拓展时因经济生活发生变化而创造的新器型，很可能与畜牧业比重的增加有关。如牛羊一类牲畜均可产奶，奶制品的涌入必然使人们的食物构成发生变化，这类筒状的单耳杯无疑是一种最适宜食用和制作奶制品的器具。这一因素后来被以蓄养业为主要经济的沙井文化继承下来，并发展成为该文化中具有鲜明特征的典型器。由于马厂类型与沙井文化在年代上缺环甚大，上述结论还有赖于中间过渡环节的支持。董家台类型的圜底陶器与沙井文化早期阶段的 AII 式，C 型双耳圜底罐、单耳圜底罐在形态上具有显而易见的传承关系，特别是在民勤茨茨槽一带曾发现有董家台类型的彩陶片，[38]暗示二者曾有接触。董家台类型是分布在渭河上游至天祝一线的青铜时代早期的一种文化类型，其年代大致相当于商代阶段，沙井文化早期的圆底系陶器应是受它的影响而产生的。再有，沙井文化的偏洞室墓及某些上肢扰乱葬的习俗均可在河西走廊西段的四坝文化中找到来源，如四坝文化的火烧沟墓地便流行偏洞室墓，[39] 其形制与蛤蟆墩等墓地的偏洞墓相同。四坝文化的干骨崖墓地存在相当数量的上肢扰乱葬现象，[40] 这些都可能传播并影响到后来的沙井文化葬俗。此外，沙井文化也曾受到北方草原文化的影响，并汲取了他们的若干文化因素，这突出地反映在该文化的铜器小件方面。在沙井文化的晚期阶段，它还与渭河上游的某些土著文化有所接触，铲足鬲和少量轮制的泥质灰陶器可作为这种交往的见证。或许正是在这种既偏安一隅，又多方进行文化交流的进程中，使沙井文化逐渐孕育成一支风格颇为独特的青铜时代文化。

沙井文化的去向目前尚无明确的踪迹。若从年代下限考虑，它的消失很可能与北方匈奴部族的崛起与扩张有直接关系。果如此，其走向不外有二，第一，在匈奴的征服过程中，沙井文化像中国北方许多与华夏为邻的少数民族一样，在这一历史大潮中归顺到匈奴单于的麾下，从此转入居无常处的游牧生活，金戈铁马，来去无踪。1985 年，在宁夏同心县倒墩子发现了一批匈奴墓葬，其中有 6 座竖穴偏洞室墓，其形制、葬俗、乃至殉牲的位置方向，随葬陶器的摆放与沙井文化晚期的同类墓可谓如出一辙。此类墓葬在以往发现的匈奴墓中绝无仅有，显然这是匈奴从西北地区引进的文化因素，或许正是沙井文化融于匈奴的写照。经考证，倒墩子墓地属西汉时期投降汉人的一批匈奴，后被安置在当地。[41] 第二种可能是，在匈奴向南向西大举扩张的压力下，沙井文化的居民不愿被其吞并，但南有农业民族的控制，北有茫茫大漠阻隔，只能向西流窜迁徙。曾有人指出，新疆东部一些相当于战国时期的古代遗存与沙井文化有影响关系。[42] 有人甚至认为鄯善苏巴什的偏洞墓就是沙井文化影响的结果。[43] 这推测正与所谓河西大月氏人西迁的记载暗合。[44] 但以上解释尚停留在假说阶段，沙井文化是否西迁，还有待新的考古发现来证明。据研究，早在商代，从鄂尔多斯高原经阿拉善台地至新疆一线已存在一条通道[45]，沙井文化若西迁，必然会留下蛛丝马迹。如此，加强北方这条草原之路的考古工作将有助于这一问题的解决。

关于沙井文化居民的族属，多数研究者倾向于大月氏人西迁以前的遗留。[46] 近来又有人主乌孙之说。[47] 对这些猜测本文不准备进行评论。中国西北地区在历史上从很早起就是个民族杂居之地，但其主体应是羌戎系统。从文化探源头追溯，沙井文化的血脉中积淀有相当浓稠的羌戎血统，这是讨论沙井文化居民族属不能脱离的根基。因此，我们认为沙井文化应属西北地区羌戎体系中的一支。也可能后来他们归顺了匈奴，或自号月氏而西遁，但那已是较晚一段的事，已超出本文讨论的范畴，不赘。

后记：本文在写作过程中，承蒙甘肃省文物考古研究所蒲朝绂先生数次来函告知他当年在金昌三角城一带的发掘情况，并核实有关问题。在此特意向他表示诚挚的谢意。

参考文献：

[1] a . J . G. Andersson , Reserches into the prehistory of the China, Bulletin of the Museum of Far Eestern Antiquities, No. 15, 1943. Stockholm.

b. 安特生：《甘肃考古记》地质专报甲种第五号，1925 年。

[2] 同 [1]。

[3] 裴文中认为三角城之高台可能初建于史前时期，至汉唐仍沿用。近年的研究表明，此高台应为汉初建造的由姑臧至休屠泽塞向东北伸出的一座城障旧城，见吴礽骧《河西汉塞》载《文物》1990 年 12 期。

[4] 裴文中：《中国西北甘肃走廊和西北地区的考古调查》，《裴文中史前考古学论文集》文物出版社，1987 年，北京。

　　裴文中：《中国文化之生成及其发展》（摘录），《新建设》第三卷第四期，1951 年。

[5] 《甘肃永昌三角城沙井文化遗址调查》，《考古》1984 年 7 期；《永昌三角城与蛤蟆墩沙井文化遗址》，《考古学报》1990 年 2 期。

[6] 《甘肃永昌三角城沙井文化遗址调查》，《考古》1984 年 7 期；《永昌三角城与蛤蟆墩沙井文化遗址》，《考古学报》1990 年 2 期。

[7] 同上。

[8] 蒲朝绂《试论沙井文化》，《西北史地》1989 年 4 期。

[9] 北京大学考古系、甘肃省文物考古研究所 1986 年河西走廊史前考古调查资料。

[10] 裴文中：《中国西北甘肃走廊和西北地区的考古调查》，《裴文中史前考古学论文集》文物出版社，1987 年，北京。

[11] 《甘肃永昌三角城沙井文化遗址调查》，《考古》1984 年 7 期；《永昌三角城与蛤蟆墩沙井文化遗址》，《考古学报》1990 年 2 期。

[12] 蒲朝绂《试论沙井文化》，《西北史地》1989 年 4 期。

[13] 同 [5]。

[14] 蒲朝绂《试论沙井文化》，《西北史地》1989 年 4 期。

[15] 裴文中：《中国西北甘肃走廊和西北地区的考古调查》，《裴文中史前考古学论文集》文物出版社，1987 年，北京。

[16] 同 [5][8] 及《中国大百科全书·考古卷》沙井文化条。

[17] 同 [4]。

[18] 安志敏《甘肃山丹四坝滩新石器时代遗址》，《考古学报》1959 年 3 期。

[19] 张学正《甘肃古文化遗存》，《考古学报》1960 年 2 期。

[20] 李水城《论董家台类型及其相关问题》待刊稿。

[21] 《甘肃永登榆树沟的沙井墓葬》，《考古与文物》1981 年 4 期。

[22] 罗丰等《宁夏固原近年发现的北方系青铜器》，《考古》1990 年第 5 期。

[23] 蒲朝绂《试论沙井文化》，《西北史地》1989 年 4 期。

[24] 李水城《论董家台类型及其相关问题》待刊稿。

[25] 赵化成《甘肃甘谷毛家坪遗址发掘报告》，《考古学报》1987 年 3 期。

[26] 《甘肃永昌三角城沙井文化遗址调查》，《考古》1984 年 7 期；《永昌三角城与
蛤蟆墩沙井文化遗址》，《考古学报》1990 年 2 期。

[27] 《中国考古学中碳十四年代数据集》（1965—1991），文物出版社，1992 年。

[28] 蒲朝绂《试论沙井文化》，《西北史地》1989 年 4 期。

[29] 《丛书集成》："禹贡图注"云："'黑水西河惟雍州……原隰底绩，至于猪野。'
广平曰原，下湿曰隰，猪野泽名。"

[30] 冯绳武《民勤绿洲的水系演变》，《地理学报》第 29 卷第 3 期；1963 年 9 月。

[31] 同上。

[32] 安特生：《甘肃考古记》地质专报甲种第五号，1925 年。

[33] 《甘肃永昌三角城沙井文化遗址调查》，《考古》1984 年 7 期；《永昌三角城与
蛤蟆墩沙井文化遗址》，《考古学报》1990 年 2 期。

[34] 安特生：《甘肃考古记》地质专报甲种第五号，1925 年。

[35] 北京大学考古系、甘肃省文物考古研究所 1986 年河西走廊史前考古调查资料。

[36] 见 [4][19]。

[37] 戴春阳《月氏文化族属、族源刍议》，《西北史地》1991 年 1 期。

[38] 北京大学考古系、甘肃省文物考古研究所 1986 年河西走廊史前考古调查资料。

[39] 《甘肃省文物考古工作三十年》，《文物考古工作三十年》，文物出版社，1979 年，

北京。

[40] 《中国考古学年鉴》，1987 年，文物出版社。

[41]《宁夏同心县倒墩子匈奴墓地》，《考古学报》，1988 年 3 期。

[42] 羊毅勇《新疆木垒四道沟遗址》，《考古》1982 年 2 期；张玉忠《天山阿拉沟
考古考察与研究》，《西北史地》1987 年 3 期。

[43]《新疆鄯善苏巴什古墓葬》，《考古》1984 年 1 期。

[44]《史记·大宛列传》："始月氏居敦煌、祁连间，及为匈奴所败，乃远去，过宛、
西击大夏而臣之，遂都妫水北，为王庭。"

[45] 林梅村《开拓丝绸之路的先驱——吐火罗人》，《文物》1989 年 1 期。

[46] 见 [5][8]。

[47] 赵建龙《关于月氏族文化的初探》，《西北史地》1992 年 1 期。

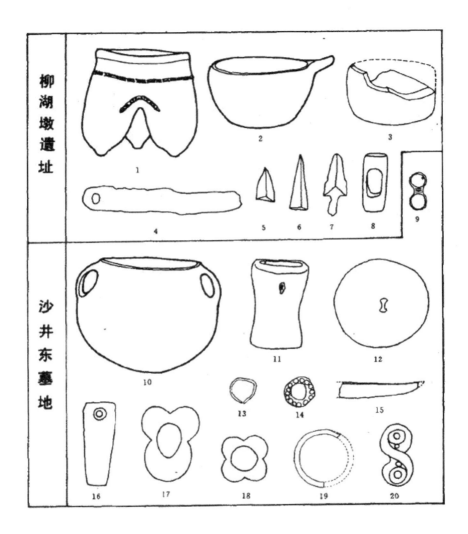

图一

1. A 型鬲（K6559）　2. B 型碗（K6557）　3. 石碗（K2457：4）　4. 铜刀（K2327：1）　5、
6. 骨镞（K2348：4、K2327：3）　7. A 型铜镞（K2327：4）　8. 穿孔骨器（K2327：13）　9. 铜
双连珠（K2321：106）　10. A I 双耳圈底罐（K6176）　11. 铜斧（K4106：2）　12. 铜镜（K4106：1）
13. 金耳环（K4104：7）　14. 铜釦（K2313：12）　15. 铜刀（K2321：26）　16. 条形穿孔石器
（K2309：3）　17、18. 铜牌饰（K4106、K4106：6）19. 铜环（K2321：2a）　20. 小铜牌饰（K2321：12）

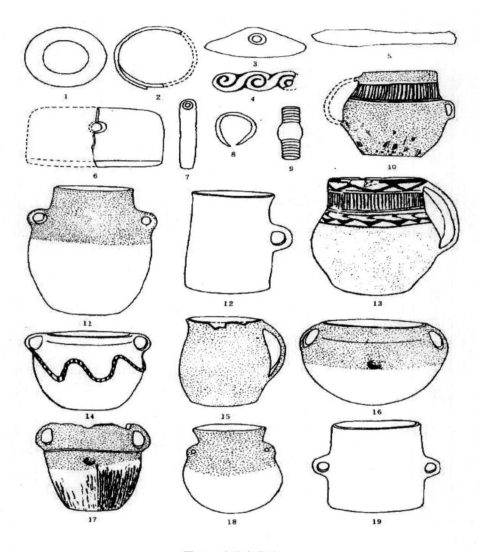

图二　沙井南墓地

　　1. 石瑗（K2349：12）　2. 铜环（K4103：127）　3、7. 穿孔石器（K2304：2，K2313：7）　4. 铜牌（K2349：142）　5. 铜刀（K2296）　6. 石刀（K4103：159）8. 金耳环（K4103：131）　9. 铜管（K2349：144）　10、13、15. AI 大单耳杯（1948 年采，K5591，K5524）　11. C型双耳罐（K5596）12. B型单耳杯（K6211）　14. A型双耳罐（K5588）　16. AI 单耳圆底罐（K5597）　17. B 型双耳罐（选自《甘肃考古记》）　18. B型双耳圆底罐（K6087）　19. 双耳杯（K5432）

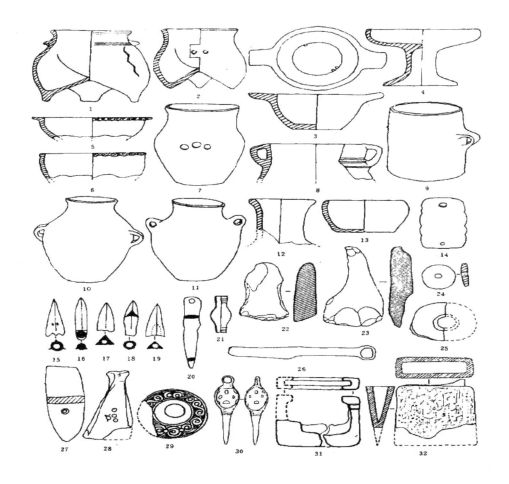

图三　金昌三角城出土遗物

1. D 型鬲（F1：1）　2. B 型鬲（T1②：4）　3. B 型碗（T1②：6）　4. 豆（T1②：3）　5、
6. 盆（1986 年采集）　7. 小罐（T1②：5）　8. 双耳罐（1986 年采）　9. B 型单耳环（采 02）
10、11. 双耳壶（采 01、1979 年采）　12. 瓶口（H1）　13. A 型碗（T5②）　14. 骨牌（T4②：2）
15—18 铜镞（T5②：2，采 06，采 017，T5②：3）　19. 骨镞（T5②：1）　20. 骨匕（T6②：2）
21. 铜管（采 011）　22、23. 石斧（1986 年采）　24. 陶纺轮（H4：8）　25. 环形石器（F3：3）
26. 铜刀（1979 年采集）　27. 硅（T5②：2）　28. 卡骨（T4③：4）　29. 刻花骨牌（（1979 年采）
30. 铜锥（F2：4）　31. 铁插（1979 年采集）　32. 铁铲（H1：1）

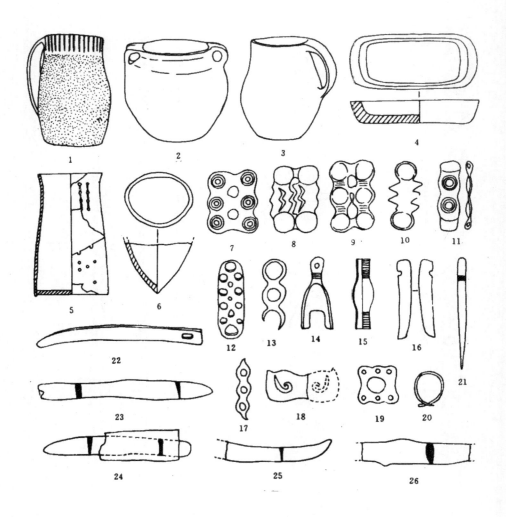

图四 蛤蟆墩墓地、上土潇阔墓地遗物

1. AⅡ宽柄大罩耳杯（M采：01） 2. A型双耳罐（M16：3） 3. AⅠ宽柄大罩耳杯（TM2：1）
4. 木盘（M18：2） 5. 简状木盒（M15：2） 6. 高足（M18：1） 7-11. 铜联珠饰（M12：5、
TM4：1、M采、M6：4、M10：2） 12. 铜牌节（M采） 13、17. 铜连环饰（M采） 14. 铜铃（M5：6）
15. 铜管（M4：2） 16. 骨弓弭（M18：7） 18、19. 铜牌饰（M11：3、TM4：2） 20. 铜耳环（M6：3）
21. 铜锥（TM1：1） 22-25. 铜刀（M采、M14：6、M15：6、TM5：1） 铁刀（M9：1）

图五　沙井子一带采集遗物

1. 单耳圆底罐（民勤藏）　　2. C 型双耳圆底罐（甘博藏）　　3、5. B 型宽柄大单耳杯（民勤藏，甘博藏）　　4. 绳纹罐（民勤藏）　　6. AI 宽柄大单耳杯（甘博藏）　　7. 石锄（甘博藏、后转酒泉市博物馆　　8、9、12. 石斧（民勤藏）　　10、11. 石刀（民勤藏）

图六　沙井文化彩陶器

1. A II 双耳圆底罐（K5598）　　2、10. A 型单耳杯（西岗 M218）　　A 型罩耳杯（K5470）　3-6、
8. A I 宽柄大单耳杯（K5471、K6179、K5603、K5468、甘博藏）　7. B 型双耳罐（西岗 M40）
9、12. 彩陶壶（西岗 M4：1、M125：1）　　细颈瓶（西 M55）

图七　沙井文化彩陶图案

1. 双耳圜底罐（K5598）　2.（K5590）　3. 单耳罐（K5602）　4. 单耳罐（K2349：151）　5. 彩陶片（沙井东墓地）　6. 彩陶片（沙井）　7. 单耳罐（K5603）　8. 单耳罐（K3209）　9. 单耳罐（K5468）　10. 彩陶片（民勤三角城采）　11. 单耳罐（K5471）　12. 单耳罐（K6209）　13. 单耳罐（K5591）　14. 彩陶片（金昌三角城采）　15. 单耳罐（甘博藏）

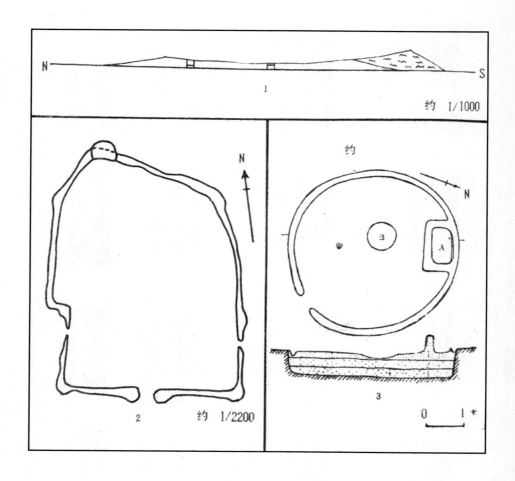

图八

1. 柳湖墩遗址剖面图（约 1/10）

2. 金昌三角城平面图（约 1/2200）

3. 三角城 F4

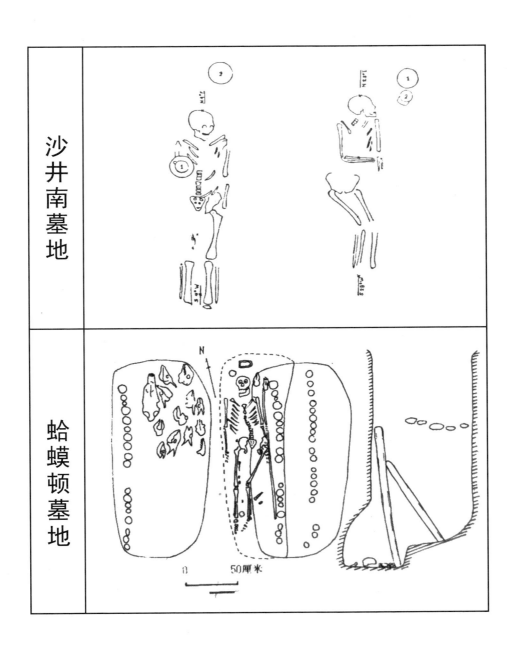

图九

上左：M26　上右：M30　下：HM15

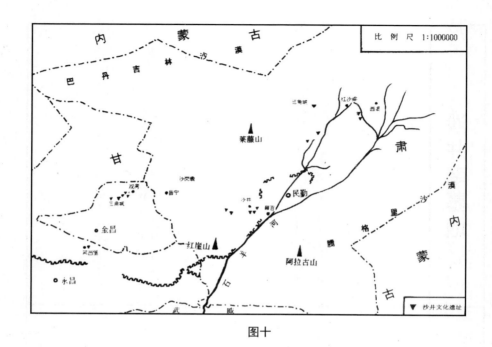

图十

图十一

后 记

　　十年后，《沙井文化研究论文集》提上了正式出版的议事日程。2022年9月，新任的金川区博物馆李彦龙馆长联系我，希望将2012年在金川区举办的首届"沙井文化学术研讨会"上编辑的论文集正式出版，此时距2012年8月中旬学术会议的召开，恰十年之期。十年间，当时具体安排办理学术会议的单位、人员都有一些变化。我与冉生鹏、李志荣以及后来做具体工作的几位同仁做了沟通，作为这次会议的亲历者和具体办会工作人员一，他们考虑这本论集的后记由我来写是合适的，故借此机会，对这次学术会议以及我所知道的金川区的文博工作稍作回顾。

　　沙井文化是瑞典人安特生命名的。1924年，瑞典人安特生前来甘肃民勤、永昌一带进行考古调查，发现了一支与此前的仰韶、马家窑、齐家等史前文化不同的考古学文化，其范围主要分布在民勤县和今金川区一带，遂以民勤沙井子村之名命名其为"沙井文化"，其中最典型的遗址即今金川区双湾镇的三角城遗址。1927年10月，地质学家袁复礼与"中国西北科学考察团"一行亦曾至三角城遗址做了调查。20世纪40年代裴文中、阎文儒等先生对三角城附近的墓葬做了踏查。80年代甘肃省文物考古研究所派员对三角城周边的西岗、柴湾岗等墓葬区进行了科学的考古发掘，后来出版了蒲朝绂、赵建龙先生执笔的调查简报和正式的考古报告。如此重要的考古遗址，其知名度与其重要性显然不相匹配。

2011 年，三角城村出资在村办公楼改建了一座小型的文物考古主题的展馆。由村集体举办文物考古类展览馆在金昌还是第一家，在甘肃也为数不多。2011 年 8 月金昌市主办了"骊靬文化国际学术会议"，主办方安排与会的国内外学者参观了三角城村举办的这个"沙井文化"展览，同时我们也现场察看了邻近的三角城遗址，给一众国内外嘉宾留下了良好的印象。会后，我与金川区文化局的冉生鹏局长、李志荣副局长、侯运广老师及市文物科李勇杰科长进行了深入讨论。大家对文物工作极具热情，同时提出和兰大考古专业进行实质性的合作意向。我将此事向业师杜斗城教授做了汇报，杜老师一行稍后即驱车来金昌进行专题考察。考察完圣容寺、汉明长城、三角城等遗址之后，在三角城村会议室进行了一个简单的座谈会。会上，杜老师对三角城遗址的基本概念和内涵价值做了简明扼要的专题讲解。大家谈到想召开一次专题学术会议以加深对三角城的研究和提升影响力，但不知如何办，请哪些专家，希望杜老师支持。杜老师认同办学术会议非常有必要，并同意支持举办学术会议。10 月，冉生鹏同志来兰大回访，将召开学术会议的情况与杜老师做了更充分的沟通，商定于次年夏天召开沙井文化主题的学术研讨会，由金川区文化局和兰州大学考古学研究所合办，随后各自筹备。

2012 年 8 月，首届沙井文化学术研讨会在金川如期顺利举办。这次会议邀请到了中国社科院、中国国家博物馆、山东大学、兰州大学、广州大学、西北民族大学、西北师范大学、河西学院等国内从事史前考古研究的知名学者。很多专家学者第一次来金昌市，在现场考察之后，都对沙井文化遗址的内涵价值有了更深刻的了解，不少专家对此遗址表示很大的兴趣。

会议间的考察也颇有"田野"味道，因三角城城址与公路有一段距离需徒步前往三角城遗址时，中间隔着村民的瓜田，李志荣和村民就地打开西瓜，请各位专家吃瓜后再做考察。看完博物馆展厅后临近傍晚，博物馆职工将自己种植的玉米、土豆等放在馆外作为晚餐，有学者说，第一次参加这样务实接地气的学术会议。

学术会议的积极影响显而易见。沙井文化和三角城遗址一时成为媒体竞相报道的热词，甚至吸引了部分商家前来考察和投资兴业。许宏老师在会上提出的"河西第一城"，金川区将此标语挂在公路边的大广告牌上，吸引了众多游客前往考察参观。也有一些有趣的事情是，有闻风而来的文物收藏爱好者冒充收藏协会成员到三角城"淘宝"，"淘宝"不成反被村民以为是文物不法之徒，步行跑路时，一众村民放下农活将其堵获，请至村委会，向上级主管部门报告后现场对其查问，确认无违法情节才将其放归。此一节，恰反映了当时金川三角城文物的热度与村民集体文物保护意识之高。更重要的是，2012 年 11 月开始申报第七批全国重点文物保护单位，因错过省内的申报时间，金川区派员赶往北京向国家文物局相关部门直接递交了申报材料。2013 年 5 月，国务院公布了第七批"全国重点文物保护单位"，"三角城遗址"赫然在列。这是金川区自 1981 年成立以来的第一处"国保单位"，是金昌市继永昌汉明长城、圣容寺唐塔、明代钟鼓楼之后的第四处"国保单位"，文博工作取得了重要的突破性进展。三角城本身重要的学术价值，保存的良好程度，金川区各级部门的倾力保护以及三角城村村民的守护，专家学者从学术专业方面的支持和呼吁，以及几位热爱文物事业的同仁的悉心看护和不懈努力，方有此硕果。

因为是老家的缘故，几年间，我每次回去都与几位同仁边看文物古迹边聊。金川区的文博事业，从无到有，再到机构成立和人员配备到位，几乎以肉眼可见的速度飞跃式发展。金川区也先后创建了博物馆、镍都开拓者纪念馆等文化机构。博物馆最初是三角城村小学改建，几排教室改建成文物陈列展厅，简陋的校舍改成办公室和临时宿舍。此外，他们多次前往省考古所沟通协调，力争将原出土于西岗柴湾岗的文物划拨回金川区博物馆收藏展示。2013 年博物馆重新修建了两层楼的新馆，原来的旧教室改成了民俗文化陈列馆，陈列展览更加丰富和专业化，条件得到很大的改善。博物馆从无到有再到壮大发展，馆藏文物也愈加丰富。

从"他者"的角度，我也见证着金川文博工作的繁荣发展。因此而结识了几位文物行业的老朋友，直到今天相聚时，提起曾经同他们一起干事创业取得的些许成绩，依旧令人振奋。世间幸事之一，莫过于好友二三，志趣相投，又能有机会共同为老家服务，且心想事成。

2012 年的首届沙井文化学术研讨会得到了金川区文化局和兰州大学相关部门的大力支持，感谢金昌市、金川区以及兰州大学等各级机构和部门的关心支持！感谢杜老师和段小强教授，是本次会议得以顺利举办、提升层次的关键！感谢冉生鹏、李志荣、侯运广、李勇杰以及金川区各位同仁辛勤的工作，是本次会议成功举办的基本保障！感谢全程服务这次会议的高倩、公维军、温丽晓、张丽等老师！感谢李水城老师同意将《沙井文化研究》收入本书作为附录！特别向金川区文体广电和旅游局祁永瑞局长、李彦龙馆长致谢，以及参与编辑本书的高雅婷、张有海等同志，没有他们的坚持不懈，这本论文集不可能在十年之后出版。再次向关心支持金川三角城、沙井文化保护研究弘扬的各级机构和师友表示诚挚的感谢！

丁得天

2023 年 5 月 31 日 于兰州